Tierkinder

Nachwuchs in der Welt der Tiere

Willi und Ursula Dolder

Tierkinder

Nachwuchs in der Welt der Tiere

NEUER
HONOS
VERLAG

© NEUER HONOS VERLAG
Gesamtherstellung: NEUER HONOS VERLAG, Köln

INHALT

„WELTBÜRGER" IM HAARKLEID

KOALABÄR

ren. Nachdem Seuchen, Waldbrände und intensive Jagd die harmlosen und friedlichen Tiere fast ausgerottet hatten, stehen sie seit den dreißiger Jahren unter Naturschutz. Die Bestände konnten sich wieder etwas erholen, doch die verheerenden Brände der letzten Jahre haben wieder ganze Populationen vernichtet. Koalas sind ausgesprochene Baumbewohner und Nahrungsspezialisten. Sie fressen ausschließlich die Blätter von etwa 20 Eukalyptusarten und sind darum in zoologischen Gärten außerhalb Australiens nur selten anzutreffen. Zooleute, die es ganz besonders gut mit ihren Pfleglingen meinten, gaben den ihnen anvertrauten Koalas die frischesten Blätter und Zweige ihrer bevorzugten Bäume – und mußten dann entsetzt feststellen, daß ihre Schützlinge innerhalb weniger Stunden starben. Die jungen Triebe und Blätter haben einen sehr hohen Blausäuregehalt, der die Bärchen umbrachte.

Mit Bären hat der Koala aus dem östlichen Australien überhaupt nichts zu tun, obwohl er mit seinem dichten, grauen Pelz wie ein Kuschelteddy aussieht. Er gehört vielmehr in die Familie der Kletterbeutler und somit zu den Beuteltie-

Koalas werden nach der sehr kurzen Tragzeit von nur etwa 30 Tagen geboren. Sie sind dann völlig unterentwickelt und verbringen weitere sechs Monate im nach hinten gerichteten Bauchbeutel der Mutter. Erst wenn sie zum ersten Mal aus dem Beutel heraus das Licht der Welt erblickt haben, beginnen sie langsam, feste Nahrung zu sich zu nehmen.

Allerdings bekommen sie noch lange nicht die schwer verdaulichen Eukalyptusblätter, sondern erhalten aus der Darmöffnung der Mutter den sogenannten „Weichkot" als sehr vitaminreiche Zusatznahrung. Immer öfter verläßt der kleine Koala nun die mütterliche Kinderstube, reitet aber noch bis zu einem Jahr lang auf Mutters Rücken herum.

WALLABY

Wallabys sind mittel-
große Känguruhs und
leben in Australien über-
wiegend in den Küsten-
gebieten, die nicht ganz
so lebensfeindlich sind
wie das Innere des Roten
Kontinents.
Wie alle Känguruhs ha-
ben auch die Wallaby-
weibchen einen nach
vorne geöffneten Beutel,
in dem sich vier Zitzen
befinden. In der Regel
wird aber nur ein Jun-
ges pro Jahr geboren.
Es kommt als blinder,
völlig nackter Winzling
zur Welt, der nur etwa
ein halbes Gramm
schwer ist! Auf einer
Speichelspur, die von der
Mutter gelegt wird,
kriecht der Zwerg aus
eigener Kraft in den Beu-
tel. Dort nimmt er eine
Zitze in den Mund und
beginnt, Milch zu trin-
ken.
Im Alter von etwa fünf
Monaten steckt das junge
Wallaby zum ersten Mal

den Kopf aus dem mütterlichen Beutel, und wenig später verläßt es ihn, um die unmittelbare Umgebung zu erkunden. Bei der geringsten Störung saust es aber zu seiner Mutter zurück und springt, oft mit einem einzigen Satz, in ihren Beutel. Auch dann, wenn es für den Beutel zu groß geworden ist, trinkt es noch eine Zeitlang Milch.

Auf der Flucht vor Hunden, einem Keilschwanzadler oder Menschen kann es passieren, daß ein Weibchen sein Junges aus dem Beutel holt und zurückläßt! Das scheint grausam zu sein, kann aber für das Überleben der Tiere entscheidend sein: Ohne das Gewicht des Kindes kann das Weibchen möglicherweise entkommen, während sonst vielleicht beide Tiere umkommen.

Überraschenderweise paart sich das Weibchen kurz nach der Geburt erneut; der Keimling aber ruht als winziger Zellhaufen monatelang in der Gebärmutter und beginnt sich erst dann zu entwickeln, wenn das andere Junge entwöhnt ist und die Mutter nicht mehr benötigt.

RIESENKÄNGURUH

Die Riesenkänguruhs sind die größten heute noch lebenden Beuteltiere. Von den insgesamt sechs Arten, die in fast ganz Australien vorkommen, sind das Rote und das Graue Riesenkänguruh die größten und die bekanntesten Arten. Die „Roten" aus den weiten, fast baum- und buschlosen Ebenen der trockenen Graslandschaften Australiens werden 160 bis 180 cm groß und wiegen bis zu 70 kg. Der sehr kräftige Schwanz mißt noch einmal bis über einen Meter. Weibchen sind kleiner und bis zur Hälfte leichter.

Die „Grauen" sind nicht so groß und leben in zwei Arten in den östlichen und den westlichen Eukalyptus- und Hartlaubwäldern des Kontinents. Die auffallende rötliche und graue Färbung, die vor allem die Männer während der Paarungszeit zeigen, wird von einer rötlichen bzw. grauen, puderähnlichen Hautabsonderung erzeugt. Der sehr kräftige, muskulöse Schwanz dient den Riesenkänguruhs als Stütze beim Sitzen und zum Balancieren und Steuern beim Springen. Ein gemächlicher Sprung ist 1,5 bis

2 m lang, auf der Flucht sind Riesensätze von 9 und mehr Metern möglich.

Riesenkänguruhbabys kommen nach der für diese großen Tiere erstaunlich kurzen Tragzeit von nur 33 Tagen zur Welt. Ein neugeborenes Riesenkänguruh wiegt nicht einmal 1 g und gleicht mehr einem dickeren Wurm als den großen Eltern. Die erste Lebensregung des Winzlings besteht darin, in den mütterlichen Beutel zu kriechen und sich dort an einer Zitze festzusaugen.

Kurz nach der Geburt paart sich die Mutter wieder, und ein neuer Embryo entwickelt sich bis zu einem gewissen Grad. Dann bleibt er „in Wartestellung". Falls die Mutter ihr Kind im Beutel verliert, entwickelt sich das „Reservebaby" weiter. Sonst bleibt es in Wartestellung, bis das erste Junge nach etwa 200 Tagen Weiterentwicklungs- und Säugezeit den mütterlichen Beutel verläßt.

BEUTELTEUFEL

Er sieht wirklich ein bißchen wie ein Teufel aus mit seinem schwarzen Fell mit der weißen Zeichnung, seiner gedrungenen, fast dachsgroßen Gestalt, den kräftigen Pfoten und dem massigen Kopf mit dem starken Gebiß. Darüber hinaus wurden dem Beutelteufel in früheren Beschreibungen von Siedlern und Viehzüchtern wahrhaft teuflische Charaktereigenschaften bescheinigt. Er sei bösartig, wurde gesagt, er könne teuflisch wüten und sogar vor Wut schäumen. Ein Zoologe, der die Tiere 1808 beschrieb, berichtete, die Tiere seien unzähmbar wild und sehr bissig. Er hielt ein Paar monatelang angekettet in einer hohlen Tonne und wunderte sich über ihr hohles Bellen.

Erst als sich eine Frau auf der Insel Tasmanien, der Heimat der „Teufel", näher mit ihnen befaßte, entdeckte sie, daß die Tiere ausgesprochen zahm werden und sehr anhänglich, liebenswürdig, verspielt und sauber sind.

Die Paarungszeit der Beutelteufel liegt im April und Mai. Ende Mai bis Anfang Juni kommen die nur 12 mm langen, unterentwickelten Jungen zur Welt, die sich sofort an einer der vier Zitzen im mütterlichen Beutel festsaugen. Die Kleinen wachsen schnell und sind nach sieben Wochen schon 7 cm lang. Nach etwa 15 Wochen haben sie ein fertiges Fellkleid, die Augen offen und lösen sich von den Zitzen.

Etwa Ende September wird der Platz im mütterlichen Beutel zu eng. Beide Eltern bauen dann in einer Baumhöhle oder einem anderen sicheren Versteck ein weiches, gut ausgepolstertes Nest, in dem die Kleinen abgelegt werden. Mindestens fünf Monate lang werden die Jungen gesäugt, dann erhalten sie langsam feste Nahrung.

Beutelteufel jagen kleinere Känguruharten, Rattenkänguruhs, gelegentlich auch Frösche, Fische und Echsen. Sie plündern Vogelnester, fressen Insekten und erlegen hin und wieder sogar eine Giftschlange.

RÜSSELSPRINGER

Rüsselspringer haben mit den Mäusen, die zu den Nagetieren gehören, ebensowenig zu tun wie unsere einheimischen Spitzmäuse. Beide sind Insektenfresser. Eine Gattung heißt Elefantenspitzmäuse (Bild), wobei sich der Name auf die lange, sehr bewegliche Nase bezieht, mit der sie die kleinsten Felsritzen und -spalten nach Kerbtieren erkunden. Sie sind territorial, d.h. sie bewohnen ein bestimmtes Gebiet, das sie mit Duftstoffen markieren und gegen Artgenossen verteidigen.

Erwachsene Tiere leben meist paarweise zusammen, haben feste Wechsel und graben sich Erdbaue oder leben in Termitenburgen. Das Weibchen bringt ein-

bis zweimal im Jahr vollständig entwickelte und von der ersten Stunde nach der Geburt an überaus lebhafte Junge zur Welt – in der Regel ein oder zwei. Die Tragzeit beträgt rund zwei Monate – ist also mehr als doppelt so lang wie bei den Mäusen (die allerdings blinde und nackte, also weit weniger entwickelte Kinder gebären). Die Mutter säugt die Kleinen einige Wochen lang und nimmt sie andererseits auf ihre Jagdzüge mit, zeigt ihnen, wo und wie sie ihre Insektennahrung suchen müssen und überläßt ihnen gelegentlich einen Käfer oder eine Spinne. Die Jungen lernen schnell, die Verstecke von Insekten aufzufinden und bringen Stunden damit zu, ihr

Revier kreuz und quer abzulaufen und zu -hüpfen.

Elefantenspitzmäuse sind Bewohner heißer und sehr trockener Wüsten- und Halbwüstengebiete mit größeren und kleineren Felsbiotopen, in denen sie genügend Versteckmöglichkeiten finden. Oft liegen sie tagsüber stundenlang in der prallen Sonne und genießen ganz offensichtlich die mittägliche Hitze.

IGEL

Zusammen mit den Spitzmäusen, den Tanreks, den Goldmullen und den Rüsselspringern gehören die Igelartigen in die urtümliche Säugetierordnung der Insektenfresser.

Der Europäische Igel ist, bis auf den Norden Skandinaviens, in mehreren Unterarten über ganz Europa und Vorderasien verbreitet. Obwohl er vorwiegend in den Dämmerungsstunden und nachts aktiv ist, kennt ihn bei uns fast jedes Kind, da er wenig Scheu vor dem Menschen zeigt.

Schlurfend, schnüffelnd und schnaubend sucht er in Gärten und Parks, an Waldrändern und in Hecken nach Freßbarem, vor allem jegliche Arten von Insekten, Mäusen, Vogeleiern und gelegentlich auch Vögel, wenn er sie fangen kann, daneben

auch Würmer, reife Früchte, Beeren und Nüsse. Sogar die giftigen, sonst von allen Tieren gemiedenen Ölkäfer verzehrt er ausgesprochen gerne und kann dabei eine enorme Giftmenge vertragen.

Gegen das Gift der Kreuzotter ist er dagegen nicht immun. Die giftige Schlange hat eher Schwierigkeiten, ihr Gift anzubringen, weil sie den stachligen Gesellen nicht in die Haut beißen kann. Nach der von lautem Schnauben und Schnaufen begleiteten Paarungszeit zwischen April und Juli bringt das Igelweibchen in einem Versteck unter einem Laubhaufen oder zwischen Felsspalten nach fünf bis sechs Wochen zwei bis zehn Junge zur Welt. Die Stacheln der Kleinen sind in eine pralle, wasserreiche Haut eingelagert, so daß sie

die Mutter bei der Geburt nicht verletzen. Erst nach zwei Tagen beginnen die Stacheln sich aufzurichten.

Mit etwa zwei Wochen öffnen die Jungigel die Augen. Sie werden vier Wochen lang gesäugt, erhalten aber schon vorher feste Nahrung, die die Igelin zum Versteck bringt.

Obwohl Igel sonst Einzelgänger sind, umsorgt die Igelmutter ihre Jungen sehr intensiv. Wenn sie das Nest verläßt, deckt sie die Kleinen mit Laub zu, und wenn sie gestört wird, trägt sie die Jungen zu einem anderen Versteck. Viele Jungigel, die zu spät im Jahr geboren werden, sind zu Beginn des Winterschlafes noch zu klein und konnten nicht genug Fettvorräte ansammeln. Diese Igelkinder können nur mit Hilfe des Menschen den Winter überleben.

NASENAFFE

Eines der eigenartigsten und auffallendsten Tiere aus der Familie der Schlank- und Stummelaffen ist der Nasenaffe aus den Sumpf- und Mangrovenwäldern Borneos. Die Affenkinder und die jungen Weibchen haben entzückende, himmelwärts gerichtete Stupsnasen. Bei den älteren Weibchen und vor allem bei den Männern nach Erreichen der Geschlechtsreife, mit etwa sieben Jahren, wird das Näschen immer mehr zu einem riesigen, gurkenförmigen Ungetüm. Das „Ding" wächst immer weiter, erschlafft mit dem Alter und hängt seinem stolzen Besitzer so ungeschickt vor dem Maul herum, daß er die „Gurke" beim Essen mit der Hand zur Seite schieben muß. Wahrscheinlich dient die Nase als Schallverstärker für die tiefen, langgezogenen, den Tönen einer Baßgeige ähnlichen Rufen der erwachsenen Nasenaffenmänner.

Bis heute weiß man wenig über das Verhalten und die Fortpflanzung der Nasenaffen in freier Wildbahn. Fest steht, daß sie ausgezeichnete Schwimmer sind und sich ausschließlich, aber sehr abwechslungsreich, vegetarisch ernähren. Die erste Zoogeburt eines Nasenaffenbabys außerhalb von Südostasien fand 1965 im Zoo von San Diego statt. Dort wußte man zwar, daß „Penelope" schwanger war, aber der Zeitpunkt der Geburt war unklar. Als die künftige Mutter träger wurde, verhielt sich ihr Gatte „Pinocchio" ihr gegenüber immer rücksichtsvoller. Er jagte sie nicht mehr spielerisch durch den Käfig und reichte ihr aus dem Futternapf die besten Leckerbissen. Schließlich bedrohte er die vertrauten Pfleger – und Penelope brachte ihr Baby ohne Komplikationen auf die Welt und war eine hervorragende Mutter. Das

anfänglich blaue Gesicht des Babys wurde mit der Zeit schiefergrau und später fleischfarben. Junge Nasenaffen sind neugierig, frech, verspielt und respektlos – sogar den würdigen, erwachsenen Männern gegenüber. Haben sie es einmal zu schlimm getrieben und einen Pascha wirklich verärgert, flüchten sie schnell in die schützenden Arme der Mutter.

ZWERGSEIDENÄFFCHEN

Der absolute Zwerg unter den ohnehin nicht gerade großen Krallenaffen ist das Zwergseidenäffchen. Die Tierchen mit dem grünlichgrauen Pelz aus dem oberen Amazonasgebiet werden höchstens 16 cm lang, der Schwanz mißt noch einmal 18 cm, das Höchstgewicht liegt bei 85 Gramm. Zwergseidenäffchen leben einzeln oder in Gruppen von bis zu sechs Tieren. Innerhalb der Gruppe pflanzt sich nur das ranghöchste Weibchen fort. Es bringt nach etwa dreieinhalb Monaten Tragzeit meist Zwillinge zur Welt. Bei der geringen Größe der Eltern wundert es nicht, daß die Babys nur so groß sind wie eine Puffbohne und lediglich 15 Gramm wiegen. Sie klammern sich im Brustfell der Mutter so fest, daß sie auch bei weiten Sprüngen nicht herunterfallen. Zwergseidenäffchen kommen mit geöffneten Augen und einem feinen, weichen Pelz zur Welt. Einige Tage nach der Geburt „steigen" sie auf den Vater um und suchen die Mutter nur noch zum Trinken auf. Ständig aber brauchen sie den Körperkontakt zu einem Elternteil, sonst jammern und fiepsen sie so kläglich, bis sie wieder aufgenommen werden. Erst gegen Ende der sechs bis acht Wochen währenden Säugezeit wagen sie kleinere Erkundungsausflüge und beginnen, auch feste

Nahrung zu sich zu nehmen. Während der ganzen Zeit kümmert sich der Vater hingebungsvoll um das Wohlergehen und die Erziehung der Kinder. Mit etwa sechs Monaten sind die Kleinen so groß wie die Eltern, werden aber erst mit etwa zwei Jahren fortpflanzungsfähig. Zwergseidenäffchen verständigen sich mit zwitschernden und trillernden Lauten, die an Vogelgezwitscher oder Insektengezirpe erinnern, einige Töne sind so hoch, daß das menschliche Ohr sie nicht mehr hören kann. Die Hauptnahrung besteht aus Pflanzensäften, aber auch Insekten werden gerne genommen.

LISZTÄFFCHEN

Innerhalb der Krallen-affenfamilie bilden die Pinché- oder Perücken-äffchen eine eigene Gattung mit drei Arten. Typisch für alle Arten sind die kleinen Oh-ren und der auffallen-de, perückenähnliche Haarschmuck auf dem Kopf. Die bekannteste Art ist das Lisztäffchen aus der „tierra caliente", den feuchtwarmen Ge-bieten an der Karibik-küste Nordkolumbiens. Seinen Namen verdankt das dunkelbraune bis ziegelrotbraune Äffchen der prächtigen, weißen Kopfmähne, die den Zoologen und Direktor des Berliner Zoos Ludwig Heck an die Haartracht des Komponisten Franz Liszt erinnerte. Ob der Musiker sich jemals zu diesem Ehrennamen äußern konnte, ist unbe-kannt.

Über das Freileben der meisten Krallenaffen weiß man recht wenig, obwohl die meisten Ar-ten über den Tierhandel immer wieder in Men-schenobhut gelangen und teilweise gerne als Haustiere gehalten wer-den – mit mehr oder weniger guten Erfolgen, was die Lebensdauer und auch die Fortpflan-zung betrifft. Wichtig ist für die Tiere neben abwechslungsreicher pflanzlicher Nahrung ein ausreichendes Ange-bot an Insekten, Klein-säugern, Vögeln, Echsen und Fröschen. Wahrscheinlich leben Lisztäffchen in größeren Gruppen, die von einem Männchen und einem gleichrangigen Weibchen geführt werden. Rang-ordnungskämpfe, die durch Drohen, Beißen und Imponieren ausge-

tragen werden, finden immer nur zwischen gleichgeschlechtlichen Tieren statt. Nur das ranghöchste Weibchen paart sich mit dem rang-höchsten Männchen und bringt nach minde-stens 160 Tagen meist ein bis zwei Junge zur Welt.
Die Kleinen werden von allen Gruppenmitglie-dern herumgetragen. Meist krallen sie sich im Rückenfell eines Tragtie-res fest und schauen von dort aus neugierig in die Welt. Sobald die Jungen durch quarrende Töne Hunger signalisieren, kommt die Mutter mit ausgestreckten Armen heran und nimmt ihre Kinder zum Säugen zu sich.

SCHIMPANSE

Ganz anders als wir Menschen kennen unsere nächsten Verwandten aus dem Tierreich, die Schimpansen, offenbar keine Eifersucht. Ein empfängnisbereites

Weibchen paart sich mit mehreren Männchen der Herde, ohne daß die Herren sich deswegen in die Haare bzw. das Fell geraten.

Ein Schimpansenjunges weiß also nie, wer sein Vater ist – es sei denn, es ist diesem wie aus dem Gesicht geschnitten. Schimpansen haben sehr ausdrucksvolle, individuell unterschiedliche Gesichter, und wenn ein Kind eindeutig die Gesichtszüge eines Männchens trägt, könnte es immerhin sein, daß es wirklich der Vater ist. Im Grunde genommen spielt das aber gar keine Rolle, denn meist sind alle Männchen, Weibchen und Halberwachsenen rührend um die Kleinkinder besorgt. Sie tragen sie herum, spielen mit ihnen, lausen und beschützen sie.

Trotz der allgemeinen Fürsorge ist die lange Mutterbindung für ein Junges lebenswichtig. Nach einer Tragzeit von acht Monaten wiegt ein Schimpansenbaby bei der Geburt etwa 2000 Gramm und wird zwei bis drei Jahre lang gestillt. In dieser Zeit wird die Mutter nicht wieder schwanger, so daß eine Schimpansin nur etwa alle drei bis vier Jahre ein Baby bekommt. Obwohl ein Schimpansenkind in der Familie gut aufgehoben ist, lernt es die allerwichtigsten Dinge von seiner Mutter. Vor allem braucht es auch nach der Entwöhnung noch den Körperkontakt und die mütterliche Zuwendung. Man hat festgestellt, daß Schimpansenkinder, die sich schon längst alleine ernähren konnten, nach dem Tod der Mutter plötzlich kränkelten und Symptome schwerer psychischer Störungen zeigten. Auch die intensivste Fürsorge älterer Geschwister und anderer Familienmitglieder konnten den verwaisten Jungtieren nicht helfen, und sie starben im wahrsten Sinne des Wortes an gebrochenem Herzen.

ORANG-UTAN

Orang-Utan – Waldmensch nennen die malaiischen Einwohner der Inseln Sumatra und Borneo den Menschenaffen mit dem rotbraunen Fell halb liebe- halb respektvoll. Sie sind sogar davon überzeugt, daß der Waldmensch die menschliche Sprache beherrscht, diese Fähigkeit aber geheimhält, damit er nicht zur Arbeit mißbraucht wird. Orangs leben einzeln oder in lockeren Familiengruppen, die aus mehreren Weibchen, Jungen und einem großen Mann bestehen. Sie halten sich am liebsten in den Baumkronen der tropischen Wälder auf, hangeln sich mit ihren starken Armen von Ast zu Ast und können gewaltige Sprünge von bis zu 20 Metern Weite ausführen. Sie ernähren sich vorwiegend von den Früchten der Bäume und gehen nur sehr ungern auf den Boden herab. Dort bewegen sie sich etwas unbeholfen und benutzen beim Laufen ihre langen Arme wie seitliche Krücken oder halten sie verschränkt über den Kopf.

Ihre abendlichen Schlaf-
nester bauen sie in Baum-
kronen, indem sie Äste zu
einer Plattform zusam-
menbiegen und sie mit
dünnen Ästen und Laub
polstern. Gelegentlich
läßt die Gruppe kurz vor
dem Einschlafen einen
brummenden Gesang er-
tönen.

Ein Orangbaby kommt
nach fast neunmonatiger
Schwangerschaft hilflos
wie ein Menschenkind
zur Welt. Mit seinem
starken Klammerreflex
hält es sich im Brustfell
der Mutter fest, die aber
ihr Kind in den ersten

Lebenswochen immer
noch mit einer Hand
stützt. Eine Orangmutter
umsorgt ihr Baby sehr
liebevoll, sie liebkost und
reinigt es, beruhigt und
tröstet es mit brummen-
den Lauten und nährt es
meist drei bis vier Jahre
lang. Schon nach weni-
gen Wochen erhält das
Kleine außer der Mutter-
milch von ihr vorgekaute
Nahrung. Lange bevor
ein Orangkind sich auf
zwei oder vier Beinen auf
dem Boden bewegen
kann, hangelt und klet-
tert es in den Baumkro-
nen herum.

BERGGORILLA

Gorillas sind die größten heute lebenden Menschenaffen. Ein erwachsener Mann mißt im Stand bis zu 1,80 m, hoch aufgerichtet sogar weit über 2 m. Die Spannweite der ausgestreckten Arme erreicht bis zu 2,80 m, der Brustumfang bis zu 1,75 m, er kann bis zu 280 kg wiegen, in zoologischen Gärten oft noch weit mehr. Weibchen sind erheblich kleiner und leichter. Mit dem dichten schwarzen oder grauschwarzen Haarkleid, dem herrlichen Silberrücken der alten Männer und den haarlosen, ausdrucksvollen Gesichtern beeindruckten Gorillas seit jeher die Eingeborenen ihrer Umgebung und die Weißen, die mit ihnen in Berührung kamen. Furchtbare Geschichten von Menschenraub und mörderischen Wutausbrüchen rankten sich um die schwarzen Ungetüme, bis die Verhaltensforscher sich näher mit den Gorillas beschäftigten und sie als sanfte, liebenswerte und zärtliche Riesen beschrieben.

Zwei Unterarten leben im tropischen Afrika, der West- oder Flachlandgorilla in den Ebenen des westlichen Äquatorialafrikas und der Ost- oder Berggorilla (Bild) in den Ebenen und den Gebirgen bis zu 3500 m Höhe Zentralafrikas. Gorillas leben in friedlichen Familienverbänden, die aus einem erwachsenen Mann, oft einem „Silberrücken" und seinen Frauen und ihren Kindern unterschiedlichen Alters bestehen. Manchmal teilen sich zwei Männer die Führung der Gruppe, manchmal kommen Jungmänner hinzu. Nur selten gibt es Streit um die Frauen, um Futter oder Gebietsansprüche. Man zieht es vor, sich aus dem Weg zu gehen

Gorillababys werden nach neunmonatiger Schwangerschaft geboren. Sie wiegen ungefähr 2 kg, nehmen aber sehr schnell zu. In den ersten Lebenstagen kann sich das Kleine noch nicht selbsttätig im Fell der Mutter festkrallen, sondern wird von ihr gehalten. Mit etwa fünf Monaten krabbelt ein Gorillakind auf seine ersten kleinen Ausflüge, sechs Wochen später beginnt es zu laufen und spielt bald mit den anderen Jungtieren der Sippe.

WEISSHANDGIBBON

Die fünf Gibbonarten, die in mehreren Unterarten die Inselwelt Südostasiens bewohnen, sind wahrscheinlich die Herrentiere, die sich nicht nur am schnellsten, sondern auch mit einer unglaublichen Eleganz bewegen. Mit ihren überlangen Armen und den schmalen Greifhänden hangeln und schwingen sie sich mühelos durch die Baumkronen der Urwälder, erreichen mit akrobatischer Sicherheit höchste Höhen und kleinste Äste, auf denen sie sich mit unnachahmlicher Grazie niederlassen. Sie sollen sogar Vögel im Flug fangen können.

Die Unterscheidung der einzelnen Arten ist teilweise recht schwierig, da die Jungtiere oft völlig anders gefärbt sind als die Eltern. Viele Weibchen behalten oft zeitlebens ihr Jugendkleid, andere ändern mehrmals ihre Färbung.

Der Weißhandgibbon ist über Thailand, die malaiische Halbinsel und die Sundainseln verbreitet. Die Fellfärbung variiert von schwarz über bräunlich bis gelblichweiß.

Das Gesicht ist schwarz, unbehaart und von einem hellen Haarkranz eingerahmt, die Oberseiten der Füße und Hände sind weiß.

Bei allen Gibbons ist die Zuneigung der Partner unabdingbare Voraussetzung für Nachwuchs. Junge Paare treffen sich am Rande der Familienreviere und können so ihre Partner aussuchen.

Neugeborene Gibbonkinder klammern sich in den ersten Lebensmonaten im Bauch- und Brustfell der Mutter fest, die dadurch in ihrer Beweglichkeit kaum behindert wird. Eine einzige Unachtsamkeit hätte für das Kind einen Sturz aus großer Höhe zur Folge. Wie es ihrem Lebensraum in luftigen Baumkronen entspricht, ist die erste Fortbewegungsweise, die die Junggibbons erlernen, das Hangeln von Ast zu Ast. Auf der Erde bewegen sie sich zuerst auf allen Vieren hüpfend vorwärts, erst mit etwa sechs Monaten beginnen sie, zuerst sehr vorsichtig und unsicher, auf zwei Beinen zu gehen.

HULMAN ODER HANUMAN

Hulmans leben in sozialen Gruppen, die entweder nur aus männlichen Tieren oder aus einem Pascha mit seinem Harem und Jungtieren bestehen. Eifersüchtig wacht der Pascha über seine Frauen und seinen Nachwuchs und verteidigt sie vehement gegen andere Interessenten. Etwa zwei Jahre lang hält er den Streß aus – bis seine Kräfte eines Tages nachlassen und er von einem Stärkeren besiegt wird.

In der Indischen Mythologie wird der wunderschöne, silbergraue, bis zu 1,1 Meter große, schlanke Affe als heilig verehrt. Bis heute gilt er in seiner indischen Heimat als heiliges Tier, und ganze Tempel dienen seiner Verehrung. Als der böse Riese Ravana die Gattin des Königssohnes Rama, Sita, entführte, half Hanuman, der Minister des Affenvolkes, die Prinzessin zu befreien. Dabei nutzte er die Gelegenheit, gleich noch die köstliche Mangofrucht aus dem Garten des Riesen zu stehlen und sie den Menschen zu bringen. Zur Strafe wollte Ravana Hanuman verbrennen, aber dieser konnte entkommen – hat aber seitdem ein schwarz versengtes Gesicht und schwarze Hände und Füße.

Nun geschieht etwas, das wir auch von Löwen und anderen Haremsbesitzern kennen: Der neue Herr über ein Weibchenrudel tötet alle Jungen im Säuglingsalter. Ganz kurz nach dem Tod des Kindes wird die Äffin wieder brünstig und kann neu gedeckt werden, so daß alle Kleinkinder der Herde Kinder des neuen „Besitzers" sind.

Hulmanbabys tragen ein tiefschwarzes Haarkleid, das sich bis zum dritten Lebensjahr in das schöne Silbergrau der Eltern umfärbt. Schon früh, bereits während der Säugezeit, werden die Kleinen von allen Herdenmitgliedern herumgetragen und weitergereicht, manchmal sogar achtlos weggeschubst und selbst von der eigenen Mutter recht unsanft behandelt.

GRÜNE MEERKATZE

Ein Charaktertier der Buschsavanne, der Galeriewälder und der Randgebiete des Regenwaldes ist die Grüne Meerkatze, die mit etwa 60 cm Körperlänge, 70 cm Schwanzlänge und einem Gewicht bis zu 8 kg zu den größeren Meerkatzenarten gehört. Die angegebenen Maße betreffen die Männchen, Weibchen sind kleiner und leichter.

In den Morgen-, Nachmittags- und Abendstunden durchstreifen sie ihre weiten Territorien auf der Suche nach Futter und Wasser. Dabei geht es nicht immer unbedingt ernsthaft und seriös zu. Vielmehr scheinen die graugrünen Kobolde mit den dunklen Gesichtern einen Heidenspaß daran zu haben, andere Tiere zu erschrecken, einander schreiend und keckernd durch die Bäume und durchs Gras zu jagen – oder unvorsichtige Touristen zu ärgern, von denen sie sich zuerst füttern lassen, um ihnen dann Plastikbeutel, Kamerataschen, Sonnenbrillen oder Hüte zu klauen. Ahnungslose Besucher finden die niedlichen Affen

so herzig, daß sie sie – trotz aller Warnungen – füttern wollen. Wenn sie dann genug haben, die Affen aber nicht gleicher Meinung sind und sich aus der Picknicktasche oder vom Frühstückstisch selbst bedienen wollen, gibt es meist ein Riesengeschrei – unter den Touristen.

Neugeborene Meerkatzen – Zwillinge sind selten – halten sich, mit Unterstützung der Mutter im Fell fest und werden auch auf der Flucht oder bei waghalsigen Sprüngen nicht verloren. Bereits mit wenigen Lebenstagen versucht ein Meerkatzenbaby die ersten tapsigen Schritte, verläßt jedoch noch lange nicht die Reichweite von Mutters Armen. Mit etwa zwei Monaten nehmen sie neben der Muttermilch auch feste Nahrung zu sich: Gras, Früchte, Beeren und Blüten, junges Laub sowie Insekten, Raupen und andere Wirbellose, gerne auch Vogelgelege.

MAGOT

Der Magot oder Berber-
affe, einst in ganz Nord-
afrika beheimatet, lebt
heute nur noch im Atlas-
gebirge und in einigen
Gegenden Marokkos und
Algeriens. Außerdem
gibt es zwei Populatio-
nen auf den Felsen von
Gibraltar, damit sind die
Magots die einzigen, frei-
lebenden Affen Europas.
Wie die Berberaffen
dorthin gekommen sind,
weiß niemand, aber ihr
Bestand ist fest mit dem
Schicksal der britischen
Kronkolonie Gibraltar
verknüpft. Es heißt näm-
lich, daß Gibraltar so
lange britisch bleibt, wie
es dort Affen gibt. Also
sorgt die englische Krone
dafür, daß die Magots
nicht aussterben. Eigens
für die Belange der Ber-
beraffen wurde vom
Kriegsministerium ein
„officer in charge of
apes", ein Affenoffizier,
bestimmt.

Berberaffen leben in Her-
den, die in den frühen
Morgen- und den Nach-
mittagsstunden auf Nah-
rungssuche umherziehen.
Zeitweise waren sie auf
Gibraltar so frech, daß
sie in Gärten und Wohn-
häuser eindrangen und
regelrechte Plünderun-
gen veranstalteten. Auch
heute müssen sich Besu-
cher des Felsens vor den
Magots in acht nehmen,
denn sie dringen in ge-
parkte Autos ein, räumen
Rucksäcke und Handta-
schen aus und betteln
aufdringlich und aggres-
siv um Futter. Viele Be-
sucher, die einen Magot
streicheln oder hand-
greiflich verjagen woll-
ten, mußten die böse Er-
fahrung machen, daß auf
das ängstliche Geschrei
des bis zu 50 cm hohen
und 75 cm langen Affen
die ganze Herde ange-
rannt kam. Meist hilft da
nur noch die Flucht!

Die schwarzhaarigen
Jungen mit den „gries-
grämigen", uralten Ge-
sichtern werden meist im
Sommer geboren und von
ihrer Mutter mit der
sprichwörtlichen Affen-
liebe umsorgt. Erst all-
mählich nehmen die
Kleinen die rötlichbrau-
ne Fellfarbe der Eltern
an. Auf das Angstge-
schrei eines Jungen rea-
giert die ganze Herde
noch vehementer als auf
die Hilferufe eines er-
wachsenen Tieres.

JAPAN-MAKAKEN

In zwei Unterarten bewohnen die Rotgesichts- oder Japanmakaken einige der japanischen Inseln, vor allem das Gebiet um Kyoto auf Honshu. Im Norden Honshus liegt das nördlichste Gebiet der Erde, in dem noch Affen vorkommen. In den winterlichen Bergwäldern liegt oft eine bis zu 1,5 Meter dicke Schneedecke, und es ist so kalt, daß ganze Gruppen der Japanmakaken die vulkanisch erhitzten Teiche aufsuchen und sich im warmen Wasser aufwärmen.

Oft wird die Nahrung knapp und besteht in den schlimmsten Zeiten nur noch aus Baumrinde. Diesen Umstand nutzten japanische Wissenschaftler, um sich mit den sonst sehr scheuen und zurückhaltenden Affen anzufreunden. Sie boten ihnen Süßkartoffeln und Weizenkörner an, bis die Makaken sich an die Menschen gewöhnten und ihnen Einblick in ihr streng geordnetes, interessantes Sozialverhalten erlaubten.

In Trupps von 30 bis 150 Tieren, manchmal auch wesentlich mehr, durchstreifen sie ihre Territorien. Vorhut und Nachhut bilden dabei stets die jungen Männchen, die ihre soziale Stellung in der Herde durch spielerische Auseinandersetzungen festlegen. Den Kern des Trupps bilden die alten Männer sowie Weibchen und Jungtiere. Auch hier lassen sich klare, teilweise aber ständig wechselnde soziale Strukturen, Aufgabenteilungen und Rangordnungen feststellen. Während die jungerwachsenen Männchen im Alter von etwa anderthalb Jahren den inneren Kreis verlassen und zu den Wachtposten gehen, bleiben die Weibchen im inneren Kreis und profitieren von der Rangordnung der Mutter. Führende Gruppenmitglieder übernehmen die Fürsorge und Pflege von Jungtieren, deren Mütter krank sind oder gerade ein Baby bekommen.

Besonders verblüffte die Wissenschaftler das Lernverhalten der Makaken. Eines Tages wusch ein junges Weibchen – wohl eher zufällig – den Sand von einer Süßkartoffel, fand das Ergebnis offensichtlich befriedigend und zeigte dieses Verhalten nun öfter. Einige Zeit später tat ein Spielgefährte des jungen Weibchens das gleiche, und ganz allmählich verbreitete sich das „Waschen" der Nahrung. Dabei erwiesen sich jüngere Tiere als wesentlich lernfähiger als ältere Gruppenmitglieder. Erwachsene Frauen lernten ebenfalls, alte Männchen überhaupt nicht.

Unsere nächsten Verwandten, die Affen, sind fast so anpassungsfähig wie wir selbst. Sie haben die verschiedensten Lebensräume erobert und fehlen nur gerade in den Wüsten und den Polgebieten. Besonders artenreich sind sie im Tropengürtel vertreten; manche sind durch Biotopzerstörung stark bedroht, andere – wie der Hutaffe – sind zu ausgesprochenen Kulturfolgern geworden und in unmittelbarer Nähe von Dörfern und Städten anzutreffen.

Hutaffen leben in streng nach Rangreihenfolge gegliederten Gruppen von etwa fünf bis dreißig und mehr Tieren. Untersuchungen haben gezeigt, daß die Jungen von ranghohen Weibchen sehr viel bessere Überlebenschancen haben als jene der rangtiefen. Sie befinden sich, zusammen mit ihren Müttern, im Zentrum der Gruppe (und sind so gegen feindliche Angriffe von Greifvögeln und Raubtieren besser geschützt), bekommen die nahrhaftesten Futter-

HUTAFFE

brocken und werden seltener von kinderlosen Weibchen geraubt! Diese, vor allem wenn sie ranghoch sind, entführen hin und wieder die Kinder von jungen, unerfahrenen Weibchen, können sie jedoch mangels Milch nicht ernähren, so daß sie elendiglich verhungern. In den ersten Tagen nach der Geburt, die nach einer Tragzeit von gut sechs Monaten erfolgt, rühren sich die Kleinen kaum von der Mutterbrust und schlafen oft mit der Zitze im Mund ein. Obwohl Hutaffen keine feste Fortpflanzungszeit haben, kommen kurz vor der Regenzeit besonders viele Jungtiere zur Welt und wachsen dann gemeinsam auf. Sie bilden eine Art Kindergarten, der von älteren Weibchen beaufsichtigt wird und können sich, weit über das Flegelalter hinaus, gegenüber den Erwachsenen fast alles erlauben. Erst wenn sie knapp ein Jahr alt sind, müssen sie sich ihren Platz in der Rangordnung erkämpfen. Auch hier zeigt es sich, daß die Jungen ranghoher Mütter gleich von Anfang an in der Hutaffen-Gesellschaft einen höheren Rang einnehmen, als diejenigen von rangniederen.

RHESUSAFFE

Die jungen Rhesusaffen sind bei der Geburt nur gerade 400 bis 500 g schwer und bei weitem nicht so hilflos wie ein Menschenbaby. Dank ihres stark ausgeprägten Klammerreflexes halten sie sich im Bauchfell der Mutter fest, und diese wiederum drückt ihr Kind beim Gehen oder Springen mit einer Hand an den Körper, damit es nicht verloren geht. Schon wenige Tage nach der Geburt können sie sich von ihrer Mutter lösen und die ersten Schritte unternehmen – allerdings immer unter Aufsicht der Mutter oder einer nahen Verwandten. Sie erkunden die nächste Umgebung, spielen mit Altersgenossen und stecken sich Blätter oder Früchte in den Mund. Da sie jedoch zahnlos auf die Welt kommen, dauert es noch eine Weile, bis sie feste Nahrung zu sich nehmen. Beim geringsten Anzeichen von Gefahr flüchten sie zur Mutter oder zu einer Tantengruppe – um schon kurz darauf wieder auf Entdeckungsreise zu gehen.

Die Mütter wenden bei der Pflege ihrer Kinder viel Zeit und Sorgfalt auf; sie putzen sie regelmäßig, verteidigen sie gegen Artgenossen oder bringen sie vor ranghöheren Mitgliedern in Sicherheit und zeigen ihnen schon bald, was eßbar ist und was nicht. Diese Pflegehandlungen sind im übrigen nur teilweise angeboren, und viele Aktionen müssen von den jungen Weibchen im Familienverband gelernt werden, bis sie mit ihrem Nachwuchs richtig umgehen können. Die erstgeborenen Jungen werden oft falsch behandelt und sterben früh; mit zunehmender Erfahrung steigen die Überlebenschancen der jungen Rhesusaffen.

MANTELPAVIAN

Imposante Erscheinungen sind die bis zu 90 cm langen, alten Mantelpavianmänner mit ihren silbergrauen Mähnen, die Kopf, Schultern und Rücken bedecken. Die Affen aus dem Nordosten Äthiopiens, aus Somalia, vom Roten Meer, aus

von mehreren Weibchen und deren Jungen um sich schart und die „Seinen" eifersüchtig bewacht. Junge Männer haben es sehr schwer, sich einen Harem zuzulegen, denn kein Pascha wird einen „Halbstarken" an seine Familie heranlassen. Die Jungmänner versuchen daher, Weibchen, die noch bei der Mutter, also noch nicht geschlechtsreif sind, für sich zu gewinnen. So ein angehender Pascha drängt sich zwischen Mutter und Kind, bis ein Mädchen ihm folgt. Will es zurück zur Mutter, wird es durch drohendes Verhalten und mehr oder weniger symbolische Nackenbisse zum Bleiben gezwungen. Eine einmal entstandene Bindung zwischen einem Pascha und einem Weibchen wird von den anderen Herdenmitgliedern respektiert. Die Männer machen sich nicht gegenseitig die Frauen streitig, helfen einander sogar, wenn Fremde zur Horde stoßen und Frauen und Mädchen stehlen wollen. Pavianfrauen gebären nach etwa 170 Tagen Tragzeit fast immer nur ein Junges. Die erste Zeit verbringt das Kleine fest im Bauchfell der Mutter verkrallt, schläft und

trinkt und wächst. Sobald sein Aktivitätsdrang erwacht, begibt es sich auf kleinere Ausflüge. Wird das Kleine zu lebhaft, hält es die Mutter kurzerhand am Schwanz fest, während sie selbst sich ausruht, eine Nachbarin krault oder auf Nahrungssuche geht. Sobald der kleine Mantelpavian Kontakt mit den anderen Herdenmitgliedern aufnimmt, wird er mit den Spielregeln des Sozialverhaltens konfrontiert.

Saudi-Arabien und dem Jemen bewohnen Felsgebiete, Halbwüsten und Steppen. Sie leben in größeren Horden, die sich aus mehreren Familien zusammensetzen. Jede Familie wird von einem Männchen angeführt, das einen Harem

STEPPENPAVIAN

Ganz anders sieht es bei den afrikanischen Steppenpavianen aus, die besser Savannenpaviane genannt werden, weil es in ganz Afrika kaum Steppen gibt.

Die Männer der Savannenpaviane haben furchteinflößende Eckzähne, die sogar einem Leoparden gefährlich werden können. Beim sogenannten Drohgähnen präsentieren sie ihre furchtbaren Waffen aufdringlichen oder frechen Artgenossen, um sie in ihre Schranken zu weisen. Lange glaubte man, daß die alten Männer mit ihren imposanten Zähnen die Chefs der Pavianhorden seien, denen sich alle anderen unterordnen müßten. Es stellte sich jedoch heraus, daß die Führer vielmehr alte, erfahrene Weibchen sind, die vor allem in Krisensituationen an der Spitze der Horde stehen und sie leiten.

Savannenpaviane lieben als Bodenbewohner offene Savannen, lichte Waldgebiete, leben aber auch in Halbwüsten und Felsregionen. In Trupps von 20 bis 50, gelegentlich aber bis über 100 Tieren durchstreifen sie ihre Wohngebiete auf der Suche nach Nahrung: Knospen, Samen, Früchte, Wurzelknollen, gelegentlich Insekten und Vogeleier, an den Küsten Muscheln und Schnecken, hin und wieder auch kleine Säuger oder – im Gebirge- Flechten und Kräuter.

Wenn in Trockenzeiten das Wasser knapp wird, treffen gelegentlich verschiedene Gruppen an einer Wasserstelle aufeinander. Mehr als 500 Tiere können dann eine riesige, unüberschaubare Horde bilden. Nach dem Trinken aber trennt man sich wieder, und jeder Trupp zieht in sein Wohngebiet zurück. Dabei weiß jedes Tier genau, wo es hingehört.

Junge Paviane haben zwar Narrenfreiheit – aber doch nur bis zu einem gewissen Grad. In einer Pavianhorde sieht man meist ein oder mehrere Jungtiere schreiend und kreischend hintereinander her- oder vor einem erzürnten Alttier weggrennen. Vor allem bei Einbruch der Dämmerung, wenn es darum geht, auf einem Schlafbaum einen sicheren Platz zu ergattern, lassen das Geschrei und Gequietsche glauben, daß in einer Pavianhorde sehr rauhe Sitten herrschen müssen.

KATTA ODER KATZENMAKI

Die vor der südostafrikanischen Küste liegende Insel Madagaskar ist die Heimat zahlreicher Halbaffen, darunter der abgebildete Katta. Nahezu alle Vertreter dieser Primaten oder Herrentiere (zu denen auch die Affen und der Mensch zählen) sind nachtaktiv. Sie haben auffallend große Augen und an der Innenseite der Arme lange Tasthaare, mit denen sie sich auch bei vollständiger Dunkelheit in ihrer Umgebung orientieren können. Sie markieren ihr Revier mittels Duftdrüsen, die sich an den Unterarmen und bei den Männchen auch an den Oberarmen befinden. Wissenschaftler haben herausgefunden, daß in Kattagruppen bedeutend mehr Männchen als Weibchen sein müssen, damit sich die Tiere fortpflanzen. Das Weibchen trägt etwa 135 Tage und bringt ein Junges zur Welt, das weniger als 100 g wiegt. Zwillings-

geburten sind nicht ungewöhnlich, und auch Drillinge können ab und zu geboren werden. Die Jungen klammern sich in den ersten zwei bis drei Lebenswochen am Bauchfell der Mutter fest und gehen auch dann nicht verloren, wenn diese – etwa auf der Flucht – riesengroße Sprünge macht. Wenn sie etwas

älter sind, krabbeln sie der Mutter auf den Rücken und lassen sich tagaus, tagein herumtragen.
Im Alter von sechs bis sieben Wochen wagen sie sich von der Mutter herunter und machen die ersten Schritte auf dem Boden oder im Geäst. Zu diesem Zeitpunkt nehmen sie bereits feste

Nahrung zu sich, z.B. Blätter, Knospen, Blüten und reife Früchte aller Art. Sobald sie etwas größer geworden sind, kümmert sich der ganze Familienverband, auch die Männchen, um die Jungen, und man hat beobachtet, daß verwaiste Katta-Kinder von anderen Weibchen adoptiert und aufgezogen wurden.

MAUSMAKI

Vermutlich ist der Mausmaki das kleinste aller Herrentiere oder Primaten. Er wird nur gerade 50 g schwer und ohne Schwanz 10 bis 12 cm lang. Noch einmal so lang ist der dicht behaarte Schwanz.

Nur wenige Menschen haben Mausmakis in freier Wildbahn, in ihrer Heimat Madagaskar, je zu Gesicht bekommen, denn einerseits sind sie ausschließlich nachtaktiv – ihre riesengroßen Augen verraten es – und andererseits winzig klein, nicht viel größer als eine Maus.

Tagsüber ruhen sie in Baumhöhlen oder in Vogelnestern, die sie ausbauen und mit Haaren polstern. Über ihr Verhalten weiß man auch heute noch sehr wenig – und das Wenige stammt von Tieren, die in menschlicher Obhut gehalten und gezüchtet wurden.

Bei den Weibchen wurde eine Tragzeit von durchschnittlich 60 Tagen festgestellt. Dann brachten sie zwei bis drei, selten vier Junge zur Welt, die nur gerade 3 bis 4 g wiegen und weniger als 5 cm lang sind! Am vierten oder fünften Tag nach der Geburt öffnen sie die Augen und beginnen schon im zarten Alter von gut zwei Wochen, das Nest zu verlassen und im Geäst der umliegenden Bäume herumzuklettern. Die Nächte werden indessen noch eine geraume Weile in der Höhle oder in einem anderen schützenden Versteck verbracht.

In diesem verschlafen sie auch oft die Trockenzeit, die in ihrem Lebensraum von Juli bis etwa September dauert. Dann finden sich fünf, sechs und mehr kleine und große Mausmakis zusammen, kuscheln sich eng aneinander und fallen in eine Art Starre, in der ihre Körpertemperatur um rund 20° C zurückgeht und das Herz pro Minute nur noch sechs bis acht Mal schlägt. Beim Einsetzen der Regenfälle tauchen sie aus ihren Baumhöhlen auf und gehen zuerst einmal auf Nahrungssuche.

TOTENKOPFÄFFCHEN

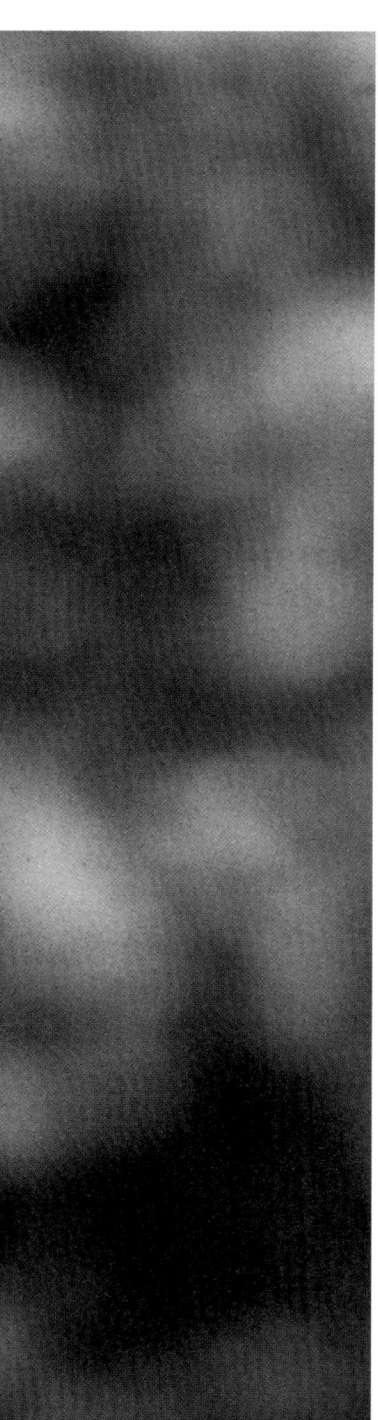

Im zentralen und nördlichen Südamerika, in den dichten Primärwäldern des Amazonasbeckens und in den trockeneren Wäldern des Gran Chaco ist die Heimat des Totenköpfchens zu finden. Freiwillig geht es so gut wie nie auf den Boden, sondern hält sich in den höchsten Baumkronen der Urwaldriesen auf, 30 und mehr Meter über der Erde.

Totenkopfäffchen sind hervorragende Kletterer und Springer, die ihren Schwanz als Balancierhilfe nehmen und fähig sind, auf schwankenden, dünnen Ästen von einem Baum zum andern zu gelangen. Sie leben in Familientrupps, aber auch in Horden bis 500 Exemplaren und mehr. Auf der Futtersuche ziehen sie als ausgesprochene Tag-

tiere, wie es nahezu alle Affen sind, gemächlich durch das Kronendach ihres Lebensraumes. Sie ernähren sich als typische Allesfresser von Blättern, Knospen, Blüten, Früchten, Beeren, aber auch von Insekten, kleinen Vögeln, deren Eiern und Jungen und sogar von Fröschen und Spinnen. Das Junge, Zwillinge sind recht selten, kommt nach einer Tragzeit von etwa sechs Monaten zur Welt und wird in den ersten Tagen von der Mutter sehr intensiv gepflegt, geleckt und festgehalten. Wenn das Kind etwas größer ist, wechselt es regelmäßig zwischen Vater und Mutter hin und her. Es reitet noch auf ihrem Rücken, wenn es schon fast erwachsen ist und eigentlich kräftig und geschickt genug, sich selbst durch die Baumwipfel fortzubewegen. Erst wenn die Eltern sich dagegen wehren, dauernd

als „Reittier" benützt zu werden, bequemt sich der Halbstarke dazu, der Herde aus eigenen Kräften zu folgen.

Dort muß er sich einer strikten Rangordnung anpassen und versuchen, mit der Zeit in der Hierarchie aufzusteigen und, wenn es ein Männchen ist, eine Familie zu gründen. Die Bande zwischen den Eltern und ihren Kindern scheinen auch dann fortzudauern, wenn die Mutter bereits wieder einen Säugling an der Brust bzw. auf dem Rücken trägt.

NACHTAFFE

Der Mirikina oder Nacht-
affe aus dem nördlichen
Teil Südamerikas ist die
einzige Affenart über-
haupt, die zum reinen
Nachttier geworden ist.
Mit seinen sehr großen
Augen und dem ausge-
prägten Raum- und Tast-
sinn kann er sich auch
bei größter Dunkelheit
noch orientieren, zu-
rechtfinden und Beute
ergreifen, wozu ihm vor
allem die Tastbeeren an
den Fingerspitzen die-
nen. Je schlechter die
Lichtverhältnisse sind,
desto größer wird die
Pupille, bis die farbige
Iris fast nicht mehr zu
sehen ist, offenbar ist
die Sehfähigkeit bei
Dunkelheit noch stärker
ausgebildet als bei Kat-
zen. Bei Tageslicht se-
hen sie augenscheinlich
nicht gut, denn in der
Tageshelligkeit gestörte
Tiere rennen blindlings
davon oder beißen um
sich.

Nachtaffen werden et-
wa 35 cm lang, der
50 cm lange Schwanz
ist dicht behaart, dient
aber nicht zum Greifen
wie bei anderen Neu-
weltaffen.
Mirikinas leben paarwei-
se in – wenn genügend
Nahrung vorhanden ist –
relativ kleinen Revieren.
Meist verschlafen sie
den Tag in einer Baum-
höhle, in die sie jeden
Morgen nach erfolgrei-
cher Jagd und Futtersu-
che zurückkehren. Am
lebhaftesten sind sie in
den Stunden nach Son-
nenunter- und vor Son-
nenaufgang. Ihre Nah-
rung besteht aus Früch-
ten und Beeren, Insek-
ten, kleinen Baum-
fröschen und Echsen,
Vogelnestern und kleinen
Säugetieren, auch lecken
sie besonders gerne Ho-
nig. Sie verständigen
sich untereinander zwit-
schernd und zirpend,
veranstalten aber vor al-

lem gegen Morgen Brüll-
konzerte in einer Laut-
stärke, die man den zier-
lichen Tierchen nie zu-
trauen würde. Wahr-
scheinlich dient dieses
„Gebrüll" der Revierab-
grenzung.
Nachtaffen bringen in
einer weich gepolsterten
Höhle meist Zwillinge
zur Welt. Bereits kurz
nach der Geburt klam-
mern sich die Jungen
auf dem Rücken des Va-
ters oder der Mutter fest
und bleiben mit den
Eltern zusammen, bis
sie fast erwachsen sind.
Während der Spazier-
ritte auf dem elterlichen
Rücken lernen sie schon
während der Säugezeit
ihre zukünftige Nahrung
kennen.

GROSSER AMEISENBÄR

In den Buschsavannen
und den offenen Parkwäl-
dern des südlichen Mittelamerikas bis zum Gran
Chaco im Norden Argen-
tiniens lebt der seltsame
Ameisenbär. Das schäfer-
hundgroße Tier ist nicht

mit den Bären verwandt, sondern gehört zu der urtümlichen Tierordnung der Zahnlosen. Der Große Ameisenbär ist ein reiner Bodenbewohner und ernährt sich ausschließlich von Ameisen und Termiten. An den starken Vorderbeinen trägt er lange, messerscharfe Klauen, mit denen er nicht nur die steinharten Bauten seiner Lieblingsspeise aufreißt, sondern mit denen er sich auch erfolgreich gegen seine natürlichen Feinde, Jaguar und Puma, zur Wehr setzen kann. „Yurumi" – Kleinmund – nennen die Indianer den Großen Ameisenbären. Am Ende der langen, röhrenförmigen Schnauze, mit der er sich in aufgebrochene Ameisen- und Termitennester hineinwühlt, befindet sich die wirklich winzige Mundöffnung. Mit seiner langen, wurmförmigen, klebrigen Zunge fährt er in alle Spalten und Ritzen des Baues und „sammelt" die krabbelnden Bewohner auf. Junge Große Ameisenbären klettern sofort nach der Geburt selbständig auf Mutters Rücken. Erst dann legt sich die Mutter auf die Seite, leckt das Kleine trocken und säugt es. Mit einem Geburtsgewicht von etwa 1 700 Gramm sind Große Ameisenbärenbabys richtige Winzlinge, die lange auf die Betreuung und die Fürsorge der Mutter angewiesen sind. Zwar kann das Kleine bereits vier bis fünf Wochen nach der Geburt kurze Strecken ganz schön schnell rennen, aber die meiste Zeit verbringt es auf dem Rücken der Mutter, wo es sich so eng anschmiegt und mit der Streifenzeichnung des mütterlichen Pelzes verschmilzt, daß es fast nicht zu sehen ist. Erst mit zwei Jahren sind die Jungen der Großen Ameisenbären voll ausgewachsen und so selbständig, daß sie selbst auf Nahrungssuche gehen.

FAULTIER

Nach menschlichen Maßstäben wirken Faultiere wirklich unerträglich faul. Im Zeitlupentempo, unendlich bedächtig, scheinbar jede Bewegung minutenlang überlegend, hangeln sie sich durch die Baumkronen der mittel- und südamerikani-

wächst ihnen praktisch in den Mund. Außerdem macht sie ihr oft regloses Verharren, gepaart mit hervorragender Schutzfärbung, für Feinde – Jaguar und Puma – praktisch unsichtbar. Im langen, strähnig-dichten Pelz der Faultiere leben mikroskopisch kleine, blaugrüne Algen, die dem Tier eine seltsam grünliche Färbung verleihen, durch die seine Körperumrisse im Zwielicht des Urwaldes mit der Umgebung verschwimmen.

Eine weitere Eigenart ist die Wachstumsrichtung des Haarkleides. Der Scheitel befindet sich nicht wie bei allen felltragenden Säugern entlang der Wirbelsäule, sondern auf dem Bauch. Da Faultiere fast immer rückenabwärts an Ästen hängen, kann so das Regenwasser ungehindert ablaufen.

Die bis zu 7,5 cm langen, sichelförmig gebogenen Krallen geben ihnen an Stämmen und Ästen in luftiger Höhe festen Halt. Je nach Anzahl der Krallen unterscheiden wir die Familien der Zweifinger- und der Dreifingerfaultiere.

Bei den Dreifingerfaultieren, die von Honduras bis Nordargentinien vor allem an Waldrändern und Flußufern leben, kommt das einzige Junge nach viermonatiger Tragzeit mit einem dichten, wolligen Fell und geöffneten Augen zur Welt. Das Kleine verkrallt sich im Bauchfell der Mutter, die beim Klettern auf ihr

Kind wenig Rücksicht nimmt. Ist das Kleine jedoch in Gefahr, von einem Ast abgestreift zu werden, so läßt es das Fell blitzschnell – im Vergleich zur Geschwindigkeit der Mutter – los, umklettert das Hindernis und greift sofort wieder nach dem mütterlichen Pelz. Obwohl die Faultiermutter ihr Kind wenig zu beachten scheint, verteidigt sie das Kleine vehement mit den scharfen Krallen und Zähnen.

schen Urwälder. Dabei sind diese extrem langsamen Bewegungen eine hervorragende Anpassung an die Lebensweise dieser eigenartigen Tiere. Ihre Nahrung, Blätter, Blüten und Früchte, bei den Zweifingerfaultieren auch Wurzelknollen,

HASELMAUS

Die Haselmaus ist zwar wie Mäuse und Ratten ein Nagetier, aber keineswegs eine Maus, sondern der kleinste Vertreter der Familie der Bilche, zu der auch Sieben- und Gartenschläfer gehören. Von der Nasen- bis zur Spitze des buschigen Schwanzes wird die Haselmaus nicht mehr als 17 cm lang und wiegt, wenn sie kurz vor dem Winterschlaf so richtig vollgefuttert ist, höchstens 40 g. Mit ihrem gelblich-rotbraunen Pelz und den schwarzen Knopfaugen ist sie so hübsch, daß sie um die Jahrhundertwende oft als Haustier gehalten wurde.

Haselmäuse lieben nicht zu dunkle Mischwaldbestände mit dichtem Unterholz und möglichst vielen Haselsträuchern. Dort bauen sie ihre kleinen, kunstvoll geflochtenen Kugelnester in ein bis zwei Metern Höhe über dem Boden, in denen sie allein oder zu mehreren den Tag verschlafen. Erst in der Dämmerung werden die Tierchen wach und beginnen mit der Nahrungssuche: Beeren, Nüsse, Samen, Insekten, Knospen. Als geschickte Kletterer turnen sie im Gesträuch herum und nehmen bei den schwierigsten Übungen auch den Schwanz zu Hilfe.

Die kleinen Bilche können zwei- bis dreimal im Jahr Junge aufziehen. In der Regel werden die ersten Jungen in Erdnestern, die späteren in Baumnestern geboren. Nach der nur etwas mehr als drei Wochen währenden Tragzeit bringt das Weibchen drei bis fünf Junge zur Welt, die bereits nach sechs Wochen das Nest verlassen und sich selbständig machen.

Haselmäuse sind sehr wärmeliebend. Sobald im Herbst die Temperatur unter 15 bis 16 Grad fällt, vergraben sie sich in ihre Erdlöcher oder verkriechen sich in Laubhaufen und halten Winterschlaf bis in den Mai hinein. Oft halten mehrere Tiere zusammen Winterschlaf, genauso wie es auch gemeinsame Schlafnester gibt.

Viele Haselmäuse überleben strenge Winter mit harten Frösten nicht, sie erfrieren während des Winterschlafs.

SIEBENSCHLÄFER

wurden Siebenschläfer für die Tafeln der Herrschaften gehalten und reichlich gefüttert. Als besonderer Leckerbissen gilt das nach Nüssen schmeckende Fleisch bis heute in einigen Teilen Frankreichs und in Osteuropa.

Baumhöhlen, Vogelkästen oder Felsspalten, aber auch in leerstehenden Häusern, Schuppen und Scheunen polstert er sein Winterlager gut aus und verschläft die sieben Monate von Mitte Oktober bis Mitte Mai, manchmal auch länger.

nach sondert sich das Weibchen ab und beginnt, seine Höhle mit grünem Laub auszupolstern.

Nach dreißig Tagen kommen drei bis zehn blinde und nackte Junge zur Welt. Eine Zoologin, die die Aufzucht von Siebenschläfern in ihrem Haus verfolgen konnte, beobachtete, daß die Mutter über ihren Jungen stand, während diese, auf dem Rücken liegend, tranken. Sie beobachtete ebenfalls, daß die Jungen häufig die stark speichelnde Mundhöhle der Mutter ausleckten, was diese sehr gerne geschehen ließ. Möglicherweise enthält der mütterliche Speichel wichtige Aufbau- oder Abwehrstoffe für die Jungen. Die Mutter leckte die Kinder sauber und nahm dabei Kot und Urin der Kleinen auf. Überhaupt scheint Lecken nicht nur zur Körperpflege, sondern auch zum Sozialverhalten zu gehören.

Schon die alten Römer schätzten den Siebenschläfer – als Delikatesse. Offenbar kannten sie sogar die ersten Tiermastfarmen, denn in den sogenannten Gliarien

Wie alle Angehörigen der Bilchfamilie ist der Siebenschläfer sehr wärmeliebend und zieht sich, gut genährt, vor Beginn der kalten Jahreszeit zum Winterschlaf zurück. In

Etwa vier Wochen nach dem Erwachen aus dem Winterschlaf beginnt die Paarungszeit, wobei das Männchen das Weibchen mit zwitschernden Lauten umwirbt. Kurz da-

EICHHÖRNCHEN

Fast 200 Eichhörnchenarten und -rassen sind über die Waldgebiete der Welt verbreitet. Aber nur eine einzige Art kommt in Europa vor. Wohl jedermann kennt dieses mittelgroße Nagetier, das sich mancherorts richtiggehend zum Kulturfolger entwickelt hat und in Stadtparks so zutraulich geworden ist, daß es dem Spaziergänger Nüsse und dergleichen aus der Hand nimmt.

Sein Verhalten ist in den vergangenen Jahren ausführlich erforscht worden, und über seine Fortpflanzung weiß man heute recht gut Bescheid. Die Brunft der Tiere beschränkt sich nicht auf wenige Tage, sondern beginnt im Frühling und endet, je nach Witterung und Nahrungsangebot, erst im späteren Sommer.

Das Weibchen bringt nach einer Tragzeit von lediglich 38 Tagen in einem selbstgebauten, kugelrunden und geschlossenen Nest, dem Kobel, drei bis maximal acht Junge zur Welt. Diese sind nur gerade 5 cm groß und wiegen um die 10 g. Rosarot, völlig haarlos und blind brauchen sie viel mütterliche Wärme und Fürsorge. Nach knapp zwei Wochen wächst ihr Haarkleid und nach etwa vier Wochen öffnen sich ihre Augen. In der ersten Zeit verläßt das Weibchen das Nest nur für ganz kurze Zeit, um einige Knospen, Samen und Beeren zu sich zu nehmen. Wenn die Jungen behaart sind, kann sie die Mutter längere Zeit allein lassen. Im Alter von knapp sieben Wochen verlassen die Eichkätzchen ihr Nest und sind wenig später, mit acht bis zehn Wochen, bereits selbständig und auf sich gestellt. Die Jungen bleiben aber noch einige Monate zusammen und gehen erst im Winter oder im darauffolgenden Frühjahr auseinander. Die Eichkätzin kann pro Jahr zwei bis drei Würfe großziehen.

ZIESEL

Dieser kleine Nager hat einige Ähnlichkeit mit unserem Eichhörnchen; die beiden sind nah miteinander verwandt. Der Ziesel ist jedoch ein Bodenbewohner und klettert nicht auf Bäume. Er lebt in kleineren Kolonien in einem weit verzweigten Bau, in dem er Wohn-, Schlaf- und Geburtsnester anlegt.

Die meisten Zieselarten – etwa vierzehn – kommen im nördlichen Amerika vor, ein halbes Dutzend in Eurasien (zwei davon im östlichen Europa).

Das Weibchen trägt, je nach Art, drei bis vier Wochen und bringt dann in der weich gepolsterten Nestkammer, die bis zwei Meter unter der Erdoberfläche sein kann, bis zu 14, im Durchschnitt vier bis sechs, Junge zur Welt. Sie sind nackt und blind, öffnen die Augen nach einer Woche und gehen nach etwa zwei Wochen zum ersten Mal an die Erd-

oberfläche (Bild). Dort beginnen sie bald damit, Kräuter, junges Gras, Sämereien, Früchte und Beeren zu essen und sind nach gut vier Wochen selbständig. Oft bringt die Mutter im gleichen Jahr einen zweiten und dritten Wurf zur Welt; Alt und Jung, verschiedene Generationen, wohnen dann im gleichen Bau und in derselben Kolonie. Das hat u.a. den großen Vorteil, daß viele Augen mögliche Feinde leichter entdecken als wenige.

Erfahrene Alttiere beobachten die Umgebung und den Luftraum regelmäßig und aufmerksam; haben sie einen kreisenden Greifvogel oder eine Schleichkatze entdeckt, stoßen sie einen schrillen Pfiff aus – und alle Ziesel flitzen in die Sicherheit ihres Baus, um erst nach längerer Zeit wieder aufzutauchen und zu prüfen, ob die Luft rein ist.

Für die Wintermonate werden gemeinsame Schlafhöhlen eingerichtet und dick mit Heu gepolstert. Manche Arten legen beachtliche Vorratslager an, die sie erst nach dem Erwachen aus dem Winterschlaf, im März und April, verzehren.

MURMELTIER

Jedem Bergwanderer sind diese großen Nager bekannt, hört er doch immer wieder ihre schrillen Pfiffe oder sieht sie, aufgerichtet und die Umgebung aufmerksam beobachtend, vor ihrem Bau. Trotz ihrer weiten Verbreitung im Alpenraum war sehr lange Zeit wenig über ihr Leben und Verhalten bekannt. Inzwischen hat sich die Wissenschaft aber intensiv mit ihnen befaßt.

Gleich nach dem Winterschlaf, der je nach Höhenlage fünf bis sieben Monate dauert, beginnt die Paarungszeit, und nach 35-36 Tagen bringt das Weibchen ein bis sieben, durchschnittlich zwei bis drei, Junge zur Welt, die blind, nackt und hilflos sind und ganze 30 g schwer sind. Sie werden in einen gut mit Heu ausgepolsterten Nestkessel gesetzt und von der Mutter recht lang betreut. In den ersten Tagen nach der Geburt, wenn die Jungen noch wenig Eigenwärme entwickeln, deckt sie die Kleinen mit Heu zu, wenn sie den Bau verläßt – auch dann, wenn sie nur wenige Minuten wegbleibt.

Mit wachsendem Haarkleid sind die Kleinen nicht mehr so empfindlich und wärmen sich gegenseitig. Im Alter von drei Wochen öffnen sich die Augen, und nach weiteren drei Wochen trauen sich die sich schnell entwickelnden Kleinen erstmals an die Erdoberfläche und ganz vorsichtig aus dem Bau heraus. Sie gewöhnen sich bald an das Tageslicht und „die neue Welt".

Einen beträchtlichen Teil ihrer Zeit verbringen sie mit Spielen und gemeinsamen Ringkämpfen. Schon bald nehmen sie die erste feste Nahrung zu sich: Kräuter und Gräser. Mit etwa zehn Wochen sind sie von der Mutter entwöhnt, bleiben aber noch mindestens ein Jahr lang im Familienbau.

STREIFEN- UND ERDHÖRNCHEN

Der Name Streifenhörnchen gilt nicht für ein bestimmtes Tier, sondern für eine ganze Gattung mit insgesamt 16 Arten. Gemeinsam ist den kleinen, 8 bis 16 cm langen Nagern der buschige, 6 bis 14 cm lange Schwanz und die auffallende, braune bis braungraue, oft schwarz eingefaßte, gestreifte Rückenzeichnung. Sie leben in den nördlichen Waldgebieten der Alten und der Neuen Welt. Im Norden Amerikas sind sie als Chipmunks, bei uns als Backenhörnchen bekannt. Auffallend sind ihre großen Backentaschen, die bis zum Hinterkopf, manchmal sogar bis zu den Schultern reichen. In diesen Taschen sammeln sie Nahrungsvorräte, die sie vor allem in der Zeit vor dem Winterschlaf verstecken.

Die meisten Arten halten paarweise von Oktober bis April Winterschlaf, den sie unter Baumwurzeln oder in Baumhöhlen verbringen. Diesen Tiefschlaf unterbrechen sie nur gelegentlich, um sich an ihren gesammelten Vorräten gütlich zu tun. Streifenhörnchen sind außerordentlich lebhafte, neugierige Tierchen. Ihre natürliche Scheu vor dem Menschen verlieren sie schnell, wenn sie merken, daß sie in der Nähe des Menschen Nahrung finden.

Die Fortpflanzungszeit ist – je nach Verbreitungsgebiet – auf die Frühlings- und Sommermonate beschränkt. Die kleineren Arten bringen nach etwa vier-, die größeren nach bis zu siebenwöchiger Tragzeit zwei bis acht

blinde und fast nackte Junge zur Welt. Zwei bis fünf Wochen lang werden die Jungen gesäugt. Kurz nachdem sie die Augen geöffnet haben, nehmen sie die erste feste Nahrung zu sich.

In Gefangenschaft gehaltene Tiere kann man im Alter von etwa sieben, acht Wochen von der Mutter trennen. In Freiheit dauert die Ablösungsperiode etwas länger.

PRÄRIEHUND

Eine Mittelstellung zwischen den Zieseln und den Murmeltieren nehmen die 30 bis 35 cm langen Präriehunde ein. Die kleinen Nager aus den Prärien Nordamerikas leben gesellig in riesigen Dörfern oder sogar Städten, die aus unzähligen Einzelbauten bestehen. Noch im letzten Jahrhundert lebten auf einer Fläche von 65 000 Quadratkilometern – fast die Größe von Bayern – über 100 Millionen Präriehunde. Da die Tiere aber sowohl die Grasnarben der Prärien zerstören als auch in Kulturpflanzungen enorme Schäden anrichten, wurden und werden sie heftig verfolgt. Die Bestände sind überall stark zurückgegangen, einige der fünf Arten sind gefährdet.

Kennzeichnend ist das hundeartige Bellen, nach dem die Tierchen von den nordamerikanischen und kanadischen Trappern und Fallenstellern ihren Namen erhielten – mit Hunden sind sie allerdings nicht verwandt.

Eine Präriehundsiedlung erkennt man sofort an den in regelmäßigen Abständen angelegten Einschlupflöchern, die durch mit dem Kopf festgedrückte Erdwälle gegen Überflutungen geschützt sind. Eine weitere Bedeutung haben diese Wälle als Wachttürme. Auf den meisten dieser Erdhügel sitzt ein erwachsenes Tier aufrecht auf den Hinterpfoten, läßt die Vorderpfoten herabhängen und beobachtet aufmerksam die Umgebung, während alle anderen Tiere Futter suchen, fressen, spielen, sich sonnen oder anderen Beschäftigungen nach-

gehen. Bei dem geringsten Gefahrenzeichen läßt der Wächter sein Bellen ertönen, und die ganze Schar verschwindet blitzschnell in den Erdhöhlen.

Eine Präriehundfamilie besteht aus einem Männchen, einem oder mehreren Weibchen und allen Jungtieren der letzten zwei Jahre. Nach etwa vier- bis fünfwöchiger Tragzeit bringt ein Erdhörnchenweibchen zwei bis zehn Junge zur Welt, die sieben Wochen gesäugt werden. Die Jungen sind erst im dritten Lebensjahr fortpflanzungsfähig.

HAUSMAUS

Es ist schwer zu verstehen, daß es Menschen gibt, die beim Anblick einer niedlichen, kleinen Hausmaus in helle Panik geraten. Der 6 bis 12 cm lange Nager aus der Fa-

milie der Echten Mäuse stammt ursprünglich aus den Steppengebieten Asiens und ernährte sich ausschließlich von Sämereien. Wahrscheinlich bemerkten die Vorfahren der Hausmaus schon sehr

früh, daß das Nahrungsangebot in der Nähe menschlicher Lager und Siedlungen nicht nur reichhaltig, sondern auch sehr beständig war. Die Hausmaus wurde zum Allesfresser und lernte schnell, sich die Vorteile der Nähe des Menschen zunutze zu machen. Heute lebt die Hausmaus in Heizungskellern und auf Dachböden, in Lagerräumen und Tiefkühlkellern, in Wohnungen und Scheunen, Ställen und Speisekammern – kurz: Es gibt kaum einen menschlichen Lebensbereich, in dem nicht auch Mäuse leben könnten. Dabei kommt der Hausmaus nicht nur ihre große Vermehrungsfreudigkeit, sondern auch ihre schier unermeßliche Anpassungsfähigkeit zugute.

Sie zieht ihre Jungen in feuchtwarmen Baderäumen genauso auf wie in den eisigen Temperaturen von Tiefkühlhäusern. Hausmäuse leben meist

in größeren Rudeln, die als Großfamilien bezeichnet werden können. Das heißt, wo eine Maus gefangen wird, sind in der Regel noch wesentlich mehr irgendwo im Geheimen unterwegs.

Normalerweise bringt ein Weibchen nach etwa dreiwöchiger Tragzeit vier bis acht blinde, nackte, etwa 1 g schwere Junge zur Welt. Nach knapp zwei Wochen öffnen die Kleinen die Augen, nach 20 Tagen sind sie vollständig behaart und nach etwa 30 Tagen selbständig.

Mäuse, die in unmittelbarer Nähe des Menschen leben, können vier- bis achtmal in einem Jahr Junge aufziehen. Bei dieser hohen Vermehrungsrate kann es sehr schnell zur Überpopulation kommen. Ist das der Fall, sind die Jungweibchen der nachfolgenden Generationen unfruchtbar, bis sich der Bestand wieder reguliert hat.

GELBHALSMAUS

In unseren Wäldern lebt ein kleines Nagetier, das die wenigsten Menschen jemals zu Gesicht bekommen: die Gelbhalsmaus. Bei einer Kopf-Rumpflänge von etwa 10 cm und einem dünnen, ebenso langen Schwanz erreicht sie ein Gewicht von 25 bis etwa 40 g. Sie legt verzweigte Bauten an und gräbt Kammern, die verschiedene Funktionen haben; in einem hortet sie die Wintervorräte, im anderen wohnt sie und im dritten bringt das Weibchen seine Jungen zur Welt. Nach einer kurzen Tragzeit von weniger als vier Wochen werden vier bis acht winzige, nur gerade 2 g leichte und 3 cm lange Junge geboren, die völlig unbehaart und blind sind. Nach etwa zwölf Tagen öffnen sich die Augen, und die Kleinen krabbeln im gepolsterten Nest herum.

Schon im zarten Alter von drei Wochen müssen sie auf ihren eigenen Füßen stehen, denn die mütterliche Milchquelle versiegt dann bereits. Sie ernähren sich von Nüssen, Bucheckern und verschiedenen Sämereien, aber auch von Insekten, Spinnentieren und kleinen Häuschenschnecken. Mit zwei Monaten sind sie bereits fortpflanzungsfähig und gründen eine eigene Familie. Da ihre Verlustrate sehr hoch ist — mehr als dreiviertel aller jungen Mäuse fallen irgendwelchen Feinden, vom Wiesel bis zum Marder, vom Bussard bis zum Waldkauz, zum Opfer — vermehren sich die Gelbhalsmäuse bis zu vier Mal pro Jahr. Im Winter hält sie sich vermehrt in ihrem Bau auf, lebt von den angelegten Vorräten und geht nur bei milder Witterung nach draußen. Liegt Schnee, dann legt sie unter der geschlossenen Decke ein weit verzweigtes Gangsystem an, durch das sie sich gegen Kälte und Feinde geschützt fortbewegen kann.

ÄGYPTISCHE WÜSTENMAUS

Je extremer die Klima- und Nahrungsbedingungen eines Lebensraumes sind, um so mehr müssen sich die darin lebenden Tiere (und Menschen) den harten Bedingungen anpassen. Besonders lebensfeindlich sind viele Wüsten der Tropen und Subtropen. Nahrung ist meist nur in beschränktem Umfang und sehr unregelmäßig vorhanden, die Versteckmöglichkeiten sind gering und die Temperaturunterschiede zwischen Tag und Nacht gewaltig; sie können im Extremfall um die 50° C betragen!

Zu den Tieren, die sich solchen unwirtlichen Gegebenheiten vorzüglich anpassen konnten, zählt die Ägyptische Wüstenmaus, ein gesellig lebendes Nagetier der trockensten und heißesten Gebiete der östlichen Sahara.

In den brütend heißen Sommermonaten ist sie fast ausschließlich nachtaktiv und verläßt das Familiennest erst nach Sonnenuntergang. Tagsüber erwärmt sich der Boden auf 70° C und mehr, nachts hingegen können die Temperaturen auf 15° C absinken. Im Winter, wenn die Tageswerte nur halb so hoch sind und nachts Minustemperaturen auftreten können, wird sie auch bei Sonnenlicht tätig.

In dieser Zeit, im Dezember bis Februar, bringt das Weibchen ein bis zwei Würfe zur Welt, die in einem Erdbau, einer Felsspalte oder im Wurzelwerk eines Baumes gesetzt werden. Die Jungen sind hilflose Nesthocker und müssen vor allem nachts intensiv gewärmt werden.

Man hat schon Höhlen gefunden, in denen sich dreißig und mehr Wüstenmäuse versammelt und sich gegenseitig gewärmt haben! Die unmittelbare Nähe der Artgenossen (Bild) scheint für das Wohlbefinden der Jungen von großer Bedeutung. Sie bleiben oft auch dann noch im Familienverband, wenn ihre Mutter bereits einen neuen Wurf hat, und die älteren Jungen scheinen sich an der Pflege und Aufzucht der jüngeren Geschwister aktiv zu beteiligen – ein schönes Beispiel dafür, wie die Überlebenschancen einer Art gesteigert werden.

RENNMAUS

Die Unterfamilie der Rennmäuse ist in – je nach Systematik – zehn bis zwölf Gattungen mit mehr als 100 Arten über ganz Afrika und Teile Asiens verbreitet. Es sind maus- bis rattengroße Tiere mit langen Schwänzen und mehr oder weniger verlängerten Hinterbeinen. Bei Gefahr hüpfen sie wie Känguruhs in langen Sätzen auf den Hinterbeinen davon. Sie bewohnen steppen- und wüstenartige Landschaften, in denen ihnen ihr weiches, hell graubraunes Fell hervorragend zur Tarnung dient.

Rennmäuse haben nur einen sehr geringen Flüssigkeitsbedarf, den sie meist durch die Nahrung decken. Viele Arten trinken nie Wasser. Als Nahrung dienen Körner und Sämereien, Wurzeln, Blätter, Blüten und Knospen, auch Insekten werden gerne genom-

men. Zum Essen setzen sich die Nager auf die Hinterbeine und führen die Nahrung mit den Händen zum Mund. Obwohl die eigentlichen Rennmäuse der Gattung Gerbillus als „Gerbils" in unseren Tierhandlungen sehr häufig als Heimtiere angeboten werden, weiß man über das Freileben der Rennmäuse noch immer recht wenig.

In der nordafrikanischen Sahara leben die Gerbils in Sandbauten, die sie höhlen bringen sie zwei- bis dreimal im Jahr ihre etwa sieben, manchmal auch mehr nackten Jungen zur Welt.

Die Rennmausmutter wärmt ihre Kinder, säugt sie und beleckt sie sehr ausgiebig, besonders die Afterregion, um die Kleinen zur Kotabgabe anzuregen. Sie bewacht die Kleinen, verteidigt sie gegen Artgenossen und holt sie in den Bau zurück, wenn sie ihr Heim zu früh verlassen.

in die Erde graben. Während die Männchen relativ einfach gegliederte Bauten bewohnen, graben die Weibchen ihre Höhlen bis zu einem Meter tief in die Erde. In ausgepolsterten Wohn- Im Alter von etwa vier Wochen läßt die Mutter die Jungen alleine, sie sind dann selbständig geworden, bleiben aber noch einige Zeit als Geschwistergruppe zusammen.

WASSERSCHWEIN
ODER CAPYBARA

Beim Capybara handelt es sich, zoologisch gesehen, nicht um ein Schwein, sondern um das größte Nagetier der Welt. Es kann eine Länge von 100 bis 120 cm und ein Gewicht von 50 kg erreichen. Das in Südamerika lebende Tier hat sich seinem Lebensraum, den Flüssen und Sümpfen des Pantanals und des Amazonasbeckens vorzüglich angepaßt. Im Laufe seiner Evolution hat es sogar kleine Schwimmhäute zwischen den Zehen entwickelt. Bei Gefahr flieht es wenn immer möglich ins Wasser, taucht unter und bleibt minutenlang verschwunden. In stehenden oder langsam fließenden Gewässern ruhende Capybaras strecken nur gerade die Nasenlöcher aus dem Wasser.

Wasserschweine leben in Familien- und Sippenverbänden zusammen und sind sehr gesellig. Die Jungen – ein bis höchstens acht an der Zahl – werden nach einer Tragzeit von etwa vier Monaten voll entwickelt und lauftüchtig geboren. Sie wiegen knapp 1 kg und folgen ihren Müttern schon wenige Stunden nach der Geburt ins Wasser nach, wo ihnen allerdings von Alligatoren Gefahr droht. Die großen Echsen sind, nachdem der Jaguar vielerorts selten oder ausgerottet worden ist, der Hauptfeind der Jungen, aber auch der Alttiere. Sie sind deshalb sehr aufmerksam und lassen die Wasseroberfläche nicht aus den Augen. Sobald sie sich verdächtig kräuselt oder kleine Wellen wirft – Anzeichen eines sich nähernden Alligators – stoßen die wachhabenden Tiere schrille Pfiffe aus. Und die Capybaras laufen einmal nicht ins Wasser, sondern ans Festland und flüchten ins dichte Unterholz, wobei schon die kleinsten Wasserschweine überraschend behende sind und sich unverzüglich in Sicherheit bringen.

AGUTI

Im deutschen Sprachgebrauch wird das im nebenstehenden Bild gezeigte Goldaguti auch Goldhase genannt. Mit den Hasentieren haben die mittelgroßen Nager aber nicht das geringste zu tun. Es sei denn, daß sie auf der Flucht wie die Hasen Haken schlagen, aber das machen andere Tiere ebenfalls.

Das Vorkommen der Agutis ist auf Mittel- und Südamerika beschränkt, wo sie – in mehreren Arten – die verschiedensten Lebensräume, vom trockenen Busch bis zum feucht-heißen Urwald, bewohnen. Die meisten Arten scheinen als Einzelgänger zu leben, z. T. auch in lockeren Kolonien, wobei der Gruppenzusammenhalt nicht besonders stark entwickelt sein dürfte. Obwohl Agutis Tagtiere und zudem weit verbreitet sind, weiß man bis heute wenig über ihr Leben und Verhalten. Sie werden vielerorts als Plantagen-Schädlinge und auch ihres wohlschmeckenden Fleisches wegen verfolgt, scheinen aber nirgendwo in ihrem Bestand gefährdet. Sie besetzen Reviere, benutzen Wechsel, die sie selbst anlegen, und graben Höhlen, in die sie sich zur Ruhe zurückziehen. Ein- bis zweimal pro Jahr setzt das Weibchen seltener ein, meistens zwei Junge, die vollständig entwickelt sind und nur kurze Zeit im gepolsterten Nest

bleiben. Schon bald folgen sie der Mutter auf Schritt und Tritt, naschen von ihrem Futter – ausschließlich Pflanzenkost, Beeren und Früchte – und lernen schnell die Grenzen des Eigenbezirks kennen. Fühlen sie sich bedroht, verhalten sie sich absolut bewegungslos und vertrauen auf ihre Tarnfarbe. Erst wenn der mögliche Feind oder ein Mensch auf Armlänge herangekommen ist, schießen sie hoch und verschwinden blitzschnell und hakenschlagend im Unterholz oder im hohen Gras.

CHINCHILLA

Es gab eine Zeit, da wurden Chinchillas ihres äußerst feinen Pelzes wegen massenhaft in Farmen gezüchtet. Heute sind Jacken und Mäntel – die vor 50 Jahren ein Vermögen gekostet haben – aus Chinchillapelz nicht mehr Mode, und die kleinen Nagetiere werden überwiegend als angenehme, ruhige Heimtiere gehalten. In ihrer ursprünglichen Heimat, in den chilenischen und peruanischen Anden, sind sie sehr stark gefährdet, denn noch immer werden sie trotz Schutzgesetzen stark verfolgt. Sie bewohnen hauptsächlich felsige Lebensräume, wo sie einst in großen, mehrere hundert Tiere zählenden, Kolonien lebten. Tagsüber sitzen sie oft an der Sonne, in der Dämmerung und nachts aber werden sie aktiv und gehen auf Nahrungssuche. Das Weibchen wirft zwei-, manchmal dreimal pro Jahr zwei bis drei Junge, die wie das mit ihnen verwandte Meerschweinchen voll entwickelt und mit offenen Augen zur Welt kommen. Trotzdem bleiben sie in der ersten Woche nach der Geburt in ihrem gepolsterten und gut geschützten Nest, das die Mutter in einer Felsspalte oder -höhle angelegt hat. Sie werden etwa zwei Monate lang gesäugt, nehmen aber schon als wenige Tage alte Junge Grünfutter und Sämereien zu sich. Alte und junge Chinchillas benötigen kein Wasser, wenn ihre Nahrung genügend Feuchtigkeit enthält. Sie sind sehr reinlich und putzen ihr Fell ausdauernd und regelmäßig. Zudem lieben sie Sand- und Staubbäder: In freier Wildbahn verraten sie ihre Anwesenheit nicht zuletzt dadurch, daß sich in Baunähe meist eine Sandkuhle befindet, die sie jeden Tag ein-, zweimal besuchen, um sich den feinen Sand mit den Füßen in den Pelz zu werfen und dann wieder auszuschütteln.

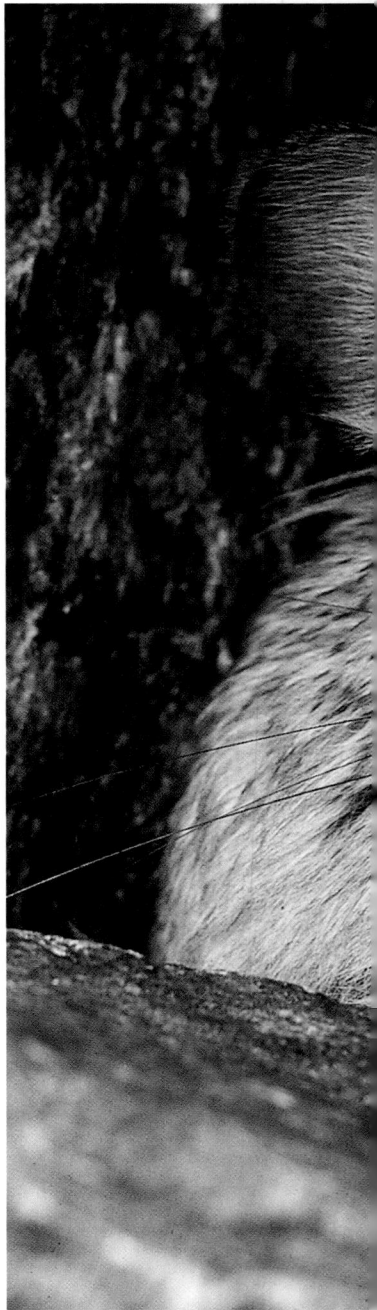

Stehend oder laufend sieht der oder die Mara mehr wie eine kleine Antilope, sitzend eher wie ein großer Hase aus. Aus diesem Grund wird er auch oft irreführend „Pampashase" genannt. Dabei hat die Mara weder etwas mit Antilopen noch mit Hasen zu tun, sondern gehört in die Familie der Meerschweinchen, ist also ein Nagetier.

Wir unterscheiden die Große und die Kleine Mara. Erstere bewohnt das Busch- und Grasland, die Halbsteppen und die Pampa des südlichen Südamerikas, letztere lebt vorwiegend in den kargen Buschwaldregionen des westlichen Chaco. Obwohl beide Arten gelegentlich bzw. häufig in zoologischen Gärten gehalten werden, weiß man über die Bestände und das Freileben der Kleinen Mara noch recht wenig. Beide Arten sind sehr schnelle Läufer und können auf der Flucht weite Sprünge vollführen.

Als Unterschlupf graben sie sich weiträumige Erdhöhlen, nehmen aber auch gerne Bauten von anderen Tieren, die sie sich nach ihren Bedürfnissen erweitern. Maras sind reine Vegetarier, die sich von frischen oder trockenen Gräsern und Sämereien ernähren.

Das Weibchen der Großen Mara bringt nach einer Tragzeit von durchschnittlich drei Monaten in einem Nest im Erdbau meist zwei, manchmal nur eins, bisweilen aber bis zu fünf Junge zur Welt. Wie bei allen Meerschweinchenartigen sind die Jungen von Anfang an sehr selbständig, sie haben die Augen offen, können unmittelbar nach der Geburt laufen und sehen genauso aus wie ihre Eltern – nur entsprechend kleiner. Um so erstaunlicher mutet es an, daß die Jungmaras relativ lange, bis zu neun Monaten, bei der Mutter bleiben. Erst kurz vor dem nächsten Wurf verjagt sie die Kleinen.

Maras leben in lockeren Sippen, sie grasen gerne zusammen, halten aber als Einzeltiere immer Abstand zueinander. Auch die Jungen sind nach der Loslösung von der Mutter nicht alleine, sondern bleiben im Sippenverband.

NUTRIA ODER SUMPFBIBER

Die Nutria ist die einzige Art der Familie Biberratten innerhalb der Nagetierordnung. Der Familienname ist irreführend, da die Nutria weder ein Biber noch eine Ratte ist. Nutrias bewohnten ursprünglich nur die Seen und Flüsse des gemäßigten bis südlichen Südamerikas. Sie sind ausgezeichnete Schwimmer, wobei ihnen vor allem die schwimmhauttragenden Hinterfüße hervorragende Dienste leisten. Der – im Gegensatz zu den Bibern – runde, 30 bis 40 cm lange Schwanz dient weniger der Fortbewegung, vielmehr zum Steuern. Ein ausgewachsenes Nutriamännchen wird bis zu 63 cm lang und kann 9 bis 10 kg wiegen, Weibchen sind etwas kleiner und leichter.

Schon in der ersten Hälfte des 19. Jahrhunderts waren die Bestände der Nutrias wegen des im Handel sehr begehrten, feinen und weichen Pelzes fast ausgerottet. Zuerst in Argentinien, später auch in Nordamerika und Europa legte man Pelztierfarmen an, in denen sich die hauptsächlich pflanzenfressenden und recht anspruchslosen Nutrias leicht halten und züchten ließen.

In Freiheit leben die Sumpfbiber meist paarweise, manchmal auch in größeren Kolonien. Sie legen ihre kurzen, einfachen Baue in Uferböschungen an oder errichten überdachte Schilfnester an Land oder im Wasser. Die Tiere sind sehr scheu und flüchten bei der kleinsten Störung. Zwei- bis dreimal im Jahr bringt das Nutriaweibchen vier bis sieben, manchmal bis zu zwölf, bereits weit entwickelte Junge zur Welt.

Als Anpassung an die fast amphibische Lebensweise sind die Zitzen des Muttertieres sehr weit oben an den Körperseiten zu finden, so daß die Jungen im Wasser liegend und schwimmend trinken können. Aus Pelztierfarmen entwichene Nutrias bildeten unter anderem in Nordamerika und in Schleswig-Holstein kleinere Kolonien, die sich aber nie weit ausbreiteten konnten.

KILLERWAL/ORCA

Mörder- oder Schwertwal wird der größte Vertreter der Familie der Delphine auch genannt, doch ist er trotz seines blutrünstigen Namens weder ein Mörder noch ein Killer. Geschichten von racheerfüllten, menschenmordenden Orcas sind reines Seemannsgarn. Allerdings ist der bis zu neun Meter lange Orca ein ausgezeichneter Jäger, der sich nicht nur von Fischen, sondern auch von Vögeln, Robben, Seekühen und anderen Walarten ernährt. Oft jagen die sehr geselligen Tiere herdenweise. Dabei hat jedes Tier in einem Jagdverband eine ganz bestimmte Aufgabe, und jede Herde hat ihre eigenen Jagdmethoden. Was ein Orca einmal mit seinen 44 kräftigen, spitz zulaufenden, kegelförmigen Zähnen gepackt hat,

läßt er nicht mehr los. Gemeinsame Jagdbeute wird nach erfolgreicher Jagd gemeinsam verzehrt. Zur Verständigung, aber auch zur Ortung von Beutetieren verfügen die in Gruppen von 3 bis zu 20, manchmal bis zu 50 Tieren lebenden Orcas über verschiedene Lautäußerungen: Kurze, schnelle Klicklaute, verschiedene Töne und Pfiffe sowie kurze, laute Schreie. Orcas leben in allen Weltmeeren. Manche Gruppen ziehen weit umher, andere bleiben ihr Leben lang in den gleichen Gebieten, besonders gerne in Küstennähe. Junge Schwertwale werden nach einer etwa einjährigen Schwangerschaft geboren. Man nimmt an, daß die Mutter bereits kurz nach der Geburt des Kalbes wieder gedeckt wird, so daß Schwertwale

92

jedes Jahr ein Junges großziehen können. Der Verspieltheit und dem Hang zur Geselligkeit „verdanken" die Orcas ihre Beliebtheit als Schautiere in den Delphinarien der ganzen Welt. Die Tiere lernen in Gefangenschaft sehr schnell ein paar Kunststückchen und gehören zu den Lieblingen des Publikums. Für die Besitzer der Delphinarien ist die Schau mit den „Killern" sicher ein ganz großes Geschäft und eine gute Sache – für die Schwertwale ganz sicher weniger.

BUCKELWAL

Wer einmal das Glück hatte, Buckelwale weit draußen auf dem Meer beobachten zu können, wird das herrliche Spiel der „übermütigen Riesen" nie mehr vergessen. Zwar sind sie mit einer durchschnittlichen Länge von 14 bis 17 Metern „nur" etwa halb so groß wie die Blauwale, die größten Bartenwale und Säugetiere überhaupt, aber die Buckelwale sind weitaus die verspieltesten Großwale. Zur Paarungszeit treten sie manchmal in großen Gruppen auf, zeigen dann wenig Scheu, und man kann die Tiere stundenlang bei ihren Werbungszeremonien mit spielerischen Sprüngen, Untertauchen und erneuten Sprüngen beobachten. Oft tauchen mehrere Tiere gleichzeitig aus dem Wasser auf, schleudern ihre Tonnengewichte durch die Luft und klatschen bei der Landung so laut mit der Fluke – der Schwanzflosse – oder mit den bis

zu fünf Meter langen Brustflossen auf, daß es kilometerweit zu hören ist.

Noch weiter sind die eigenartigen, wunderschönen „Gesänge" der Buckelwale zu vernehmen. Nur die Männer bringen die seltsam klagenden Töne hervor, die sich zu Melodien formen und bis zu 35 Minuten lang dauern können. Man nimmt an, daß sie einerseits der Partnersuche, andererseits der Behauptung von Gebietsansprüchen dienen.

Seinen Namen hat der Buckelwal nicht etwa von den vielen buckelartigen, haarähnlichen Gebilden im Gesicht und an den Flossen, sondern weil er beim Eintauchen in das nasse Element einen charakteristischen Buckel macht. Kennzeichnender ist der lateinische Name „megaptera", „großer Flügel". Buckelwalmütter bringen nach einer knapp einjährigen Tragzeit ihr

Junges zur Welt, daß sie etwa fünf Monate lang stillen. Wie bei allen im Wasser gebärenden Säugern ist es die erste Aufgabe eines Neugeborenen, an die Wasseroberfläche zu schwimmen und erstmals die Lungen mit Luft zu füllen. Buckelwale sind bei der Geburt viereinhalb bis fünf Meter lang.

DELPHIN

Aus der ganzen Ordnung der Waltiere sind die Delphine mit insgesamt 13 Gattungen und mehr als 25 Arten die weitaus artenreichste Familie. Schon seit der Antike be-schäftigt sich der Mensch mit den Delphinen. Fresken von Delphinen schmückten die Paläste von Knossos auf Kreta, Delphine galten als Göt-terboten, als Glücksbrin-ger und als Freunde der Menschen. Legenden be-richten von der Freund-schaft zwischen Men-schen und Delphinen und davon, daß Delphine Menschen vor dem Er-trinken bewahrt und Schiffbrüchige aus Seenot gerettet haben.

In jüngster Zeit befaßten sich Verhaltensforscher damit, die sprichwörtli-che Intelligenz der Delphine zu testen und zu erforschen – mit negativen Ergebnissen, da natürlich die Maßstäbe menschlicher Intelligenz für derartige Tests zugrunde gelegt wurden. Als wahr erwiesen haben sich immerhin verschiedene Berichte, nach denen Menschen durch Delphine aus Seenot gerettet wurden. Zum Verhaltensrepertoire der verschiedenen Delphinarten gehört es, neugeborene, verwundete oder kranke Artgenossen, die zu schwach sind, um selbst zu schwimmen, an die Wasseroberfläche zu tragen. Möglicherweise rufen hilflose Menschen in Delphinen dieses instinktive Verhalten hervor.

Auch über die sprichwörtliche Lernfähigkeit der verschiedenen Delphinarten existieren erstaunliche Berichte, die von vielen Wissenschaftlern mit der artbedingten Geselligkeit und der Verspieltheit der Delphine erklärt werden. Immerhin haben Delphine eine sehr stark gefurchte Hirnstruktur – was bei vielen Wissenschaftlern als Beweis für die Intelligenz eines Lebewesens gilt.

Fast alle Delphinarten haben eine Tragzeit von neun bis elf Monaten. Meist kommt nur ein Junges zur Welt, Zwillinge sind sehr selten. In den ersten Lebenswochen des Kalbes sind Mutter und Kind fast unzertrennlich, später kümmern sich auch andere Familienmitglieder um das Kleine.

SCHWARZER PANTHER

Viele Leute glauben, daß der Schwarze Panther ein besonders wildes, gefährliches und angriffslustiges Tier ist. Dieser Aberglaube hängt damit zusammen, daß wir Menschen automatisch helle oder weiße Tiere als sanftmütig und „lieb", dunkle oder schwarze dagegen als wild und bedrohlich einstufen. Dabei sind die berühmten weißen Tiger, bei denen es sich nicht um Albinos, sondern um sehr helle Tiere mit blauen Augen handelt, keineswegs ungefährlicher als ihre normal gefärbten Artgenossen. Umgekehrt sind die sogenannten Schwärzlinge der gefleckten Katzen, also Jaguar, Leopard, Serval und andere, kein bißchen gefährlicher als die „normal" gefärbten Tiere. Beim sogenannten Melanismus handelt es sich lediglich um eine Dunkelfärbung der Haut oder der Haare, die keinerlei Einfluß auf das Wesen eines Tieres hat.

Der Melanismus ist eine genetische Veränderung, die durch besonders intensive Sonneneinstrahlung, hohe Luftfeuchtigkeit, tiefe Temperaturen oder andere Umwelteinflüsse hervorgerufen werden kann. Dabei kann eine Katzenmutter in einem Wurf normal gefleckte und schwarze Junge zur Welt bringen. Als Schwarze Panther werden allgemein nur die dunkel gefärbten Leoparden bezeichnet.

Die Schwärzlinge wachsen genauso auf wie ihre gefleckten Geschwister. Sie werden von der Mutter gesäugt und genährt, spielen mit ihren gefleckten Geschwistern und lernen das Jagen und Töten der Beutetiere. Wahrscheinlich haben sie in der Wildnis die gleichen Überlebenschancen wie die gefleckten Katzen. Wenn man genau beobachtet, bemerkt man, daß auch ein Schwarzer Panther nicht völlig schwarz ist. Vielmehr zeigt das herrliche Fell genau das gleiche Fleckenmuster wie bei einem „normalen" Leoparden.

SIBIRISCHER TIGER

Mit einer Körperlänge bis zu 280 cm ist der Sibirische Tiger die größte Großkatze. Sein außerordentlich dichter und langer Pelz schützt ihn vor den eisigen Wintern seiner Verbreitungsgebiete in der Amur-Ussuri-Region, in der Mandschurei und im nördlichen Korea. Wie bei vielen Tieren schneereicher Gegenden muß das Winterkleid den Träger nicht nur wärmen, sondern dient auch der Tarnung und ist darum besonders hell, ohne die rötlichen Töne des Sommerpelzes. Zu Beginn der vierziger Jahre lebten in freier Wild-

bahn nur noch etwa 20 bis 30 Sibirische Tiger. Jahrzehntelang bemühten sich viele zoologische Gärten um reine Nachzuchten der schönen Großkatze – was gar nicht so einfach war, da nur in wenigen Zoos reinblütige „Sibirer" gehalten wurden. Dank strengster Schutzbestimmungen konnten sich die Bestände in den ursprünglichen Verbreitungsgebieten wieder etwas erholen. Die Sibirischen Tiger sind dem harten Leben in den Weiten des Nordens hervorragend angepaßt. Die Reviere sind größer als in den wildreicheren

Gebieten Südasiens, die Sibirer unternehmen weitere Wanderungen als ihre südlicher lebenden Verwandten, und die Jungen bleiben wesentlich länger mit der Mutter zusammen. In vier bis fünf Jahren lernen sie alles, was ein Sibirer zum Leben und Überleben können muß, vom Anschleichen der Beute über die Jagd bis zum Tötungsbiß. Verhaltensforscher konnten beobachten, wie eine Tigerin mit ihren etwa 12 Monate alten Jungen ein Wildschwein anschlich. Die Tigerin verletzte das Schwein leicht und überließ es ihren drei Jungen, das jämmerlich quietschende Tier zu töten. Für die jungen Tiger war es ein herrliches Spiel, sie sprangen das Schwein an, verbissen sich wahllos, schlugen mit den Pranken und umtollten es bei mehreren verzweifelten Fluchtversuchen. Schließlich dauerte das Spiel der Mutter zu lange, sie erlöste das Schwein von seinen Qualen, und die ganze Familie ließ sich den Festschmaus schmecken.

LÖWE

Kurz vor der Geburt ihrer Jungen verläßt eine trächtige Löwin das Rudel und sucht ein sicheres Versteck, in dem sie ihre Jungen zur Welt bringen kann. Ein neugeborener Löwe ist winzig und völlig hilflos. Von der Nasen- bis zur Schwanzspitze mißt er 30 cm, hat wolliges, dunkel geflecktes Fell, viel zu dicke Pfoten und einen runden Kopf mit seitlich stehenden Ohren. Erst mit etwa drei Wochen, wenn die Milchzähne durchbrechen, unternimmt ein Löwenbaby die ersten richtigen Gehversuche.

Immer wieder muß die Mutter die Jungen alleine lassen, da sie selbst Nahrung braucht. Junglöwen können zwar sogar einige Tage ohne Nahrung auskommen, aber sie haben viele Feinde: andere Löwen, Hyänen, Leoparden, Wildhunde und sogar Adler. Das Verhalten der Löwin den anderen Rudelmitgliedern gegenüber ist individuell sehr unterschiedlich. Einige Tiere dürfen die Kleinen besuchen und sogar ablecken, andere werden mit Fauchen und Prankenhieben vertrieben. Mit der Zeit bringt die Mutter Fleischstücke ins Lager, auf denen die Kleinen begeistert herumkauen. Im Alter von sechs bis sieben Wochen schließt sich die Familie wieder dem Rudel an. Sind mehrere Löwinnen mit Jungen da, so trinken alle Kinder bei allen Müttern. Durch das Aufwachsen in der Gemeinschaft lernen die Kleinen sehr schnell das Sozialverhalten im Rudel. Bis zu einem gewissen Grad genießen sie Narrenfreiheit, aber vor allem einige Paschas sind den Frechdächsen gegenüber sehr ungnädig, und manchmal setzt es Ohrfeigen oder gar Schlimmeres. Etwa vom fünften Monat an gehen die Löwenjungen mit auf die Jagd, verhalten sich dabei aber oft so ungeschickt, daß sie durch ihr ungestümes, spielerisches Verhalten so manche Beute vertreiben.

JAGUAR

In der Neuen Welt, also in Nord- und Südamerika, lebt nur eine einzige Großkatzenart – der Jaguar. Von allen Vertretern dieser eindrucksvollen Katzengattung ist von seinem Leben und Verhalten am wenigsten bekannt. In seinem Verbreitungsgebiet, von Mexiko bis nach Patagonien, ist er fast überall selten geworden oder gar ausgerottet worden. Sein überaus schönes Fell ist ihm jahrzehntelang zum Verhängnis geworden, und die Viehzüchter haben ihn (und tun es vor allem in Brasilien und Argentinien noch immer) rücksichtslos verfolgt, mit Hunden gejagt und geschossen. Von allen Großkatzen schwimmen sie weitaus am besten. Sie jagen Wasserschweine und Tapire, Affen, Faultiere – die sie auf Bäumen erbeuten – Hirsche und Vögel, aber auch Kaimane (südamerikanische Krokodile) und Riesenschlangen.

Die Jaguarin sucht sich kurz vor der Geburt ein gut geschütztes Versteck und bringt dort, nach einer Tragzeit von rund 110 Tagen, zwei bis drei, manchmal vier Junge zur Welt, die, wie fast bei allen katzenartigen Raubtieren, mit geschlossenen Augen geboren werden. In den ersten Lebenstagen bleibt die Mutter ununterbrochen bei ihnen. Später verläßt sie das Versteck für kurze Zeit, um Nahrung zu beschaffen, und wenn die Jungen drei bis vier Wochen alt sind, bleibt sie mehrere Stunden oder gar eine ganze Nacht weg. Wenn die Kleinen etwa sieben Wochen alt sind, nehmen sie die erste feste Nahrung zu sich, trinken aber noch weitere vier bis fünf Monate bei ihrer Mutter. Voll erwachsen sind sie erst mit drei bis vier Jahren.

LEOPARD

Von allen Großkatzen ist der Leopard am weitesten verbreitet und am anpassungsfähigsten. Er lebt sowohl im indischen Dschungel wie in der nordpersischen Wüste, in Arabien und im Himalaja auf Höhen von 4000 und mehr Metern, aber auch in den feuchtheißen Wäldern Javas, den kalten Taigen Sibiriens und den Dornbusch-Savannen Afrikas südlich der Sahara.

Leoparden sind überwiegend Einzelgänger. Lediglich während der Paarungszeit treffen sie sich mit Artgenossen. Das Weibchen wirft nach einer Tragzeit von rund 95 Tagen durchschnittlich zwei bis drei, seltener bis sechs Junge, die bei der Geburt nur etwa ein Pfund schwer, blind und völlig hilflos sind. Fast fünf Wochen lang bleiben sie in einem Versteck, das sich in dichtem Dorngebüsch, in einer Höhle oder unter einem umgestürzten Baum befinden kann. Etwa eine Woche nach ihrer Geburt öffnen sich die Augen und im Alter von sechs bis sieben Wochen nehmen sie die erste feste Nahrung zu sich. Diese besteht aus Säugetieren vom kleinen Nager bis zur großen Antilope, aus Vögeln und in Notzeiten auch aus Echsen und sogar aus Aas.

Nach einem guten halben Jahr sind die Jungen entwöhnt und bleiben meist so lange bei ihrer Mutter, bis diese kurz vor einer erneuten Geburt steht. Dann müssen sie ihre eigenen Wege gehen und die Familie verlassen. Wenn sie zwei bis drei Jahre alt sind, können sie sich selbst fortpflanzen – sofern es ihnen gelungen ist, ein eigenes Revier zu erobern und gegen Artgenossen zu verteidigen.

SCHNEELEOPARD

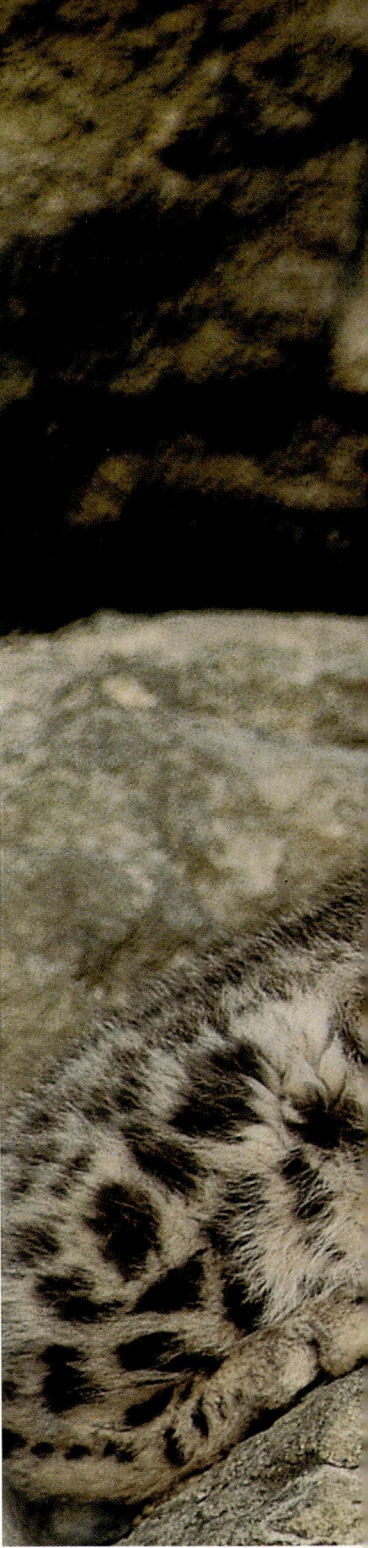

Der wunderschöne Schneeleopard oder Irbis gehört zwar zu den Großkatzen, zeigt aber noch einige Verhaltensweisen der Kleinkatzen. Er brüllt nicht, kann aber schnurren und ver-
intensive Sonneneinstrahlung und die Hitze des Sommers schützt ihn der plüschartige, dichte, gelblich-hellgraue, gefleckte Pelz genauso wie gegen die Eiseskälte und die Schneestürme des Winters.

zehrt seine Beute in Hockstellung und nicht liegend. In seiner Heimat, den Hochgebirgsregionen Zentralasiens, lebt er von den Rhododendronwäldern und Bambusdickichten auf 2 000 m Höhe bis zur Schneegrenze. Gegen die
Der Irbis ist leopardengroß, hat einen runden Kopf und kurze, kräftige Beine mit breiten, auch auf der Unterseite behaarten Pfoten. Auffallend ist der bis zu 90 cm lange, dicke, fast buschige Schwanz. Obwohl der Schneeleopard ein reiner Bodenbewohner ist, ruht er gerne auf Felsvorsprüngen oder kräftigen Ästen, die er mit elegan-
tem Sprung erreicht. Er verfügt über eine unglaubliche Sprungkraft – Sprünge bis zu 15 m wurden gemessen –, die es ihm ermöglicht, flinke

Beutetiere wie Wildscha-
fe, Thare, Steinböcke,
aber auch Wildschweine,
Kleinsäuger und Vögel
zu schlagen. Zur Wurf-
zeit sucht sich die
Schneeleopardin eine ge-
schützte Höhle oder Fels-
spalte, die sie mit Moos,
Kräutern, Gräsern und

der eigenen Bauchwolle
auspolstert. Zwischen
April und Juni, nach
rund einhunderttägiger
Tragzeit, bringt sie ein
bis fünf Junge zur Welt,
die bei der Geburt zwi-

schen 300 und 700 g
wiegen. Fünf bis sechs
Monate säugt sie die
Kleinen, die aber bereits
vom zweiten Lebensmo-
nat an in der Lage sind,
wie die Erwachsenen
Flüssigkeit vom Boden
aufzulecken und auf
Fleischbrocken herumzu-

kauen. Mit etwa vier
Monaten folgen die jun-
gen Irbisse der Mutter
auf ihren Jagdzügen. Da-
bei stellen sie sich zu Beginn so verspielt und tol-
patschig an, daß sie mehr
stören als helfen.

LUCHS

Bis ins letzte Jahrhundert lebte der Luchs in den tiefen Wäldern, den Tundraregionen und den felsigen Busch- und Grasländern Eurasiens und Nordamerikas. Sein schlechter Ruf als Viehdieb und blutrünstiger Jäger war Schuld daran, daß er überall gejagt und stellenweise, so auch in Mitteleuropa, weitgehend ausgerottet wurde. Mittlerweile hat man seine Bedeutung als natürlicher Regulator von Füchsen und Mardern, aber auch von krankem Rotwild, Rehen und Gemsen erkannt. Wiederansiedlungsversuche, unter anderem in Deutschland, Österreich und der Schweiz, zeigten positive Ergebnisse, so daß zu hoffen ist, daß die schöne, bis zu 75 cm große, hochbeinige Katze mit dem kurzen Schwanz und den auffallenden Pinselohren auch bei uns bald wieder zum festen Wildbestand gehört.

Luchse meiden den Menschen und suchen ihre festen Reviere am liebsten in tiefen, unberührten Wäldern oder in einsamen Bergregionen bis auf 4000 m Höhe. Sie sind vorwiegend in den frühen Morgen- und den späten Nachmittags- und Abendstunden unterwegs und suchen tagsüber Unterschlupf in alten Baumhöhlen, unter Felsüberhängen oder in -spalten. Normalerweise verlassen Luchse ihr Revier nicht, nur die Kätzinnen gehen in der Ranzzeit auf Partnersuche.

Nach der Paarung suchen sie ihr altes Revier wieder auf und bringen nach 67 bis 74 Tagen ein bis vier Junge in einem sicheren Versteck zur Welt. Die kleinen Katzen öffnen nach gut zwei Wochen die Augen und erhalten mit etwa vier Wochen die erste feste Nahrung. Fünf Monate lang werden sie von der Mutter gesäugt, begleiten sie aber schon früher auf ihren Jagdzügen. Die entwöhnten Jungluchse bleiben bis zur nächsten Ranz, etwa im Februar oder März des folgenden Jahres, mit der Mutter zusammen.

PUMA

Obwohl der Puma oder Silberlöwe mit einer Körperlänge bis zu 170 cm durchaus die Größe eines Leoparden erreichen kann, zählt er, aufgrund anatomischer Eigenarten und bestimmter Verhaltensweisen doch zu den Kleinkatzen. Mit seinem rötlich-grauen bis fast rein silbergrauen Fell, dem sehr schlanken Körper mit dem kleinen, runden Kopf und dem langen Schwanz ist er eine elegante und behende Katze. Einst war er in ganz Nord- über Mittel- bis Südamerika verbreitet, ist aber aufgrund der sehr starken Verfolgung durch den Menschen in weiten Teilen des ursprünglichen Verbreitungsgebietes ausgerottet und stark gefährdet.

Obwohl Pumas keine feste Paarungszeit haben, werden im Norden Amerikas die meisten Jungen, nach einer Tragzeit von gut drei Monaten, im Sommer geboren. Das Weibchen sucht sich in seinem Revier ein besonders sicheres Versteck, polstert es mit Laub und Moos und bringt dort zwei bis vier, seltener mehr, schwarz gefleckte, blinde Junge zur Welt. Nach neun bis zehn Tagen öffnen die Kleinen die Augen – und damit beginnt für die Mutter

die härteste Zeit der Jungenaufzucht. Fünf Wochen lang säugt sie die Kätzchen, muß sich selbst mit Nahrung versorgen und die ungestüme, verspielte Bande auch noch beaufsichti-

gen. Junge Pumas sind verspielt wie Hauskatzen. Sie balgen miteinander, überfallen die Mutter, jagen jedem Blatt nach, erbeuten Grashalme, erschrecken vor glitzerndem Wasser – und haben einen Riesenhunger. Sobald die Muttermilch zur Ernährung nicht mehr ausreicht, bringt die Mutter Beutetiere zum Versteck: Mäuse und andere Kleinsäuger, Vögel, Insekten und kleine Reptilien. Später folgen die Jungen der Mutter auf ihren Jagdzügen und müssen, wie alle Katzen, nicht nur das Fangen, sondern auch das Töten der Beutetiere erlernen.

WILDKATZE

Es ist eigentlich unerklärlich und unverständlich, warum die Wildkatzen in unseren heimischen Wäldern bis vor ganz kurzer Zeit fanatisch verfolgt und fast gänzlich ausgerottet wurden. Erst seit einigen Jahren kann ein Umdenken festgestellt werden, und Jäger, Wildhüter und Bauern beachten die strengen Schutzbestimmungen, so daß sich die Bestände langsam erholen.

Wildkatzen führen ein sehr heimliches Leben und scheuen den Menschen. Sie lieben tiefe, ungestörte Wälder, in denen sie als Einzelgänger ihre Territorien markieren und jede Begegnung mit Artgenossen möglichst vermeiden. Nur während der Ranzzeit vergessen sie ihre natürliche Scheu, rufen lautstark nach einem Partner und tragen noch lauter ihre Rivalenkämpfe aus.

Nach der Ranz verläßt der Kater die Katze, die nach gut zwei Monaten in einem Versteck zwei bis vier hilflose, blinde Junge zur Welt bringt.

Nach zehn bis zwölf Tagen öffnen die kleinen Katzen die Augen und beginnen bald spielerisch, ihre nähere Umgebung zu erforschen. Im Alter von zehn Wochen begleiten sie die Mutter auf ihren Beutezügen und müssen sehr gut aufpassen und sehr schnell lernen, wie sie als Wildkatzen überleben können. Je nach Nahrungslage vertreibt die Kätzin die Jungen nämlich im „zarten" Alter von zwölf bis fünfzehn Wochen aus ihrem Revier. Nun beginnt die gefährlichste Zeit im Leben der jungen Wildkatzen. Neben dem Menschen gilt das Wiesel als Hauptfeind der Jungen. In wieselreichen Gebieten überlebt oft kaum ein Junges den ersten Winter. Auch strenge, schneereiche Winter fordern viele Opfer. Wer allerdings überlebt, ist schon im folgenden Jahr fortpflanzungsfähig, obwohl Wildkatzen erst mit drei Jahren voll ausgewachsen sind.

SERVAL

Innerhalb der Gattungsgruppe der Kleinkatzen nimmt der Serval eine eigene Gattung mit einer einzigen Art ein. Die bis zu 100 cm lange, 50 bis 60 cm hohe, bis zu 18 kg schwere Katze wirkt mit ihren hohen, schlanken Beinen, dem schmalen Körper und dem kleinen Kopf mit den großen, tütenförmigen Ohren ausgesprochen elegant. Die Fellfarbe variiert sehr stark. Neben Tieren mit gelblicher Grundfarbe und schwarzbraunen Flecken kommen im gleichen Wurf fast ungefleckte und sogar fast schwarze Tiere vor.

Der Serval ist in ganz Afrika südlich der Sahara bis in den Norden von Südafrika verbreitet. Eine Population lebt im Nordosten der Sahara. Der Serval bewohnt Steppen, Savannen, Buschlandschaften, geht sogar ins Gebirge hinauf, ist aber immer an das Vorhandensein von Wasser gebunden.

Trotz seiner langen Beine ist er bei weitem kein so guter Läufer wie etwa der Gepard, da bei ihm die Mittelhandknochen und nicht, wie bei letzterem, der Unterarmknochen verlängert ist.

Auf der Jagd nach Kleinsäugern, Klippschliefern und jungen Antilopen verläßt er sich nicht auf Schnelligkeit, sondern lauert seiner Beute auf oder schleicht sie an, bis er sie durch einen Sprung erreichen kann. Nager, Frösche, kleine Echsen und Insekten „angelt" er mit seinen scharfen Krallen aus ihren Schlupfwinkeln heraus.

Servale sind Tagtiere, die als Einzelgänger in ihren Revieren leben. Nur zur Paarungszeit treffen Kater und Katze kurz zusammen. Kurz vor der Geburt sucht das Weibchen ein sicheres Versteck in einem Erdferkel- oder Stachelschweinbau, zwischen verfilzten Grasbüscheln oder Felsspal-

ten. Nach 74 Tagen wirft es zwei bis drei, höchstens fünf, blinde, hilflose, etwa 250 g schwere Kätzchen, die am neunten Tag die Augen öffnen.

GEPARD

Geparden lebten bereits an der Höfen der Pharaonen, und indische Fürsten hielten sie zu Tausenden als Jagdleoparden. Leider sind Geparden sehr empfindliche Pfleglinge und bekamen in Gefangenschaft keinen Nachwuchs, so daß immer neue Tiere gefangen wurden, die sich nicht mehr fortpflanzen konnten.

Heute ist der Gepard in weiten Teilen seines ursprünglichen Verbreitungsgebietes, in fast ganz Afrika über Vorderasien bis nach Indien, ausgerottet. Lediglich in einigen süd- und ostafrikanischen Nationalparks und südlich des Kaspischen Meeres kommt er noch vor, ist aber überall stark gefährdet.

Einige Gepardenmütter ziehen ihre Jungen alleine groß, bei anderen Familien beteiligt sich der Vater an der Aufzucht. Die Gepardin bringt ihre ein bis fünf Jungen nach einer dreimonatigen Tragzeit zur Welt. Sie säugt sie sechs Wochen lang, aber bereits nach drei Wochen erhalten sie die erste Fleischnahrung.

Junge Geparden haben ein wolliges Fell und eine richtige Rückenmähne, die sie erst mit etwa zehn Wochen verlieren. Außerdem haben sie – ebenfalls im Gegensatz zu den Eltern – noch Krallenscheiden und können ihre Krallen zurückziehen.

Geparden gehören zu den schnellsten Läufern im Tierreich. Im Spurt rennen sie 110 km in der Stunde, können dieses Tempo aber nur über kurze Strecken einhalten. Ein jagender Gepard schleicht sich so nah wie möglich an seine Beute, Gazellen, kleine Antilopen oder Hasen heran und explodiert dann förmlich im Spurt. Das Opfer wird buchstäblich über den Haufen gerannt, mit Prankenschlägen niedergestreckt und durch Kehlbiß getötet. Bis ein junger Gepard diese Jagdtechnik beherrscht, vergeht eine geraume Zeit. Mutter und Kinder bleiben mindestens zwei Jahre zusammen. Oft streifen überlebende Geschwister noch eine Zeitlang miteinander umher.

Entgegen der lange vertretenen Meinung, daß sich innerhalb eines Wolfsrudels immer nur das ranghöchste Paar, die sogenannten Alpha-Tiere fortpflanzen, wird heute die Ansicht vertreten, daß mehrere ranghohe Paare eines Rudels Junge zur Welt bringen und aufziehen können. Die Paare finden sich bereits im Frühjahr. Oft sind es die gleichen Partner, die bereits im Vorjahr Nachwuchs hatten. Das Weibchen sucht sich einen geschützten Platz oder gräbt sich eine Höhle, in der es nach einer Tragzeit von gut zwei Monaten vier bis sieben spärlich behaarte, blinde Junge zur Welt bringt. Fast vorbildlich kümmert sich der Vater um seine Familie. Oft wohnt er in der-

WOLF

wird gerauft und getollt, geschnuppert und gehorcht, gequietscht und gekläfft. Zwei Monate werden die Welpen gesäugt, aber schon vorher bringen Vater oder Mutter Fleischbrocken, die sie halbverdaut hervorwürgen und die von den Jungen begeistert genommen werden. Bald beteiligt sich das ganze Rudel an der Aufzucht der kleinen Wölfe. Onkel und Tanten bringen Fleischstücke, später auch ganze Beutetiere. In den ersten Lebenswochen genießen die Welpen eine geradezu uneingeschränkte Narrenfreiheit. Sie dürfen den Älteren Fleisch vor der Nase weg oder aus der Schnauze herausnehmen, sie dürfen auf und mit ihnen herumtollen und an ihnen ihre ersten Jagd- und Fangversuche ausprobieren. Überhaupt gehen Wölfe im allgemeinen sehr freundlich miteinander um. Futterneid ist – außer in Notzeiten – unbekannt, und junge, kranke oder alte Tiere dürfen in der Regel zuerst an eine Beute heran und ihren Hunger stillen.

selben Höhle und versorgt die Wölfin mit Futter, solange diese ihre Kinder nicht alleine läßt. Nach etwa zwei Wochen öffnen die Kleinen die Augen und beginnen bald, in der Höhle herumzutollen. Bald wird es ihnen zu eng, und sie drängen nach draußen, wo sie beginnen, im warmen Sonnenschein die Welt zu entdecken. Da

MÄHNENWOLF

Der in südamerikanischen Grasgebieten beheimatete Mähnenwolf ist eines der schönsten und auffallendsten hundeartigen Raubtiere. Mit den Wölfen ist er allerdings nicht näher verwandt, sondern steht den Füchsen näher – auch wenn er sehr viel größer ist als diese. Bemerkenswert sind seine langen Beine, die eine Anpassung an die Pampa mit ihrem hohen Gras sein dürften. Sie ermöglichen dem Tier, auch nach der Regenzeit, wenn die Grassteppen hoch stehen, darüber hinwegzusehen. Alle drei Sinne, Gehör, Augen und Geruch, sind anscheinend vorzüglich entwickelt. Ersteres hilft ihm bei der Nahrungssuche, denn seine Hauptbeute besteht aus kleinen Nagern, Reptilien und Insekten, die sich im Gras aufhalten und eher gehört als gesehen werden. Pflanzen, Früchte und Beeren machen zudem einen beträchtlichen Anteil der Nahrung aus. Mähnenwölfe sind ausgesprochene Einzelgänger, die man mit Ausnahme der kurzen Paarungszeit kaum je in der Gesellschaft von Artgenossen sieht – es sei denn ein Weibchen mit ihren Kindern. Die Tragzeit ist wie bei allen Hundeartigen recht kurz; zwei Monate nach der Paarung kommen in einer Erdhöhle ein bis höchstens fünf nackte, hilflose Welpen zur Welt. Sie wiegen etwa ein Pfund und sind nicht viel größer als eine Männerfaust. Die Mutter zieht sie allein auf und bringt ihnen, wenn sie etwa drei Wochen alt sind, Futter, z. B. Jungvögel, wilde Meerschweinchen, Grasmäuse und Eidechsen. Mit zehn bis zwölf Wochen sind die Jungen entwöhnt,

aber noch lange nicht selbständig. Sie begleiten die Mutter auf ihren Streifzügen durch die Pampa und lernen von ihr, Beutetiere zu finden und zu fangen. Nach neun bis zehn Monaten sind sie auf sich selbst angewiesen, trennen sich von der Mutter und bald auch von ihren Geschwistern, um ihr unstetes Einzelgängerleben aufzunehmen. Erst wenn sie, wahrscheinlich im dritten Lebensjahr, geschlechtsreif werden, suchen sie in der Ranzzeit Kontakt zu einem Partner, und der Kreislauf beginnt von neuem.

WILD- ODER HYÄNENHUND

Wildhunde sind, wie jahrzehntelange Beobachtungen in Ostafrika und in Botswana gezeigt haben, überaus soziale Tiere, die in kleineren bis mittelgroßen Verbänden leben. Als ausgesprochene Nomaden ziehen sie einen Großteil des Jahres rastlos durch die Savannen Schwarzafrikas.

Für die Aufzucht ihrer Jungen müssen sie jedoch einige Monate lang seßhaft werden. Sie lassen sich in einem wildreichen Gebiet nieder und die trächtigen Weibchen suchen sich einen verlassenen Warzenschwein- oder Erdferkelbau, den sie als Wurfstube herrichten und manchmal mit Gras auspolstern.

Zehn Wochen nach der Paarung – meist mit dem ranghöchsten Rüden des Rudels – bringen sie drei bis elf völlig hilflose, fast nackte und blinde Welpen zur Welt, die in den ersten Lebenstagen nur zwei Dinge benötigen: viel Wärme und Milch. Zwei Wochen nach der Geburt öffnen sich die Augen der Jungen und sie nehmen die erste vorverdaute Fleischnahrung zu sich. Im Alter von zwei Wochen tauchen sie erstmals aus der Kinderstube ans Tageslicht auf. Schnell lernen sie, nicht nur die Mutter um Futter anzubetteln, sondern auch andere Rudelmitglieder. Sie stupsen dazu ein Alttier am Mundwinkel; diese Geste löst beim Angebettelten einen Brechreiz aus, und er würgt größere und kleinere Fleischbrocken aus, auf die sich die Welpen sogleich stürzen. Haben mehrere Weibchen gleichzeitig Nachwuchs, lassen sie auch die „fremden" Jungen trinken, passen auf sie auf – genauso wie die Rüden – und verteidigen sie, z.B. gegen Hyänen oder große Greifvögel. Trotzdem wird nur etwa die Hälfte der Welpen ein halbes Jahr alt und ist dann in der Lage, den Geburtsort endgültig zu verlassen und dem Rudel auf seinen Wanderungen zu folgen.

In weiten Teilen des östlichen, südlichen und südwestlichen Afrikas lebt der Löffelhund, ein kleines, hundeartiges Raubtier, das vor allem durch seine riesigen Ohren auffällt. Da er ein nächtlich aktiver Jäger ist, dienen sie ihm in erster Linie dazu, seine Beute – hauptsächlich Insekten – in der Dunkelheit zu orten und zu finden. Neben Kerbtieren erbeuten Löffelhunde auch Kleinvögel, Nagetiere und Reptilien. Pflanzenkost bildet ebenfalls einen wichtigen Bestandteil ihrer Nahrung. Der mit Schwanz 80 bis 100 cm lange und 4 kg schwere Räuber lebt paarweise in einem Revier, das mit Duftstoffen aus Drüsen markiert wird und dessen Größe mit dem Nahrungsangebot zusammenhängt. Er gräbt sich einen Bau mit einem oder mehreren Kesseln.

In einer dieser kleinen Höhlen bringt die Fähe (Weibchen) einmal im

LÖFFELHUND

Jahr nach einer Tragzeit von 60 bis 70 Tagen bis zu fünf, meist zwei bis drei, Junge zur Welt, an deren Aufzucht sich beide Elternteile beteiligen. Sie bringen Nahrung in

den Bau und würgen sie vorverdaut wieder hervor. Die Welpen beginnen mit etwa drei Wochen neben der Muttermilch tierisches Futter aufzunehmen, und wenig spä-ter zeigen sie sich zum ersten Mal am Ein- bzw. Ausgang des Baus. Vor allem in den Dämme-rungsstunden spielen die Jungen intensiv, balgen sich, rennen hintereinan-der her, hetzen sich ge-genseitig im Kreis herum und vergessen im Eifer des Spiels die Umge-bung. Meist ist ein El-ternteil in der Nähe und hält Wache. Zeigt sich am Himmel ein Greifvo-gel – der Hauptfeind des Löffelhundes – oder ein größeres Raubtier, stoßen Mutter oder Vater einen hohen, durchdringenden Pfiff aus, und die Jungen verschwinden blitz-schnell in die Sicherheit ihres Baus – um wenig später wieder ganz vor-sichtig am Eingang zu erscheinen.

manchmal bis zehn, Welpen zur Welt. Diese sind wie alle hundeartigen Raubtiere klein, nahezu haarlos und blind. Mit etwa acht Tagen öffnen sich die Augen, und ein feiner Pelz bedeckt den

SCHABRACKEN- UND GOLDSCHAKAL

Schakale sind äußerst anpassungs- und lernfähige Tiere, die trotz intensiver Verfolgung durch die Menschen nicht nur überleben konnten, sondern vielerorts zu eigentlichen Kulturfolgern geworden sind und überall dort auftauchen, wo Abfall, Aas und Nahrungsreste zu finden sind. Die weiteste Verbreitung hat der Goldschakal, der im Gegensatz zum Schabracken-

und Streifenschakal nicht nur Afrika bewohnt, sondern auch Arabien, den Nahen Osten und große Teile Asiens bis nach Indien, Sri Lanka und Thailand.
Während Schakale in bewohnten Gebieten überwiegend nachtaktiv sind, sieht man sie in den afrikanischen Tierreservaten häufig auch tagsüber und vor allem in den frühen Morgen- und den späteren Nachmittags-

stunden. Außerhalb der Fortpflanzungszeit sind Schakale vielerorts in größeren Verbänden, 30 Tiere und mehr, anzutreffen.
Innerhalb dieser kopfstarken Rudel bilden sich Paare, die sich für die Jungenaufzucht absondern, eine Höhle graben oder suchen und Artgenossen fortan vertreiben. Das Weibchen bringt 62 bis 65 Tage nach der Paarung vier bis acht,

Körper. Eine Woche später verlassen sie zum ersten Mal die Wurfhöhle. Das Alttier behält sie sorgsam im Auge, denn die Welpen haben in diesem Alter fast zahllose Feinde – Großkatzen, Geparde, Hyänen, Wildhunde und Adler, um nur einige zu nennen. Bei der geringsten Gefahr, die vom Alttier mit einem Warnlaut angezeigt wird, verschwinden sie in der Sicherheit ihres Baus. Nach etwa zweieinhalb Monaten sind sie entwöhnt und ernähren sich von Nagetieren, Hasen, Vögeln, größeren Insekten, von Aas und zu einem beträchtlichen Teil auch von Pflanzenkost.

TÜPFELHYÄNE

Hyänen sind weit besser als ihr Ruf! Erst in den letzten zwei, drei Jahrzehnten ist das Sozialverhalten eingehend erforscht worden. Es hat sich dabei herausgestellt, daß Hyänen weder „feige" noch „hinterhältig" sind, noch ausschließliche Aasfresser. Sie leben in kleinen Gruppen und losen Rudeln, die achtzig und mehr Tiere umfassen können. Je nach Futterangebot bewohnen sie Eigenbezirke, die mit Harn markiert werden, oder sie ziehen den wandernden Herden nach. Zur Fortpflanzungszeit werden auch die nomadisierenden Tiere seßhaft und beziehen Baue und Erdhöhlen, die sie oft erweitern und ausbauen. In einem gut geschützten Kesden Dämmerstunden und nachts versammeln sich die Alttiere eines Wohnbezirks und gehen gemeinsam auf Jagd. Sie erlegen hauptsächlich Huftiere bis zur Größe eines jungen Nashorns; ihre Nahrung besteht nur zu einem geringen Teil, ungefähr 10–15 %, aus Aas. Die Kleinen folgen der Mutter etwa vom fünften Lebensmonat an bei ihren Streifzügen durch die Savanne, und mit neun Monaten tragen sie nicht mehr das schwarze „Kinderkleid", sondern das getüpfelte der Alttiere. Es dauert aber noch einmal mindestens ein halbes Jahr, bis sie selbst fähig sind, kleinere Beutetiere zu erlegen, und erst mit etwa anderthalb Jahren sind sie selbständig und verlassen die Familie oder Sippe.

sel bringt das Hyänenweibchen einige wenige, meist nur ein bis zwei, Welpen zur Welt, die – anders als bei fast allen Raubtieren – mit offenen Augen und behaart geboren werden. Sie können schon bald auf ihren eigenen Beinen stehen und erscheinen zwei, drei Tage nach der Geburt bereits am Höhleneingang (Bild rechts). Zusammen mit der Mutter legen sie sich in die Sonne und genießen die Wärme. In

MARDERHUND

Obwohl der Marderhund dem Waschbären sehr ähnlich sieht und der Pelz in seiner asiatischen Heimat als „Ussurischer Waschbär" gehandelt wurde, gehört das nur wenig mehr als 20 cm hohe, 50 bis 60 cm lange Tier mit dem dichten Fell nicht zu den Kleinbären, sondern ist die älteste Wildhundart. Ursprünglich lebte er nur im Nordosten Asiens, wurde aber zu Beginn dieses Jahrhunderts in Russland ausgesetzt und verbreitete sich über Ost- und Nord- bis nach Mitteleuropa. Inzwischen ist er auch bei uns heimisch geworden. Er ist der einzige Hundeartige, der in den kalten Regionen seines Verbreitungsgebietes eine Winterruhe hält.

Marderhunde leben oft paarweise oder in kleinen Familienverbänden in feuchten Laub- und Mischwäldern mit dichtem Unterholz. Vor allem in den Dämmerungs- und Nachtstunden sind sie aktiv und suchen nach Futter: Kleintiere, sogar Frösche, Kröten, Fische, Schnecken, Insekten und andere Wirbellose, aber auch Früchte und Beeren. In unseren Breiten haben sie als Räuber von Gelegen und Jungen bodenbrütender Vögel einen schlechten Ruf.
Nach der Winterruhe, im Februar oder März, beginnt die Fortpflanzungszeit mit den üblichen Streitereien um Weibchen, Reviere und Wohn- und Wurfhöhlen. Marderhunde bellen nicht, sondern miauen, knurren und winseln. Je nach klimatischen Verhältnissen kann die Tragzeit offenbar unterschiedlich lang sein. Wie bei einigen anderen Wildhunden sind die Würfe relativ groß. Durchschnittlich bringt das

Weibchen sechs Junge zur Welt, es wurden aber auch schon neun und zwölf gezählt. Beide Eltern, die wahrscheinlich auch außerhalb der Aufzuchtzeit zusammenbleiben, betreuen die große Kinderschar. Bereits im Herbst haben die Junghunde die Größe der Eltern erreicht.

ROTFUCHS

Als Gänse- und Hühner-dieb wird der Fuchs schon seit Jahrhunderten von Menschen verfolgt, als gefürchteter Tollwut-überträger wurde er ver-giftet und gejagt mit dem Ziel, ihn auszurot-ten. Der Fuchs hat alle Vernichtungsfeldzüge überstanden. Er lebt seit eh und je in Wald, Feld und Garten und beginnt langsam, auch die großen Städte als Lebensraum zu erobern. Seit dem 11. Jahrhundert trägt er den Namen Reinhard, das heißt: der durch seine Schlauheit Unüber-windliche. Märchen und Fabeln rühmen seine List, und tatsächlich gehört eine ganze Portion Gerissenheit dazu, sich allen menschlichen Verfolgungen zum Trotz zu behaupten und im-mer weiter auszubreiten. Sein Geheimnis ist wahrscheinlich seine große Anpassungsfähig-keit.

Füchse stellen an ihren Lebensraum keine beson-deren Ansprüche, und sie ernähren sich von allem, was ihnen vor die Nase kommt. Ein ideales Rot-fuchsrevier aber liegt mitten im Wald, es gibt viele Mäuse und anderes

Kleingetier, im Spätsommer reife Beeren und Früchte, und es gibt einen verlassenen Dachsbau, den der Fuchs sich fuchsgerecht als Wohnbau einrichtet.

Nach der Ranzzeit im Spätwinter bringt die Fähe nach siebeneinhalb Wochen in ihrem Bau drei bis fünf, manchmal auch mehr maulwurfsgroße, dunkelgraubraune Junge zur Welt. Mit etwa 14 Tagen öffnen sie die Augen, bekommen wenig später die Milch- und bald darauf die Reißzähne.

Wenn die Jungfüchse an einem sonnigen Tag erstmals den Bau verlassen, tragen sie schon das „richtige", rote Fuchsjugendkleid. Die Fähe säugt ihre Jungen etwa zwei Monate lang. In der ersten Zeit versorgt der Rüde sie mit Futter und beteiligt sich auch später an der Fleischbeschaffung für die Kleinen. Nach der Entwöhnung kann ein Rüde die Jungen sogar alleine großziehen.

136

POLARFUCHS

Rund um den Nordpol, in Europa, Asien, Nordamerika und Grönland, lebt der Polar- oder Eisfuchs. Mit einer Körperhöhe von höchstens 30 cm bei einer Länge von 50 bis fast 70 cm und 9 kg Höchstgewicht ist er ein relativ kleiner Vertreter der Hundefamilie. Der außerordentlich dichte, wärmende Pelz ist im Sommer hellbraun mit weißlichem Schimmer und heller Bauchseite. Im Winter zeigen sich zwei ausgeprägte Farbschläge. Der „Weißfuchs" ist von der Nase bis zur Spitze des buschigen, 30 bis 40 cm langen Schwanzes wirklich schneeweiß, nur die Nasenspitze und die Augen sind dunkel abgesetzt. „Blaufüchse" dagegen zeigen die unterschiedlichsten Varianten von Tiefschwarz über

Stahlblau bis zum hellen Grau. Lange Zeit waren die blauen Felle im Pelzhandel sehr begehrt und wurden hoch bezahlt.

Polarfüchse ernähren sich von allem, was sie finden und erwischen können: Beeren, Meeresgetier, Mäusen und Lemmingen, Vogeleiern und -jungen, Aas und sogar vom fettreichen Kot der Eisbären. Sie legen ihre umfangreichen Bauten gerne in freistehenden, eisfreien

Lehm- oder Sandhügeln an, in denen die Polarfüchsin für jeden Wurf einen neuen Wohnkessel gräbt. Je nach Nahrungsangebot bringt die Fähe zwischen April und Juni, nach einer Tragzeit von etwa 50 Tagen, ein bis vierzehn Junge zur Welt, von denen allerdings ein großer Teil die ersten Lebenswochen und -monate nicht überlebt. Bis zu zehn Wochen säugt die Polarfüchsin ihre Kinder. In dieser Zeit – und auch

später noch – umsorgt der Vater die Familie. Er schleppt für Mutter und Kinder Futter heran und verteidigt den Bau und seine Familie gegen Feinde. Nähert sich ein Störenfried, dann versucht der Vater, ihn lautstark und durch auffälliges Verhalten vom Bau wegzulocken.

BRAUNBÄR

Mit etwa 30 Unterarten kommen Braunbären in den letzten großen Waldgebieten Europas, Nordamerikas und Asiens vor. Entsprechend der Ausdehnung des Verbreitungsgebietes variieren Größe, Gewicht und Fellfarbe sehr stark. Der größte Vertreter und das größte Landraubtier überhaupt ist der Kodiakbär, der bis zu drei Meter lang, 150 cm hoch und 800 kg schwer werden kann. Der Europäische Braunbär ist dagegen mit einer Länge von 170 cm und einem Gewicht bis zu 70 kg richtig zierlich. Diese Maße gelten für männliche Bären, Weibchen sind erheblich kleiner und leichter.

Braunbärenkinder kommen im Winterruhelager der Mutter zur Welt. Sie wiegen zwischen 300 und 500 Gramm, haben einen dünnen, weichen Pelz, sind blind, völlig hilflos und so klein, daß ein Bärenkind in einer Männerhand Platz hat. Die Bärin nährt und wärmt ihre Kinder an der Brust, und die ersten Lebenswochen hat ein Bärenjunges nichts anderes zu tun als trinken,

wenn die Kleinen im Frühling erstmals die Höhle verlassen können. Nun beginnt die Lern- und Lehrzeit, und Bärenmütter kennen kein Pardon, wenn die Jungen etwas lernen sollen. Mit mehr oder weniger sanften Ohrfeigen bringt die Alte die Kinder dazu, einen Wasserlauf zu durchschwimmen oder auf einen Baum zu klettern. Daß ein Jungbär derartige Künste beherrscht, kann überlebenswichtig werden. Droht eine Gefahr, jagt die Mutter ihre Sprößlinge auf den nächsten Baum hinauf und läßt sie erst wieder herunterkommen, wenn sie sich sicher fühlt.

schlafen und zu einem wolligen, wonnigen, tolpatschigen Pelzknäuel heranzuwachsen. Die Milch der Bärin hat einen Fettgehalt von 33 %, und die Jungen entwickeln sich sehr schnell. Bald machen sie ihre ersten Geh-, Rutsch- und Kletterversuche auf Mutters Bauch und Rücken, und wahrscheinlich ist die Bärin ganz froh,

BRILLENBÄR/KRAGENBÄR

In den Verbreitungsgebieten dieser beiden Bärenarten gibt es keine harten, schneereichen Winter. Die Tiere sind also nicht gezwungen, Winterschlaf beziehungsweise Winterruhe zu halten.

Der Brillenbär bewohnt in seiner südamerikanischen Heimat bevorzugt die tropischen und subtropischen Regenwälder der Gebirge, vorwiegend der Anden, ist aber vereinzelt sogar in den küstennahen Wüsten Chiles zu finden. Mit einer Schulterhöhe von höchstens 80 cm ist der Brillenbär der kleinste und leichteste Bär. Er ist ein hervorragender Kletterer und schläft gerne in Baumhöhlen oder Astgabeln. Seine vorwiegend vegetarische Kost ergänzt er gelegentlich durch Kleinsäuger oder Vögel, nur selten vergreift sich der Brillenbär an Haustieren. Auf der Suche nach Nahrung zerstört er allerdings gelegentlich von Menschen angelegte Pflanzungen und wird darum noch immer stark verfolgt, gejagt oder vergiftet. Über die Fortpflanzung der Brillenbären in Freiheit weiß man noch recht wenig. Fest steht, daß die zwei bis drei Jungen nach gut achtmonatiger Tragzeit in einer Baumhöhle zur Welt kommen und längere Zeit mit der Mutter eine Familie bilden.

Um einiges größer und schwerer ist der nahe Verwandte des Schwarzbären, der asiatische Kragenbär aus den Misch- und Laubwäldern der Gebirge Innerasiens von Persien bis nach China und Japan. Auch er ist überwiegend Vegetarier, verschmäht aber Fleischnahrung und auch Aas nicht, wenn er die Gelegenheit dazu hat. Die Bärin bringt ihre in der Regel zwei Jungen meist in einer Höhle unter umgestürzten Bäumen oder im geschützten Wurzelwerk zur Welt. Erst nach etwa 25 bis 30 Tagen öffnen die Kleinen die Augen und können mit drei Monaten die erste feste Nahrung zu sich nehmen.

SCHWARZBÄR ODER BARIBAL

Längst nicht alle Schwarzbären sind schwarz. Der Pelz des Inselbaribal oder Silberbären kann von Silberweiß über Silbergrau bis Blauschwarz alle Farbtöne aufweisen. Zimtbären sind hell bis dunkelrötlich-kastanienbraun. Der Schwarzbär ist der häufigste Bär Nordamerikas und konnte viele Gebiete erobern, in denen die Braunbären ausgerottet wurden. Dabei wurde auch der schwarze Petz wegen seines Pelzes zeitweise stark verfolgt. Heute gehören sie zu den Haupttouristenattraktionen vieler amerikanischer Nationalparks. Dabei werden viele Besucher unvorsichtig. Es sieht aber auch zu nett aus, wenn eine Schwarzbärenmutter mit ihren zwei Jungen am Straßenrand sitzt und um Futter bettelt. Wenn der Mensch dann meint, es sei genug, ist der Bär meist anderer Ansicht, und schon mancher Besucher bekam die scharfen Bärenkrallen zu spüren, wenn er nicht ganz schnell ins Auto flüchtete und die Fenster hochkurbelte.

Immerhin kann ein Bärenmann bis zu 180 cm lang und 100 cm hoch werden, bei einem Gewicht

bis zu 150 kg. Normalerweise aber sind Schwarzbären ganz friedliche Gesellen und suchen ihr Heil lieber in der Flucht oder auf einem hohen Baum, als daß sie sich in irgendwelche Streitereien einlassen.

Im Gegensatz zu den Braunbären klettern nicht nur junge Schwarzbären auf Bäume, auch die Alten klettern noch gut und gerne. Auch die Schwarzbärenmutter bringt ihre ein bis vier, meist zwei bis drei Jungen im Winterruhelager im Januar oder Februar zur Welt und säugt und wärmt sie in den ersten Wochen noch in der Höhle. Erst wenn die Sonne den Schnee weitgehend geschmolzen hat, kommen die Jungen heraus und beginnen unter Mutters Anleitung die große Welt zu entdecken.

EISBÄR

Obwohl Eisbären so völlig anders aussehen als alle anderen Bären, sind sie doch so nahe mit den Braunbären verwandt, daß es schon Kreuzungen zwischen Eis- und Braunbären gegeben hat. Für Eisbären, die seit mehr als 100 000 Jahren die Schnee- und Eisregionen rund um den Polarkreis bewohnen, hat sich der helle, dicke Pelz als sehr vorteilhaft erwiesen. Mehr als die anderen Familienangehörigen ist der Eisbär ein Einzelgänger, der weite Wanderungen unternimmt und dabei auch größere Strecken im Wasser zurücklegt. Mit Beginn der kalten Jahreszeit und sobald das Nahrungsangebot schlechter wird, gräbt sich der Eisbär eine Höhle in eine Schneewehe und läßt sich einschneien. In dieser eisigen Winterhöhle, mitten im arktischen Winter, bringt die Eisbärin nach achtmonatiger Tragzeit meist zwei sehr kleine, noch unterentwickelte Junge zur Welt. Mit den Pfoten hält sie die Kleinen im Brustpelz fest, wo sie nicht nur Wärme, sondern auch die Nahrungsquelle finden. Erst mit etwa zwei Monaten sind die kleinen Eisbären so weit, daß sie in der Geborgenheit der Schneehöhle die ersten Gehversuche machen.

Mit vier bis fünf Monaten führt die Mutter sie aus der Höhle, bleibt aber noch einige Zeit in der Nähe des Verstecks, bevor sie mit den Jungen auf Wanderschaft geht. Einer Eisbärin, die Junge führt, sollte jedermann und -bär aus dem Wege gehen, denn Mütter verteidigen ihre Kinder gegen jede Gefahr. Gefahr droht allerdings durch erwachsene Eisbären, die die Jungen buchstäblich „zum Fressen gern" haben. Im ersten Lebensjahr der Jungen vermeidet es die Bärin, größere Flüsse oder Meeresarme zu durchschwimmen. Zu Beginn des Winters läßt sich die Familie gemeinsam einschneien, wandert im Frühling weiter und verbringt – falls die Bärin nicht wieder Nachwuchs erwartet – einen weiteren Winter zusammen.

WASCHBÄR

Waschbären lieben Auenlandschaften, Sümpfe, flußnahe Wälder, können aber auch in Savannen und sogar Halbwüsten leben. Als Allesfresser ernährt er sich von Insekten, kleinen Wirbeltieren, Würmern und Schnecken, von Getreide, Mais, reifen Früchten, Beeren und Pilzen. Alles, was er fressen will, wird vorher „gewaschen". Lange hat man über den Grund dieser eigenartigen Verhaltensweise gerätselt, denn der kleine Bär „wäscht" seine Nahrung auch, wenn weit und breit kein Wasser da ist. Wahrscheinlich stellt er mit seinem sehr ausgeprägten Tastsinn fest, ob ein Gegenstand eßbar ist oder nicht.

Waschbären sind Einzelgänger, die nur zur Paarungszeit die Gesellschaft von Artgenossen suchen. Das Weibchen sucht sich eine Baumhöhle, in der es nach etwas mehr als zwei Monaten seine durchschnittlich vier Jungen zur Welt bringt. Die Kleinen werden etwa vier Monate lang gesäugt, erhalten aber bereits nach vier Wochen die erste feste Nahrung. Wenige Tage später verlassen die Jungen erstmals den Bau und gehen bald mit der Mutter auf Nahrungssuche. Sobald die kleinen Waschbären selbständig sind, löst sich die Familie auf, und die Jungen machen sich auf die Wanderschaft, um ein eigenes Revier zu finden.

Eigentlich ist der Waschbär aus der Familie der Kleinbären ein „typischer" Nordamerikaner. 1934 wurden am Edersee in Hessen zwei Tiere ausgesetzt, deren Nachkommen es innerhalb von 50 Jahren gelang, sich über alle deutschen Mittelgebirge auszubreiten. Einzelne Exemplare sollen bereits in der Schweiz gesichtet worden sein. Ob eine derartige „Faunenverfälschung" positiv oder negativ zu bewerten ist, sei dahingestellt, erstaunlich ist die unglaubliche Anpassungsfähigkeit des 40 bis 60 cm langen Tieres mit dem dichten, langen Fell und der charakteristischen schwarz-weißen Gesichtsmaske.

146

SÜDAFRIKANISCHER SEEBÄR

Zwergseebär wird der Südafrikanische Seebär auch genannt. Dabei ist er mit seinen beachtlichen Maßen die größte Seebärenart. Die Bullen werden bis zu 2 m lang und können bis zu 350 kg auf die Waage bringen, Weibchen messen ungefähr 180 cm und sind entsprechend leichter.

Im Gegensatz zur Nördlichen Seebärenart bleiben die „Südafrikaner" auch außerhalb der Fortpflanzungszeit in der Nähe der Geburts- und Liegeplätze und ruhen oft an Land. Eine der größten und auch für Menschen leicht zu erreichenden Kolonien befindet sich am Cape Cross an der Atlantikküste in Namibia.

Zu Beginn der Fortpflanzungszeit, etwa ab Anfang November, fangen dort die Revierkämpfe an. Die größten Bullen streiten lautstark mit den messerscharfen Zähnen und unter Einsatz ihrer beträchtlichen Körperkräfte um die besten Plätze für den zukünftigen Harem. Sobald sich ein Weibchen blicken läßt, versucht jeder Bulle, es in seinen Bezirk zu locken, packt es dann am Nacken und versperrt ihm den Rückweg zum Meer. Sobald er sich aber einer neuen Eroberung zuwendet, schnappt ihm ein Nebenbuhler – mehr oder weniger brutal – das erste Weibchen weg. Nicht nur die Bullen er-

leiden bei diesen Kämpfen schwere Bißwunden, auch viele Weibchen tragen Blessuren davon. Offenbar ist den Seebärendamen das ganze Geschrei aber ziemlich egal, sie wollen nur ihre Ruhe haben, denn sie sind gekommen, um ihre Jungen zur Welt zu bringen. Ein neugeborenes Seebärenbaby ist etwa 70 cm lang und wiegt 5 bis 6 kg, hat die Augen offen und trägt ein weiches, schwarzes Haarkleid.

In der ersten Woche läßt die Mutter ihr Kind nicht aus den Augen, dann wird ihr Hunger übermächtig, und sie geht auf Fischfang ins Meer. Obwohl viele Tausende Tiere in einer Seebärenkolonie zusammen sind, findet jede Mutter ihr Kind immer wieder.

SATTELROBBE

Eine geradezu traurige Berühmtheit haben die Sattelrobben wegen der bis vor wenigen Jahren intensiv betriebenen Robbenschlächterei vor Neufundland erlangt. Das weiche, weiße Babyfell der Sattelrobben war lange Zeit in Pelzhandelskreisen und bei modebewußten Damen sehr begehrt. Nur die wenigsten Trägerinnen waren sich im klaren darüber, daß die Jungtiere auf grausame Weise mit Knüppeln mehr oder weniger erschlagen und zum Teil noch bei lebendigem Leibe abgehäutet wurden. Erst massive Proteste von Tierschützern geboten diesem grausamen Treiben Einhalt. Wieweit Bestandsregulierungen der Sattelrobben notwendig sind, ist dabei eine andere Frage, aber es ist sicher richtig, daß gegen die grausame und unmenschliche Art des Tötens der Robbenbabys vorgegangen wurde. Sattelrobben sind Zigeuner der Meere, die nur im Frühling, zur Wurfzeit, ihre seit Generationen benutzten Wurfplätze

aufsuchen. Vermischungen zwischen den Gruppen finden nicht statt. Die Jungen kommen zwischen Mitte Februar und März zur Welt. Bei der Geburt sind sie etwa 90 cm lang und ernähren

sich in den ersten zwei Lebenswochen ausschließlich von Muttermilch. Das bei der Geburt langhaarige, seidenweiche, gelblichweiße Fell wird nach wenigen Tagen reinweiß.

In der Zeit, in der die Jungen diesen begehrten „white coat" tragen, sind sie schutzlos den Pelzjägern ausgeliefert. Nach etwa drei bis vier Wochen verlieren sie ihr Babykleid und tragen das

erste, aus festanliegenden Haaren bestehende Jugendkleid. Erst jetzt verlassen die Jungen erstmals die Wurfplätze an Land oder auf Eisschollen und begeben sich ins Wasser. Die Alttiere paaren sich erneut, und bald begibt sich die ganze Schar wieder auf die Wanderung. Die Sattelrobben folgen dabei den Wanderungen ihrer Beutetiere, den Dorschen, Heringen und den Lodden.

KLAPPMÜTZE

Die Unterfamilie der Rüsselrobben ist in den nordpolaren Gewässern durch die Klappmützen vertreten. Sie werden zwar nicht ganz so groß wie ihre südlichen Verwandten, die See-Elefanten, die Bullen erreichen aber mit einer Körperlänge bis zu 3,80 m und 400 kg Gewicht beachtliche Maße.

Klappmützen tragen ein blasen- oder mützenartiges Gebilde auf dem Kopf – bei den Weibchen weniger ausgeprägt –, das bei Erregung aufgeblasen wird und den Kopf doppelt so groß erscheinen läßt. Außerdem können sie ein Nasenloch verschließen und die elastische Nasenscheidewand wie einen Ballon zum anderen Nasenloch herausblasen.

Klappmützen halten sich bevorzugt in tieferen Gewässern auf, in denen sie nach Tintenfischen, Dorschen und Bodenfischen tauchen. Nur zur Paarungszeit gehen sie an Land, vielmehr auf das Packeis, bleiben aber immer in Wassernähe.

Die meisten Jungen kommen im Laufe des Aprils zur Welt. Schon vor oder unmittelbar nach der Geburt verlieren sie ihr weiches, weißes Babykleid und tragen dann vier oder fünf Jahre lang ein bläulichgraues Jugendkleid. Diese „Blaumänner" waren bei den Robbenschlägern sehr begehrt.

Da die Jungen bereits sehr früh einen „richtigen" Pelz haben, können sie schon wenige Tage nach der Geburt ins Wasser flüchten. Normalerweise aber bleiben die Kleinen mit ihrer Mutter eine Woche an Land und ernähren sich zwei bis

drei Wochen lang ausschließlich von der Muttermilch.
Kurz nach der Geburt beginnt die Paarungszeit – mit viel Gebrüll, Imponiergehabe und Mützenklappen der Bullen.

Anschließend zerstreuen sich die Klappmützen in die Weiten der arktischen Meere, um im Juni in der Dänemarkstraße zwischen Island und Grönland erneut zusammenzutreffen.

Auf dem Treibeis machen sie hier ihren jährlichen Haarwechsel durch. In dieser Zeit nehmen die Tiere keine Nahrung zu sich und sind stark abgemagert, bevor sie sich wieder auf weite Wanderungen begeben.

SEE-ELEFANT

Die größten und mächtigsten Vertreter der Unterordnung der Wasserraubtiere sind die Elefantenrobben mit den zwei Arten Südlicher und Nördlicher See-Elefant. Ersterer bewohnt – wenn er an Land geht – die Inseln des nördlichen Südpolarmeeres, letzterer kommt nur in den Gewässern um die Galapagos-Inseln und um Guadeloupe vor. Die Bullen werden mehr als 6 m lang und wiegen bis zu 3600 kg, die Weibchen erreichen höchstens die Hälfte der Körperlänge und ein Viertel des Gewichtes.

Hervorstechendstes Merkmal der Rüsselrobben, zu denen auch die Klappmützen gehören, ist die rüsselartig verlängerte Nase der Bullen, die richtiggehend aufgeblasen wird, wenn die Tiere sich erregen.

Normalerweise halten sich die See-Elefanten auf dem offenen Meer auf, wo sie vor allem nachts ihren bevorzugten Beutetieren, Fischen und Tintenfischen, nachstellen. Mit Beginn des Südfrühlings aber, Ende August bis Anfang September, schleppen die Bullen ächzend und stöhnend ihr Gewicht zu den alten Liegeplätzen auf den antarktischen Inseln. Unter großem Getöse tragen sie ihre Rangordnungskämpfe aus, bis die Platzverhältnisse geregelt sind. Sobald Ende September die trächtigen Weibchen eintreffen, sammeln die Bullen ihre Harems um sich. Wenige Tage nach ihrer Ankunft bringen die Weibchen ihre cirka einen Meter langen Jungen zur Welt. Nach ungefähr drei Wochen Ernährung mit der sehr fettreichen Muttermilch haben die „Kleinen" kaum an Länge, dafür aber sehr viel an Umfang zugenommen. Nun beginnt die eigentliche Brunst. Wohlweislich vertreiben die Mütter ihre fetten Kinder, denn bei dem ungestümen Verhalten und dem Gewicht der alten Bullen ist die Gefahr groß, daß ein Junges zerdrückt würde. Nach der Paarung kehrt Ruhe ein, und die See-Elefanten verlassen die Inseln, kehren aber bereits vier Wochen später wieder zurück, um in aller Ruhe und ohne den Streß der Paarungszeit ihren alljährlichen Fellwechsel zu erleben.

ERDMÄNNCHEN

Unter vielen Namen ist die 33 cm lange Schleichkatze mit dem rauhen, graubraunen bis weißgrauen Pelz und dem rüsselartig verlängerten Schnäuzchen in ihrer südafrikanischen Heimat bekannt: Surikate, Scharrtier, Erdhündchen, Stockterti oder sogar als Meerkatze.

Surikaten sind nicht nur untereinander sehr gesellig, sondern leben oft mit Fuchsmangusten und Erdhörnchen im selben Erdbau, wobei sie letzteren gerne die Grabarbeiten überlassen. Da Erdmännchen immer nur in unmittelbarer Nähe ihrer Bauten auf Nahrungssuche gehen, verlassen sie diese nach einiger Zeit, wenn sie die Umgebung nach Insekten, Spinnen, Tausendfüßlern, Mäusen, Ratten und anderem Getier „abgegrast" haben. In einiger Entfernung beziehen sie einen neuen Bau und graben sich dann ihre Behausung selbst.

Erdmännchensippen bestehen meist aus bis zu 15 Tieren. Da sie als vorwiegend tagaktive Jäger ständigen Gefahren, vor allem durch große Greifvögel, ausgesetzt sind, herrscht in der Sippe strenge Aufgabenteilung. Einige Tiere sind ständig als Wachtposten aufgestellt, wobei sie auf den Hinterbeinen sitzen und den Himmel nach drohender Gefahr aus der Luft beobachten. Erkennen sie eine Gefahr, warnen sie die futtersuchende Sippe durch schrille Alarmschreie, worauf alle Tiere blitzartig in den Erdbauten verschwinden.

Mütter mit ihren meist vier Jungen vergessen zeitweilig den sprichwörtlichen Futterneid. Sobald die Kleinen feste Nahrung zu sich nehmen können, bringt ihnen die Mutter verlockende Brocken und schwenkt sie so lange vor den Jungen hin und her, bis eines sich den Bissen schnappt. Auf diese Weise lernen die Jungsurikaten ihre Nahrung kennen und suchen sich auch künftig ihre Nahrung nach der Art und Weise, die sie vom Muttertier gelernt haben.

ZWERGMANGUSTE

Zwergmangusten oder Zwergichneumons leben in mehreren Unterarten von Somalia über Ost- und Südafrika bis nach Angola an der Westküste Afrikas.

Ichneumons sind kleine Schleichkatzen, die höchstens 25 cm lang werden, der Schwanz mißt nochmals 20 cm. Sie sind sehr gesellige Tiere, die meist in Familienverbänden von 5 bis zu 15 Tieren umherstreifen und dabei mit zwitschernden Lauten Kontakt halten.

Die tagaktiven Zwergmangusten haben kein festes Revier und suchen nachts oder auf der Flucht Unterschlupf in Termitenbauten, Baumhöhlen oder Felsspalten. Ihre Ernährung besteht vorwiegend aus Insekten, Würmern und Schnecken, aber sie jagen auch Mäuse und andere Kleinsäuger, Echsen und Amphibien und stellen Jungvögeln und Gelegen nach. Auch Früchte verschmähen sie nicht. Hartschalige Früchte, Schneckenhäuser und andere schwer „zu knackende" Beute wird mit den Händen gepackt und unter dem Körper hindurch gegen einen Stein geschleudert, bis der begehrte Bissen erreichbar ist. Wahrscheinlich pflanzt sich in einem Verband immer nur das „Königspaar" fort – aber das gleich mehrmals im Jahr. In Gefangenschaft wurden vier Würfe jährlich mit jeweils vier Jungen festgestellt. An der Aufzucht beteiligt sich die ganze Sippe, selbst der Vater und die halb oder ganz erwachsenen Geschwister. Sie schleppen die Kleinen herum, decken sie mit ihrem Körper zu, reinigen und markieren sie. Nur für das Säugen ist die Mutter alleine zuständig. Junge Zwergmangusten sind noch verspielter und neugieriger als die Erwachsenen. Ständig wird gebalgt und getobt, herumgerollt und allem möglichen nachgerannt. Mit gut drei Monaten sind die Jungen schon selbst fortpflanzungsfähig - aber dieses Privileg bleibt den Eltern vorbehalten. Unerwünschter Nachwuchs von Nicht-Alpha-Tieren wird getötet.

STEINMARDER

Wie der Name schon sagt, lebt der Steinmarder gerne in Steinhaufen, Felsspalten, steinigen Schluchten und Steinbrüchen, kommt aber auch an Waldrändern und in Parks vor. Als ausgesprochener Kulturfolger scheut der Hausmarder, wie er auch genannt wird, die Nähe menschlicher Siedlungen nicht, lebt in Scheunen, Ställen und Gärten und dringt mehr und mehr auch in die Großstädte vor, wo er als „Automarder" oft beträchtliche Schäden an geparkten PKWs anrichtet.

Das hübsche braune Tier mit dem großen, weißen Kehlfleck, der bis auf die Vorderbeine herunterreicht, und dem buschigen Schwanz wird gut 50 cm lang. Obwohl der Steinmarder ein großer Schädlingsvertilger ist, hat er bei Landwirten und vor allem Geflügelzüchtern keinen guten Ruf. „Blutsäufer" nennen sie ihn, weil er gelegentlich in Hühnerställen wahre Blutbäder anrichtet. Tatsächlich ist Blut eine wichtige Nahrungsquelle für ihn, und oft tötet er, vor allem größere Tiere, indem er ihnen die Halsschlagader durchbeißt, um ihr Blut trinken zu können. Kleinere Tiere werden durch einen kurzen Biß in den Hinterkopf oder den Nacken getötet. Da Marder hauptsächlich von Kleinsäugern leben, hängt ihre Vermehrungsrate davon ab, ob es ein „gutes" oder ein „schlechtes" Mäusejahr ist.

In guten Jahren bringt die Marderin im Frühjahr bis zu zehn oder mehr nur wenige Zentimeter lange, blinde und hilflose Junge zur Welt. Für ihren Wurf hat sie sich eine gut geschützte und versteckte Höhle gesucht, in der sie ihren Nachwuchs aufziehen kann. Junge Marder sind sehr verspielte Tiere und werden, von Menschenhand aufgezogen, sehr zahm. Sie haben allerdings dauernd Streiche im Kopf und sind als Haustiere nicht unbedingt zu empfehlen.

HERMELIN

Es ist noch gar nicht so lange her, da galt der schneeweiße Winterpelz mit der schwarzen Schwanzspitze des Hermelins als besonders schicke Verzierung von Kragen, Hüten und Manschetten bei Damen- und Herrenkleidung. Sogar Könige ließen sich ihre Mäntel mit den dekorativen Pelzchen einfassen. Ein Hermelin wird nur wenig mehr als 30 cm lang, der Schwanz mißt noch einmal 10 bis 15 cm, es waren also viele Pelze nötig, um einen Königsmantel zu säumen. Interessant war nur der Winterpelz, während der hellbraune Sommerpelz mit heller Unterseite und schwarzer Schwanzspitze nicht gefragt war. Hermeline sind kleine Raubtiere aus der Marderfamilie, die in der ganzen nördlichen Hemisphäre vorkommen, vom Hochgebirge bis in Dünenlandschaften, in Wäldern, Gärten, Sümp-

fen und Siedlungen. Obwohl sie sich gelegentlich an Vögeln, Fischen und Fröschen vergreifen und sogar in Geflügel-

ställen wahre Verheerungen anrichten können, sind sie, wie alle Marder, unersetzliche Ratten- und Mäusevertilger.

Hermeline bewohnen Reviere, in denen sie außerhalb der Paarungszeit keinen Artgenossen dulden. Begegnen sich

Moos aus. Fünf bis sechs Wochen dauert es, bis die Kleinen die Augen öffnen. So lange bleiben sie auf ihrem weichen Lager, das die Mutter von den Ausscheidungen der Jungen säubert, auf dem sie sie tränkt und zu dem sie die erste Fleischnahrung bringt. Sobald die Junghermeline sehen können, verlassen sie immer länger und häufiger das Lager, spielen miteinander und mit der Mutter und folgen ihr auf der Jagd. Im Herbst löst sich die Familie auf, und auch die Kleinen beginnen ihr Leben als Einzelgänger.

zwei Tiere, kommt es unter Keckern und Schreien zum Kampf, bis einer der Gegner das Weite sucht.

Zur Geburt ihrer drei bis neun Jungen zwischen März und Mai polstert das Weibchen eine Erdhöhle mit Laub und

SEEOTTER

ment, bewegt er sich außerordentlich geschickt und elegant. Bis zu 60 Sekunden lang taucht er bis in Tiefen von 40 Metern und holt von dort seine Nahrung: Muscheln, Schnecken, Fische, Krebse und vor allem Seeigel.

Seeotter sind sehr gesellige, friedliebende und verspielte Tiere. In ihrem Verbreitungsgebiet, einigen Inselgruppen im nördlichen Stillen Ozean, liegen sie gerne familienweise zusammen: Männchen, Weibchen, halberwachsene Jungtiere und oft noch ein Säugling. Die Tiere spielen miteinander, begrüßen und liebkosen sich.

Ein entzückender Anblick ist eine Mutter mit ihrem Baby. Das Junge kommt nach acht- bis neunmonatiger Tragzeit mit offenen Augen, einem dichten Pelz und allen Milchzähnen auf dem Land zur Welt. Obwohl das Kleine noch nicht schwimmen kann, nimmt es die Mutter sofort mit ins Wasser, schwimmt in Rückenlage und hält ihr Kind mit den Vorderpfoten auf der Brust fest. Bald kann das Junge auf der sicheren Unterlage herumklettern, und die Mutter wirft es hoch, fängt es auf, stupst es ins Wasser, holt es wieder zu sich, streichelt es immer wieder und drückt es an sich, bis das Junge sich im Wasser ebenso sicher bewegt wie die Alttiere. Seeotter gehören zu den wenigen Tieren, die den Gebrauch von Werkzeugen beherrschen. Oft nehmen sie Steine mit auf ihre Tauchgänge, um Muscheln und andere fest auf dem Meeresgrund verhaftete Tiere loszuschlagen. Wieder an der Oberfläche, legen sie sich auf den Rücken und benutzen den Stein auf ihrem Bauch als Amboß, indem sie hartschalige Tiere mehrmals daraufschlagen. Auf sandigen Inseln, wo der Seeotter keine Steine findet, benutzt er große hartschalige Muscheln.

An Land wirkt der Seeotter, Meerotter oder Kalan mit seiner Körperlänge von 120 bis 130 cm, dem 30 cm langen, abgeflachten Schwanz und den kurzen Beinen ausgesprochen plump. Im Wasser aber, seinem Lebenselement,

DACHS

medizin und in der Industrie waren Dachsfett, Dachshaare und der Pelz begehrte Bestandteile. Der bis zu 65 cm lange und bis zu 20 Kilo schwere Dachs ist kein grimmiger Einzelgänger, im Gegenteil. Dachspaare leben wahrscheinlich in lebenslanger Einehe, und oft bewohnen mehrere Familien den gleichen Bau.

Diese Bauten sind wunderbare Konstruktionen von oft mehr als 30 m Durchmesser. Verschiedene Ein- und Ausgänge führen in bis zu 5 m tief gelegene, gemütlich gepolsterte Wohnhöhlen, Vorratsräume und sogar „Toiletten". Angeblich wird das Polstermaterial der Wohnräume sogar hin und wieder gelüftet, an der Sonne ausgebreitet und anschließend wieder in den Bau gebracht.

Dachse halten keinen Winterschlaf, sondern

Einst war der Europäische Dachs über ganz Europa südlich des Polarkreises und über Vorder- und Innerasien bis nach Japan verbreitet. Er war wohl nirgends sehr häufig, aber die Bestände waren doch wesentlich größer als heute.

In Deutschland steht der Dachs auf der Roten Liste der gefährdeten Arten. In vielen Märchen spielt „Grimbart", der Dachs, eine wichtige Rolle, zahlreiche Orts- und Flurnamen verweisen auf die frühere Häufigkeit, und in der Volks-

Winterruhe, die – je nach Verbreitungsgebiet – bis zu sieben Monate dauern kann.

Die Ranzzeit dauert von April bis Oktober. Früh gedeckte Weibchen „schalten" eine Keimruhe ein, so daß die meisten Würfe zwischen Februar und April zur Welt kommen. Die ein bis fünf blinden, mit weißem, wolligem Fell bedeckten Jungen entwickeln sich sehr langsam. Erst nach vier bis fünf Wochen öffnen sie die Augen. Nach zwei bis zweieinhalb Monaten folgen sie der Mutter auf der Futtersuche, trinken aber bis zu vier Monate zusätzlich Muttermilch.

Wie alle Marder sind Jungdachse sehr verspielt und unterbrechen die Nahrungssuche, die beliebten Sonnenbäder und andere „ernsthafte" Tätigkeiten immer wieder durch kurze Balgereien. Im Herbst lösen sich die Familien auf, aber oft bleiben die Jungen noch den folgenden Winter im elterlichen Bau.

PFEIFHASE

Auf den ersten Blick sehen Pfeifhasen oder Pikas einem Meerschweinchen sehr ähnlich: Sie haben etwa dieselbe Größe, einen kurzen Kopf und runde Ohren. Trotzdem handelt es sich bei den hauptsächlich im nördlichen Asien beheimateten Tierchen nicht um Nagetiere (wie Meerschweinchen), sondern um Verwandte unserer Hasen und Kaninchen. Die verschiedenen Arten leben überwiegend in Gebirgslandschaften zwischen 2000 und 3500 m Höhe. Der Mongolische Pfeif-

hase (Bild) aber ist ein ausgesprochenes Steppentier. Er lebt in z. T. recht großen Kolonien und gräbt sich, zusammen mit seinen Familien- und Clanmitgliedern, ausgedehnte Bauten, die untereinander durch meterlange Gänge verbunden sind. Zu diesem Wohnsystem gehört auch eine Anzahl Nestkammern, die 40 bis 60 cm unter der Erdoberfläche liegen und mit Gras und Haaren, die sich das Weibchen aus seinem Bauchpelz ausrupft, gepolstert werden. Drei bis vier Mal pro Jahr bringt das Weibchen sechs bis acht, seltener bis zwölf, hilflose und winzige, 7 bis 8 g schwere Junge zur Welt. Sie entwickeln sich sehr schnell, und Weibchen, die im Frühling geboren wurden, können im Herbst bereits zum ersten Mal eigene Junge gebären.
Im Laufe des Sommers

werden Heu, getrocknete Kräuter und Sämereien in den Bau getragen und für die nahrungsarmen Wintermonate eingelagert. Man hat schon Vorräte von 8 bis 10 kg gefunden – und das ist für Tierchen, die 100 bis 200 g wiegen, doch eine beachtliche Menge. Pikas, vor allem junge, haben fast zahllose Feinde, u.a. viele Greifvögel, kleine Raubtiere und sogar Schlangen. Ihre hohe Vermehrungsrate hilft ihnen aber, die Verluste immer wieder auszugleichen.

FELDHASE

Rund um den Europäischen Feldhasen ranken sich Märchen, Fabeln, Legenden und Sprichwörter. Irgendwie rätsel- und märchenhaft ist der Hase bis heute geblieben. Zwar weiß jedes Kind, daß der Osterhase die bunten Eier bringt, aber wem ist denn noch bekannt, daß der Osterhase nichts mit dem christlichen Fest der Auferstehung zu tun hat, sondern daß er das Lieblingstier der uralten heidnischen Erd- und Frühlingsgöttin Ostara gewesen ist.

Häsinnen setzen ihren ersten Wurf bereits im März oder April, wenn das Wetter noch wechselhaft und oft genug kalt und stürmisch ist. Hasenkinder sind bereits von der ersten Geburtsstunde an ein Wunder der Natur. Schon nach wenigen Minuten sind sie so selbständig, daß sie sich alleine aus den Eihäuten herauszappeln, sie haben einen wärmenden, schützenden Pelz, offene Augen, Milchzähne und können sogar schon ein wenig herumkrabbeln.

Unmittelbar nach der Geburt läßt die Mutter die Neugeborenen allein, trotzdem sind sie nicht völlig hilflos den Unbillen der Natur und eventuellen Feinden ausgeliefert. Eine Hasenmutter würde durch ihren Geruch nur Füchse, Hunde und andere Feinde anlocken. Die winzigen Hasen haben keinen Eigengeruch und werden auch von Räubern mit hochempfindlichen Nasen nicht wahrgenommen.

Gegen Vogelfeinde aus der Luft schützt sie ihr ausgezeichnetes Tarnkleid, das erdfarbene Fell sowie das „Drücken", eine angeborene Verhaltensweise. Viele Feinde aus der Luft entdecken ihre Beute erst dann, wenn diese sich bewegt. Junghasen bewegen sich nicht nur nicht, sie erstarren förmlich, legen die Ohren an und verharren völlig bewegungslos, bis eine Gefahr vorüber ist.

Die Hasenmutter sucht ihre Kleinen höchstens ein- bis zweimal täglich auf, um sie zu säugen. Eineinhalb bis drei Minuten bleiben den Hasensäuglingen, um die notwendige Milchmenge aufzunehmen. Diese kurze Zeit muß genügen. Aber da Hasenmilch mit 23 % Fettgehalt sehr nahrhaft ist, gedeihen die Kleinen schnell.

WILDKANINCHEN

Ganz anders als bei unseren einheimischen Feldhasen sehen Fortpflanzung und Jungenaufzucht bei den Wildkaninchen aus. Hasen und Wildkaninchen sehen sich auf den ersten Blick so ähnlich, daß sie oft von Laien verwechselt werden. Nach der letzten Eiszeit war der Lebensraum des Wildkaninchens auf die spanische Halbinsel beschränkt. Wahrscheinlich wurde es von den Römern, als Leckerbissen gehalten, wieder weiter verbreitet und ist erst seit dem Mittelalter wieder in Mitteleuropa heimisch. Dank ihrer sprichwörtlichen Fruchtbarkeit, („vermehren wie die Kaninchen") konnten sie sich wieder sehr schnell ausbreiten und neue Lebensräume erobern. Über Mittel-, Nord- und Südeuropa gelangten sie auf die Mittelmeerinseln, die Azoren und Kanaren, später nach Australien und Neuseeland und noch später nach Chile. Überall, wo die Ansiedlungsversuche einigermaßen erfolgreich verliefen, wurde das Kaninchen bald zur Plage.

Die kleinen Hasentiere sind nicht nur außerordentlich vermehrungsfreudig, sondern auch sehr anpassungsfähig. Sie leben gesellig, am liebsten in weitverzweigten, selbstgegrabenen Erdhöhlen in lockerem, trockenem Boden. Wo sie die von ihnen bevorzugten Lebensbedingungen nicht vorfinden, siedeln sie zwischen Holzstapeln und Bahngleisen, zwischen Mauerwerk und unter Sträuchern. Kaninchen kommen nicht als Nestflüchter, sondern als sogenannte Nesthocker zur Welt. Das Kaninchenweibchen gräbt meist abseits der Wohnbauten eine Setzhöhle, die es mit Gras, Moos und der eigenen Bauchwolle auspolstert. Die Größe der Würfe ist von der Rangordnungsstufe, dem Alter und dem Gesundheitszustand des Muttertieres sowie der Jahreszeit abhängig. Fünf- bis siebenmal im Jahr kann ein Kaninchenweibchen ein bis vierzehn Junge zur Welt bringen. Die Kleinen kommen nach etwa dreißigtägiger Tragzeit nackt, blind, taub und hilflos zur Welt. Sie werden etwa vier Wochen lang gesäugt, dann muß die Mutter bereits wieder die Vorbereitungen für den nächsten Wurf treffen.

AFRIKANISCHER ELEFANT

Elefanten vermehren sich nur sehr langsam. Eine Elefantenkuh bringt im Laufe ihres Lebens höchstens sieben bis acht Kinder zur Welt. Die Trächtigkeit dauert 20 bis 22 Monate, die Stillzeit bis zu zwei Jahren, manchmal länger.

Eine Elefantengeburt ist ein Ereignis für die ganze Herde. Manchmal gruppieren sich mehrere Tiere befreien und ihm auf die Beine helfen. Ein Elefantenbaby wiegt bei der Geburt zwar bereits etwa 100 Kilo und ist knapp einen Meter hoch, aber im Gegensatz zu Mutter, Tanten und den älteren Geschwistern wirkt es winzig. Nach fünf Minuten kann so ein Knirps stehen und nach einer Stunde bereits gehen. Sobald die Herde weiterzieht, wird über Baumstämme und Steine hinweg, führen es durch Wasserläufe und lassen es keine Sekunde aus den Augen. Später übernehmen auch andere Herdenmitglieder die Helferrolle. Bereits wenige Tage nach der Geburt können Elefantenkinder schon feste Nahrung zu sich nehmen, sie sind jedoch nicht in der Lage, sich die Nahrung auch zu

um die werdende Mutter, als wollten sie ihr Schutz gewähren, manchmal sondert sich die Mutter ab, um ihr Kind in Ruhe zur Welt zu bringen. Fast immer aber sind mindestens zwei Elefantenkühe zur Stelle, die der Mutter beistehen, das Neugeborene aus der Fruchthülle das Kleine von der Mutter und einer „Tante" in die Mitte genommen. Mit einer Zärtlichkeit und Fürsorge, die man den grauen Kolossen gar nicht zutraut, helfen sie dem Jungen in den ersten Lebenstagen, unterstützen es mit dem Rüssel, schieben es Hänge hinauf, helfen ihm holen, da der Rüssel erst im Alter von drei bis vier Monaten langsam „gebrauchsfähig" wird. Die älteren Herdenmitglieder zeigen den Babys, wie man „es" macht: Gras ausrupfen und säubern, Äste abbrechen und zerkleinern, Blätter von den Bäumen holen . . .

ASIATISCHER ELEFANT

Der Asiatische oder Indische Elefant ist nach dem afrikanischen Vetter das größte Landsäugetier der Erde. Erwachsene Bullen erreichen eine Schulterhöhe von 290 bis gut 300 cm und ein maximales Gewicht von ungefähr 5 Tonnen! Die Kühe sind beträchtlich kleiner und leichter. Sie leben in Familienverbänden, die aus erwachsenen Weibchen, Jungtieren aller Altersstufen und noch nicht geschlechtsreifen Bullen bestehen. Die erwachsenen Männchen halten sich nur zur Fortpflanzungszeit bei den Herden auf und ziehen sonst als Einzelgänger oder in Junggesellengruppen durch Dschungel und Sümpfe. Der Elefant hat die längste Tragzeit aller Landsäugetiere: Die Kuh bringt nach 22 bis 23 Monaten ein Kalb zur Welt, das 80 bis 90 cm hoch und bis 100 kg schwer ist. Nach der Geburt, die meistens innerhalb weniger Minuten abläuft, hilft die Mutter ihrem Kind, sich aus der Fruchtblase zu befreien und aufzustehen. Oft greift sie mit dem Rüssel unter den Bauch des Kalbes und stellt es buchstäblich auf die Beine. Bald darauf sucht dieses das Euter der Mutter, das sich – anders als bei den meisten anderen Säugetieren – zwischen ihren Vorderbeinen befindet. Das Kalb trinkt mit dem Mund und nicht etwa mit dem Rüssel, den es beim Säugen weit nach hinten biegt. Die Kälber werden von der Herde sehr gut beaufsichtigt und bewacht. Sie halten sich in der ersten Lebenszeit ausschließlich in der Mitte der Familie auf, und erst wenn sie einige Monate alt sind, entfernen sie sich etwas weiter von ihren Müttern – die jedoch immer ein wachsames Auge auf ihre Sprößlinge haben. Fast zwei Jahre lang werden sie gesäugt, so daß zwischen zwei Geburten vier bis fünf Jahre liegen. Mit zwölf, dreizehn Jahren werden die jungen Kühe zum ersten Mal Mutter.

Obwohl die im tropischen und subtropischen Afrika sowie im Nahen Osten beheimateten Klippschliefer viel Ähnlichkeit mit den Murmeltieren unserer Alpen besitzen, sind sie mit diesen Nagern nicht näher verwandt. Sie bilden eine eigene Gruppe, deren nächste – und gleichwohl weit entfernte – Verwandte die Elefanten und die Seekühe sind. Am ehesten ist die Verwandtschaft mit den Elefanten äußerlich an den oberen Eckzähnen nachzuvollziehen. Diese sind näm-

KLIPPSCHLIEFER

Die sieben Schliefer-Arten leben zum Teil auf Bäumen und Büschen oder in den trockenen Felslandschaften Ost- und Südafrikas, wo sie ungemein flink umherklettern und bei Gefahr erstaunlich weit und sicher springen. Sie haben viele Feinde, von den verschiedenen katzen- und hundeartigen Raubtieren bis zu den Adlern und anderen mächtigen Greifen. Das Weibchen bringt, je nach Art, ein

lich überproportional groß und wachsen das ganze Leben lang. Sie sind bei erwachsenen Tieren oft als zentimeterlange „Hauer" sichtbar.

bis vier Junge zur Welt, die sieben Monate lang – eine ungewöhnlich lange Tragzeit für ein Tier dieser Größe – im Mutterleib wachsen und voll entwickelt geboren werden. Die Jungen werden vom ersten Tag an in die Gruppe oder Sippe integriert und entfernen sich schon bald einmal von ihrer Mutter, um pflanzliche Nahrung zu fressen, mit anderen Schlieferkindern zu spielen, „Tanten" zu besuchen und genüßlich in der heißen Sonne zu liegen. „Wachposten", erfahrene Alttiere, sichern derweil die Umgebung und stoßen schrille Pfiffe aus, wenn sich ein wirklicher oder ver-

meintlicher Feind zeigt. Dann sind alle Tiere innerhalb von Sekunden in Baumhöhlen oder Felsspalten verschwunden und zeigen sich erst nach einer geraumen Weile, wenn die Luft wieder rein ist, am Eingang ihrer Behausungen.

TIEFLANDTAPIR

Tapire sind eine sehr urtümliche Tiergruppe, deren Vorfahren vor 40 Millionen Jahren in Europa, Nordamerika und Asien lebten. Heute gibt es von der einst artenreichen Familie nur noch vier Arten, drei davon in Südamerika, eine in Südostasien.

Der Flachlandtapir bewohnt die Tiefländer des tropischen Südamerikas. In tiefen Wäldern und Buschland streift er tagsüber umher und hält sich als ausgezeichneter Schwimmer besonders gerne in der Nähe von Flüssen und Seen auf. Nur in der Nähe menschlicher Siedlungen ist er vorwiegend nachts aktiv. Als reiner Vegetarier ernährt er sich von Blättern, Knospen und Früchten und in menschlichen Kulturen von Zuckerrohr, Melonen und anderen Feldfrüchten, wobei er in Plantagen oft schwere Schäden anrichtet. Aus diesem Grunde – und wegen seines Fleisches – wird er leider immer noch gejagt. Ein weiterer Grund für die Gefährdung der Art sind die Brandrodungen, die seinen Lebensraum zerstören.
Tapire sind Einzelgänger, die sich nur zur Paarungszeit treffen, bei der es recht ruppig zugeht.

Später aber sind die Weibchen sehr zärtliche und fürsorgliche Mütter. Das meist einzige Junge wird nach der langen Tragzeit von mehr als dreizehn Monaten in Hockstellung geboren. Die Mutter wendet sich sofort dem wie ein Wildschweinfrischling gestreiften Neugeborenen zu, beleckt und beknabbert es, bis es zappelt. Sobald das Kleine stehen kann, legt sich die Mutter auf die Seite, und der kleine Flachlandtapir sucht die Milchquelle. Mutter und Kind ruhen oft nebeneinander, wobei sie ihr Kind ausgiebig leckt, bis es einschläft. Mit zunehmender Größe des Kindes wächst auch das Temperament. Oft galoppiert der Kleine im Kreis um die Mutter herum und fordert sie durch Stupsen mit dem Kopf zum Spiel auf. Meist vergebens, da die Mutter dem Alter und den Temperamentsausbrüchen wohl entwachsen ist.

BERG- UND GRÉVYZEBRA

Zwei der drei Zebraarten – das im südlichsten Afrika lebende Berg- und das im nordöstlichen Afrika verbreitete Grévyzebra – sind in ihren Beständen stark gefährdet. Ihre Felle mit dem schönen Streifenmuster waren lange Zeit ein begehrtes Andenken an eine Afrikareise. Ihr Fleisch wird von manchen Volksgruppen geschätzt. Beide Arten bewohnen als sehr genügsame Tiere trockene, halbwüstenartige Lebensräume mit kargen Wasservorräten, die zudem von viehhaltenden Nomaden genutzt und gegen Wildtiere verteidigt werden.

Das soziale Verhalten und die Zusammensetzung der Rudel über einen längeren Zeitraum sind noch wenig erforscht. Üblicherweise bilden ein Hengst und mehrere Stuten mit ihren Fohlen und den halberwachsenen Tieren einen kleinen Verband von bis zu zwölf Köpfen. Außerhalb der Paarungszeit sieht man aber auch oft reine Hengst- und Stutenrudel. Grévyzebras können während der Trockenzeit weite Wanderungen unternehmen, und in Perioden großen Wassermangels graben sie in Flußbetten und ausgetrockneten Wasserlöchern bis 60 cm tief nach dem lebensnotwendigen Naß.

die Mutter erfolgt nach ein bis zwei Tagen. Dann erkennt das Kind seine Mutter selbst in der Herde sofort an ihrer Stimme und wahrscheinlich auch am Streifenmuster. Im Verband herrscht eine strenge Rangordnung, in die sich das Fohlen allerdings erst einfügen

Die Stuten beider Arten tragen ziemlich genau ein Jahr lang und setzen ein Fohlen, das rund 30 kg wiegt und der Mutter, anders als beim Steppenzebra, nicht gleich nach der Geburt folgt, sondern die ersten Lebenstage abliegt. Die Prägung auf muß, wenn es nach ein bis anderthalb Jahren die Stute verläßt. Junge Hengste bilden meist Junggesellenrudel und tragen untereinander so lange Rangordnungskämpfe aus, bis die Stärkeverhältnisse klar geregelt sind (Bild links).

STEPPENZEBRA

Die soziale Struktur der Steppenzebras unterscheidet sich von jenen des Berg- und des Grévyzebras (siehe dort) markant. Steppenzebras leben jahrelang, oft das ganze Leben, in Weibchenrudeln, die eng zusammenhalten und von einem erwachsenen Hengst begleitet werden. Dieser tritt einerseits als Leittier auf und andererseits als Beschützer gegen fremde Hengste. Wenn er ein Alter von 16, 17 Jahren erreicht hat, muß er einem nur halb so alten Rivalen weichen und wird oft zum Einzelgänger oder schließt sich einem Hengstrudel an, in dem er bis zu seinem Tod bleibt.

Die Stute trägt ihr Kind rund ein Jahr lang aus.

Dann bringt sie es in unmittelbarer Nähe zur Herde zur Welt und leckt es trocken. Andere Weibchen werden in der ersten Zeit energisch vertrieben, denn das Zebrafohlen benötigt einige Tage, bis es seine Mutter am Geruch, an der Stimme und am Streifenmuster, das bei keinem Tier gleich ist, erkennt; bis es also „geprägt" ist.

Wie alle Pferdeartigen sind auch Zebrafohlen äußerst verspielt und verbringen, allein oder mit Altersgenossen, viel Zeit damit, springend, bockend und ausschlagend ihre Kräfte zu stählen und zu erproben. Andererseits können sie lange Zeit ruhend im Gras verbringen, und die äsende Stute entfernt sich dann nie weit von ihrem Jungen.

Im Alter von etwa anderthalb Jahren lösen sich sowohl weibliche wie männliche Steppenzebras aus dem Familienverband, schließen sich anderen Herden an oder bilden Weibchen- und Hengstrudel, die sie erst verlassen, wenn sie fortpflanzungsfähig geworden sind. Das ist bei der Stute und beim Hengst mit zweieinhalb bis drei Jahren der Fall; letztere können sich aber meist erst mit sechs bis sieben Jahren mit Stuten paaren, dann, wenn sie ein oder mehrere Weibchen „erobert" haben und einen Familienverband bilden.

PRZEWALSKI-PFERD

Von diesem eurasischen Wildpferd, das heute in freier Wildbahn nahezu ausgerottet wurde, stammt das Hauspferd ab, das für viele Pferdeliebhaber im feurigen Araber den Höhepunkt seiner Domestikation gefunden hat. Die kleinsten Ponys gehen indessen ebenso auf das Wildpferd zurück wie die schweren, riesigen Kaltblüter, die früher Bierwagen gezogen haben und heute kaum noch gezüchtet werden.

Seinen Namen erhielt das Wildpferd von dem russischen Forscher Nikolaj Przewalski, der 1879 während einer Reise durch das mongolisch-chinesische Grenzgebiet die letzten Wildpferde der östlichen Unterart entdeckt und beschrieben hatte. Die westliche Rasse des Steppenwildpferdes und der Waltarpan, die dritte Unterart, waren bereits ausgerottet worden.

Heute gibt es in zoologischen Gärten wahrscheinlich mehr Wildpferde als in ihrer ursprünglichen Heimat. Sie werden in vielen Tiergärten erfolgreich gezüchtet. Die Stute trägt etwa 340 Tage lang und bringt im April oder Mai ein Fohlen zur Welt, das bei der Geburt um die 40 kg wiegt. Nach zwanzig bis dreißig Minuten steht es bereits auf den langen Beinen, und nach einer bis zwei Stunden ist es imstande, seiner Mutter zu folgen. Diese hält es in den ersten Tagen von Artgenossen fern, weil es einige Zeit braucht, bis es auf die Mutter geprägt ist und diese erkennt. Gleichaltrige Fohlen spielen oft und gern miteinander, verfolgen einander in hohem Tempo und vollführen dabei halsbrecherisch anmutende Sprünge. Wildlebende Fohlen sind schon im Alter von vier bis fünf Tagen so schnell und ausdauernd, daß sie sich kaum noch einfangen lassen.

Die Stute säugt sie ein halbes Jahr lang; dann sind sie selbständig, bleiben aber bis zum Eintritt der Geschlechtsreife, mit drei bis fünf Jahren, bei der Herde.

WILDESEL

In Afrika ist lediglich eine einzige Haustierrasse entstanden: der Esel. Vorfahren dieses äußerst genügsamen und weltweit verbreiteten Einhufers sind die drei Unterarten des Wildesels, der Nordafrikanische, der Nubische und der Somali Wildesel. Die Domestikation begann vor etwa 6000 Jahren im unteren Niltal; Stammeltern waren die Nubischen Wildesel. Diese Rasse und die Nordafrikanische sind leider von Menschen ausgerottet worden. Nur vom Somali Wildesel gibt es in der Freiheit noch einige hundert Tiere – und auch sie sind durch die politischen Unruhen in diesem Gebiet und durch Jagd äußerst gefährdet. Wildesel leben in kleinen, zehn- bis zwölfköpfigen Trupps in den heißen, lebensfeindlichen Halbwüsten des nördlichen und nordöstlichen Afrikas. Sie werden von einer erfahrenen Stute geführt. Der Hengst gesellt sich meist nur dann zur Herde, wenn eine Stute rossig ist, d.h. paarungsbereit.

Nach ziemlich genau einem Jahr kommt das Fohlen zur Welt. Es ist ein Nachfolger und „Nestflüchter", kann nach kürzester Zeit aufstehen, der Mutter und der Herde folgen und beginnt schon wenige Tage nach seiner Geburt, Pflanzennahrung zu sich zu nehmen. In ihrer Heimat ernähren sich Wildesel von hartem Gras, Dornbüschen, Mimosen und ähnlichem. Sie müssen, anders als Wildpferde, nicht täglich trinken und sind imstande, lange, heiße Trockenperioden zu überstehen, ohne Schaden zu nehmen. In einigen wenigen europäischen und amerikanischen Tiergärten werden sie seit 25 Jahren erfolgreich gezüchtet.

HALBESEL

Halb- oder Pferdeesel sind im zentralen und westlichen Asien zu Hause und stehen entwicklungsgeschichtlich zwischen den Wildpferden und den Wildeseln. Im Gegensatz zu diesen beiden Arten wurden sie jedoch wie die Zebras nie domestiziert. Das hängt wahrscheinlich mit ihrer angeborenen Scheu und Schreckhaftigkeit zusammen.

Alle sieben Unterarten sind in ihrem Bestand stark gefährdet – der Syrische Halbesel ist wahrscheinlich ausgerottet. Sie benötigen täglich ein- bis zweimal Wasser, was häufig sehr schwierig ist, denn die offenen Wasserstellen werden von Nomaden und Hirten besetzt und eingezäunt, damit sie ihre Herden genügend tränken können.

Elf Monate lang dauert die Entwicklung des Fohlens im Mutterleib. Die Geburt selbst geht im allgemeinen sehr schnell vonstatten, und das Junge braucht keine Stunde, um auf seine Beine zu kommen und die mütterliche Milchquelle zu finden. Es wird von der Stute trocken geleckt und ausgiebig massiert; in der ersten Zeit ist die Mutter sehr aggressiv und läßt keine Herdenmitglieder in die Nähe ihres Kindes. Mögliche Feinde, vor allem Wölfe und verwilderte Hunde, werden entschlossen und mutig angegangen. Meist wehrt sich die Herde gemeinsam gegen Angriffe, wobei der Hengst sich besonders hervortut. Im allgemeinen ziehen Wildesel aber die Flucht vor und sind dabei unglaub-

lich ausdauernd: Selbst Fohlen, die nicht älter als eine Woche sind, können ohne allzugroße Anstrengung eine Stunde lang in hohem Tempo laufen. Wenn sie in felsiges und zerklüftetes Gebiet flüchten, ist es einem Feind nahezu unmöglich, ihnen zu folgen.

PANZERNASHORN

Wie mit schweren Panzerplatten gewappnet sehen die grauen Kolosse aus. Dabei ist die Haut – wie die aller „Dickhäuter" – weder besonders dick noch steif. Der optische Eindruck der Panzerung entsteht lediglich durch tiefe Falten an Bauch, Brust, Schulter und Schwanz, die die Haut in „Platten" aufteilen.

Zur Gattung Panzernashörner gehören das kleinere Javanashorn und das Indische Panzernashorn (Bild), das ursprünglich in ganz Nordindien von Kaschmir bis nach Assam vorkam. Heute leben nur noch einige sehr streng geschützte Bestände in Schutzgebieten von Assam, Bengalen und Nepal. Panzernashörner brauchen die Nähe des Wasser, sie baden und suhlen stundenlang, fressen auch oft im Wasser stehend Wasserhyazinthen und Sumpfgräser, daneben ernähren sie sich von frischen Gräsern und den jungen Trieben von Bambus, Schilf und Elefantengras. Nashörner leben in sehr lockeren Verbänden. „Privatreviere" werden gegen Eindringlinge verteidigt, während Suhlen und Badeplätze und verschiedene Weidegründe gemeinsam benutzt werden.

Nach der sehr hitzig verlaufenden Paarung, die eher an Kämpfe denn an zärtliche Liebesspiele erinnert, bringt die Nashornkuh nach rund 470 Tagen Tragzeit ein Junges zur Welt. Mit einem Geburtsgewicht von 65 kg ist so ein kleines Nashorn schon ein ganz schöner Brocken und ein genaues Abbild der Eltern, mit allen Hautfalten und den „Nieten". Nur das Horn fehlt noch. Kleine Nashörner sind sehr lebhaft und temperamentvoll und versuchen oft, die Mutter zum Spiel aufzufordern, indem sie sie übermütig umkreisen. Das Kleine trinkt täglich 20 bis 25 Liter Milch und nimmt dabei zwei bis drei Kilo zu. Bereits im Alter von 14 Tagen knabbert das Kalb schon versuchsweise an Grashalmen, wird aber eineinhalb bis zwei Jahre lang gesäugt. Das einzige Horn wächst monatlich um 1 cm, später langsamer. Weibchen sind mit drei, Bullen mit sieben bis neun Jahren fortpflanzungsfähig.

VICUNIA

Auf den ersten Blick kann man zwischen den Altweltkamelen und ihren nächsten Verwandten, den Neuweltkamelen aus den Andenhochländern Südamerikas, kaum Ähnlichkeiten feststellen. Die wildlebenden Formen der Lamas sind die Guanakos und die Vicunias.

Das Guanako gilt als Stammform der Haustierrassen Lama und Alpaka, während das Vicunia nie domestiziert wurde. In den Anden lebt das Vicunia als echtes Hochgebirgstier bevorzugt auf Höhen zwischen 3800 und 5500 Metern. Um in dieser Höhe überleben zu können, hat es ein besonders großes, leistungsfähiges Herz und eine sehr hohe Zahl – bis zu 15 Millionen – roter Blutkörperchen (beim Menschen sind es um die

5 Millionen). Vicunias sind gesellige Tiere, die in zwei Arten von Verbänden zusammenleben. In den Junggesellenrudeln schließen sich die Hengste ohne Harem zusammen. Hier geht es ziemlich ruppig zu. Andauernd finden Rangordnungskämpfe und Streitereien um die kleinen Territorien statt. Auf der anderen Seite gibt es die Familienverbände, die aus einem Hengst mit seinen Weibchen und den Jungtieren bestehen.

Jede Familie bewohnt ein bestimmtes Gebiet. Zur Paarungszeit tragen die Hengste erbitterte Kämpfe um den Besitz der Stuten und des Territoriums aus. Die meisten Fohlen kommen nach dem regenreichen Sommer, im Februar oder März, zur Welt. Es gibt dann zwar noch genug Wasser und Nahrung, aber oft ist es schon empfindlich kalt. In manchen Jahren überleben mehr als die Hälfte der Fohlen das erste Lebensjahr nicht. Jede Stute bringt meist nur ein Junges zur Welt, das der Herde schon am zweiten Lebenstag folgen kann. Junge Vicunias spielen und tollen gerne miteinander und erproben ihre Stärke für die folgenden Rangordnungskämpfe. Junghengste werden vom Vater bald vertrieben und schließen sich einem Junggesellenrudel an.

GUANAKO

Große Guanakohengste erreichen eine Widerristhöhe bis zu 130 cm und können mehr als 100 kg wiegen. Wie ihre kleinen Vettern, die Vicunias, ernähren sie sich von Gräsern, Kräutern, Moos und Flechten und lecken gerne Mineralien. Im Gegensatz zum Vicunia lebt das Guanako

nicht nur im Hochgebirge, sondern – sofern es nicht ausgerottet wurde – in allen Landschaftsformen des südöstlichen Südamerikas entlang der Andenkette, vom Hochgebirge bis in die Wüstenregionen der Küstenländer. Es erträgt Hitze und Kälte gleichermaßen, nur feuchtes Klima verträgt dieses Neuweltkamel nicht. Dabei sind Guanakos gute Schwimmer, die gelegentlich Flüsse, Seen und sogar Meeresarme durchqueren. Während der Paarungszeit bilden sich Rudel, die aus einem Leithengst und vier bis zehn Stuten mit ihrem Nachwuchs bestehen. Junge Hengste ohne Harem leben zu dieser Zeit in Junggesellenrudeln. Außerhalb der Paarungszeit schließen sich mehrere Rudel zu größeren, gemischten Herden zusammen, nur die alten Hengste scheuen den „Familienbetrieb" und sondern sich ab. Im Südfrühling, etwa im August und September, zur Paarungszeit tragen die Hengste untereinander heftige, lautstarke Kämpfe um die Gunst der Stuten aus. Im Eifer des Gefechts kann es sogar vorkommen, daß ein Hengst der umworbenen Stute ins Gesicht spuckt. Nach 11 Monaten kommen die Fohlen zur Welt,

die bereits wenige Minuten nach der Geburt auf etwas wackligen Beinen stehen können. Fast immer ist es nur ein Junges, Zwillingsgeburten sind sehr selten. Schon nach wenigen Lebensstunden können Guanakofohlen übermütig herumtollen. Sie ermüden zwar schnell und legen immer wieder Ruhepausen ein, aber bereits am zweiten Lebenstag folgen sie der Mutter, die mit der Herde weiterzieht.

Leider sind die Bestände der Guanakos bedroht, da sie durch die immer mehr zunehmende Weidewirtschaft in unwegsame Gebiete zurückgedrängt werden.

BUNTBOCK

Im südlichen Afrika waren die Buntböcke einst sehr zahlreich und bewohnten vor allem die weiten Grasländer. Die burische Bevölkerung jagte die schönen Antilopen intensiv und rottete sie nahezu aus. Erst in letzter Minute wurden die überlebenden Tiere in verschiedene kleine Schutzgebiete gebracht. Dort waren (und sind) sie vor Verfolgung sicher und pflanzen sich regelmäßig und ohne Probleme fort. Die Bestände sind deshalb in den vergangenen drei Jahrzehnten wieder angewachsen, und viele Tiere konnte man in die freie Wildbahn entlassen. Buntböcke tragen durchschnittlich siebeneinhalb Monate lang und bringen ein Kalb zur Welt, das schon eine halbe Stunde nach seiner Geburt stehen, gehen und laufen kann. Als erstes sucht es die mütterliche Milchquelle, die es – einem Instinkt folgend und unter Mithilfe des Muttertiers

– bald findet. Das Kitz wird etwa ein halbes Jahr lang gesäugt. Wenn es größer geworden ist, muß es sich, um trinken zu können, auf die Knie herunterlassen – wie das nebenstehende Bild sehr schön zeigt.
Die Hörner beginnen schon wenige Wochen nach der Geburt durch die Haut zu stoßen; sie sind zuerst gerade und biegen sich erst im Laufe ihres Wachstums zu ihrer endgültigen Form. Bei den Bunt- und Blessböcken – die beide zur gleichen Art gezählt werden – tragen sowohl Männchen als auch Weibchen Hörner. Bei anderen Antilopen wie Kudus und Impalas ist der Hornschmuck auf das männliche Geschlecht beschränkt. Buntböcke sind mit etwa zwei Jahren fortpflanzungsfähig und können ein Alter von bis zu 15 Jahren erreichen.

WASSERBOCK

Der afrikanische Wasserbock wird wegen seines Aussehens auch Hirschantilope genannt; er ist jedoch mit den eigentlichen Hirschen nicht näher verwandt, sondern gehört mit den Riedböcken zusammen in die Gruppe der „Antilopen". Der Bock trägt schön geschwungene, stark gerillte Hörner, die eine begehrte Jagdtrophäe sind. Die Weibchen hingegen sind hornlos. Wasserböcke leben nicht nur am Wasser oder in seiner unmittelbaren Nähe, son-

dern auch in gras- und buschreichen Trockengebieten. Allerdings müssen sie täglich trinken können.

In Afrika finden das ganze Jahr über Geburten statt. Eine Häufung kurz vor der Regenzeit läßt sich jedoch feststellen. Den Kälbern stehen dann Grünfutter und genügend Flüssigkeit zur Verfügung und ihre Überlebenschancen sind bedeutend größer, als wenn sie in der trockenen Jahreszeit, in der möglicherweise Futtermangel herrscht, geboren werden.

Sie kommen nach einer Tragzeit, die bei acht Monaten liegt, zur Welt. Meist wird nur ein Kalb gesetzt, hin und wieder zwei oder gar drei. Das

Junge hat ein Geburtsgewicht von fünf bis sechs Kilogramm und ist körperlich hoch entwickelt. Trotzdem ist es in den ersten Lebenstagen durch eine ganze Anzahl Feinde bedroht: Großkatzen und Geparden, Hyänen und Wildhunde, ja sogar Raub- und Kaffernadler stellen ihnen nach. Haben sie die ersten Lebenswochen erfolgreich überstanden, können sie ein Alter von zehn und mehr Jahren erreichen. Erwachsenen Tieren stellen die großen Katzen und die Hundeartigen kaum noch nach, denn ihr Fleisch soll nicht besonders gut schmecken. Man findet in Afrika denn auch recht selten einen gerissenen Wasserbock.

BUSCHBOCK

Manche Antilopen und Gazellen, hauptsächlich jene, die in offenem Gelände vorkommen, leben in Gruppen, Herden und Rudeln zusammen. Andere, vor allem die wald- und buschbewohnenden, sind Einzelgänger oder höchstens paarweise bzw. eine Mutter mit Kind anzutreffen. Zu letzteren gehört der Buschbock, eine Art, die über weite Gebiete Schwarzafrikas bis hinunter ins südliche Afrika verbreitet ist.

Männchen und Weibchen treffen sich lediglich während der Paarungszeit einige wenige Tage. Das Weibchen bringt dann nach rund sechsmonatiger Tragzeit ein Kitz zur Welt, das bei der Geburt etwa 4 kg wiegt und ein sogenannter „Ablieger" ist. D.h., es bleibt in den ersten Lebenstagen auch dann am Boden liegen, wenn sich die Mutter auf der Nahrungssuche entfernt. Sie kommt jedoch regelmäßig zu ihrem Kind zurück, um

es zu säugen. Nach etwa einer Woche folgt das Kitz der Mutter und beginnt damit, Gras und Kräuter, Blätter, Früchte und Beeren zu sich zu nehmen. Es wird etwa ein halbes Jahr lang gesäugt und trennt sich nach einem weiteren halben Jahr von seiner Mutter.

Bei der Geburt ist das Verhältnis von Männchen zu Weibchen 1:1 – bei den erwachsenen Tieren gibt es bedeutend mehr Weibchen. Die Gründe für dieses Ungleichgewicht der Geschlechter sind bis heute unbekannt. Während die Weibchen hornlos sind, beginnen bei den jungen Böckchen schon wenige Wochen nach der Geburt Hornspieße zu wachsen, die im Laufe der Jahre gut 50 cm lang werden können. Männchen und Weibchen sind im Alter von elf bis zwölf Monaten erwachsen. Aber es dauert Jahre, bis die geschlechtsreifen Böcke das für sie charakteristische dunkelbraune Fell tragen; die Weibchen bleiben bedeutend heller, zeigen aber die gleiche weiße Zeichnung an Kinn, Kehle, Hals und Läufen wie jene.

DIKDIK

Man nennt dieses winzige Huftier auch Windspielantilope, ein Zwerg, der etwas größer als ein Hase wird und ganze 2 $\frac{1}{2}$ bis 3 kg schwer wird. Ein naher Verwandter, das Kleinstböckchen, ist mit einer Schulterhöhe von lediglich 25 cm der kleinste Hornträger der Welt! Dikdiks leben im östlichen und südöstlichen Afrika und bewohnen dort buschreiche Gebiete, in denen sie viel Deckung finden. Sie haben eine erstaunlich geringe Fluchtdistanz, was damit zusammenhängen dürfte, daß sie auf ihre Tarnung „vertrauen". Ihre winzige Gestalt und das helle, einfarbige Fell lassen sie in ihrer Umgebung fast völlig verschwinden. Diese Tarnung ist für sie überlebenswichtig, denn sie sind sozusagen von Feinden umgeben: Zahlreiche Raubtiere bis zur Größe eines Fuchses und viele Greifvögel schätzen sie als Beute und stellen ihnen nach. Sie sind unglaublich flink, springen bei Gefahr meterweit und schlagen Haken wie die Hasen, so daß mancher Jäger leer ausgeht.

Dikdiks leben einzeln oder paarweise in kleineren Territorien, die sie gegen Artgenossen vehement verteidigen. Das Weibchen bringt nach einer Tragzeit von sechs Monaten ein einzelnes Junges zur Welt, das weniger als 1 kg wiegt und seiner Mutter – anders als viele Antilopen und Gazellen – lange Zeit nicht nachfolgt, sondern in einem Versteck darauf wartet, daß diese zurückkommt und es säugt.

Erst nach etwa drei Monaten sieht man Mutter und Kind (und oft auch den Vater) zusammen. Drei Monate später ist das junge Dikdik bereits fortpflanzungsfähig. Handelt es sich um ein Männchen, wird es vom Vater aus dem Territorium vertrieben; junge Weibchen hingegen dürfen oft noch einige Zeit beim Elternpaar bleiben und gehen etwa im Alter von einem Jahr eigene Wege.

IMPALA

Die Impala- oder Schwarz-
fersenantilope ist wahr-
scheinlich die zahlen-
mäßig häufigste Antilope
Afrikas. Allein im süd-
afrikanischen Krüger-
nationalpark leben an die
200 000 Tiere.
Die Männchen tragen
lange, weit geschwunge-
ne Hörner, die im Kampf
gegen Rivalen eingesetzt
werden – aber nicht in
erster Linie als Stichwaf-
fe, sondern im Kopf-an-
Kopf-Kräftemessen. Bei
diesen Auseinanderset-
zungen geht es meist um
den Besitz eines Weib-
chen-Rudels, über das

der Sieger eine mehr oder
weniger lange Zeit sein
Regiment führen kann.
Nach einer Tragzeit von
sieben Monaten bringt
das hornlose Weibchen
ein, selten zwei Kitze zur
Welt. Mehrere etwa
gleichaltrige Kitze schließen sich im Rudel zu
Spielgruppen zusammen,
tollen umher, messen
ihre Kräfte oder legen
sich gemeinsam in den
Schatten eines Strauches.
Hin und wieder gehen
die Jungen zu ihrer Mut-
ter und trinken. Dazwi-
schen nehmen sie aber
auch Gräser, Kräuter und

Blätter zu sich. Einen
Großteil des Tages ver-
bringen sie damit, ihre
Kräfte zu entwickeln, die
Ausdauer zu stählen und
in gegenseitigen Positi-
onskämpfen zu üben.
Mit zunehmendem Alter
werden sie ruhiger, und
die Spielgruppen lösen
sich allmählich auf. Den
jungen Böcken beginnen
die Hörner zu sprießen
und wenn sie zu etwa
Dreivierteln erwachsen
sind, entfernen sie sich
oft von der Herde und
schließen sich älteren, erfahrenen Männchen an;
Junggesellenverbände

von 20, 30 und mehr
Tieren sind üblich. Dort
werden wieder mehr oder
weniger spielerisch die
Kräfte- und Stärkever-
hältnisse geprobt und
demonstriert, denn später
können sich nur die
stärksten und entschlos-
sensten Böcke einen
Harem zulegen und
sich fortpflanzen.
Impalakitze sind eine
bevorzugte Beute von
Leoparden und Gepar-
den. Mit etwa anderthalb
Jahren sind die Jungen
geschlechtsreif und tra-
gen zur Arterhaltung
bei.

UGANDA-KOB

Mütter sind Vorbilder! Einen Großteil ihres Verhaltensrepertoirs müssen die jungen Antilopen von ihren Müttern und Tanten lernen. Die Lehrzeit beginnt sehr früh im Leben eines Kindes. Sie erfolgt weniger auf verbaler Basis – obwohl viele Tiere, darunter auch Antilopen und Gazellen, über einen reichen Lautschatz verfügen, z.B. Lock- und Warnrufe, Mutter-Kind-Signale und ähnliche. Das Kalb der Uganda-Kob lernt in erster Linie durch Nachahmung.

Kurz nach der Geburt, nach erfolgter Prägung, folgt es dem Muttertier und bleibt ihm etwa bei Wanderungen oder auf der Flucht so nah wie nur möglich. Wenig später macht es erste Erfahrungen bei der Futtersuche, indem es nur solche Gräser, Kräuter und Halme äst wie seine erfahreneren Artgenossen.

Nach einigen Wochen beginnt ein besonders wichtiger Abschnitt seiner Entwicklung: Es muß lernen, seine weitere Umgebung zu beobachten und aus Signalen vielfältigster Art auf das Vorhandensein oder die Abwesenheit von Feinden zu schließen. Alle seine Sinne sind gefordert: Die großen, trichterförmigen Ohren fangen bekannte und neue Geräusche auf, die Nase wird in den Wind gehalten und prüft buchstäblich, ob die Luft rein ist – nämlich ohne den Geruch von potentiellen Feinden wie Menschen oder Raubtieren. Und schließlich spielt auch das Auge eine große Rolle. Bewegungen in näherer und fernerer Distanz erregen sofort seine Aufmerksamkeit, und an der Reaktion der Mutter und anderer Herdenmitglieder kann es erkennen und lernen, ob die Flucht notwendig ist oder ob man sich wieder der Nahrungssuche oder der Ruhe widmen kann. Wenn es mit etwa einem Jahr selbständig ist, hat es gute Chancen zu überleben und erwachsen zu werden.

ORYX-ANTILOPE

Die langen, geraden Hörner – die übrigens beide Geschlechter tragen – haben dieser stattlichen Antilope zu ihrem Gattungsnamen „Spießböcke" verholfen. In vier Unterarten war sie einst über weite Teile

Arabiens und Afrikas verbreitet und fehlt nur in den Urwaldgebieten. Jahrzehntelang war sie wegen ihrer Wehrhaftigkeit und der imposanten Horntrophäe ein begehrtes Jagdwild. Das hat dazu geführt, daß sie inzwischen in Arabien, der Sahara und im südlichsten Afrika ausgerottet ist. Lediglich in den Halbwüstengebieten Ost- und Südafrikas – und hier hauptsächlich in Schutzgebieten und Parks – gibt es noch größere Bestände. Spießböcke ziehen in kleinen bis mittelgroßen Herden durch ihre kargen, trockenen Lebensräume – immer auf der Suche nach Nahrung. Oryx-Antilopen können tage- und wochenlang ohne Wasser auskommen; ihnen genügt offenbar die Feuchtigkeit, die in Futterpflanzen enthalten ist.

Die Kuh setzt sich kurz vor Geburt ihres Kalbes, das 270 bis 280 Tage nach der Paarung zur Welt kommt, von der Herde ab und sucht ein Versteck auf, in dem sie ihr Junges gebiert, trocken leckt und mit der Zunge massiert. Nach wenigen Stunden, bestenfalls Tagen, kehren Mutter und Kind in die größere Sicherheit der Herde zurück. Das Kalb säugt in kurzen Abständen bei der Mutter und wendet sich auch bald pflanzlicher Nahrung zu – erst spielerisch, dann immer ernsthafter. Mit etwa sechs Monaten ist es entwöhnt und ernährt sich wie die Alttiere von allen möglichen trockenheitsresistenten Pflanzen, von Aloen, Sanseviren, Mimosen, harten Gräsern, Kräutern und wilden Melonen, die viel Wasser enthalten und von den Tieren in den Wüstengebieten bevorzugt verzehrt werden.

TOPI ODER LEIERANTILOPE

Die Geburt in der Wildnis ist sowohl für das Muttertier als auch das Kind eine überaus gefährliche Phase, denn beide sind während dieser Zeit durch Raubtiere gefährdet. Sie verläuft deshalb in den meisten Fällen in einem sehr kurzen Zeitraum, der 20 bis 60 Minuten dauert. Die Gebärende legt sich nieder und preßt das Junge mitsamt der Fruchtblase aus. Dann steht sie gleich wieder auf und zerreißt dadurch die Nabelschnur. Erfahrene Mütter wenden sich umgehend dem Neugeborenen zu und befreien es von der Fruchthülle, die sie oft verzehren – möglicherweise, damit durch den Geruch keine Feinde angelockt werden, vielleicht aber auch, weil die Fruchtblase Mineralstoffe enthält. Kaum ist das Kalb einigermaßen trocken geleckt – womit auch sein Kreislauf angeregt wird –, macht es seine ersten Aufstehversuche. Meist fällt es einige Male hin, bevor es das Gleichgewicht halten und auf seinen langen, staksigen Beinen die er-

sten Schritte machen kann. Drei, vier Stunden nach der Geburt steht es bereits so gut auf der Erde, daß es, wenn auch noch etwas wacklig, der Mutter folgen kann.

Diese ist in der ersten Zeit nach der Geburt besonders aufmerksam und läßt die Umgebung – und die Herdengenossen, die eine mögliche Gefahr durch Schnauben anzeigen – kaum aus

den Augen. Greifen Hyänen, Wildhunde oder Geparde ein Kalb an, sucht das Muttertier sein Heil in der Flucht, ohne sein Kind zu verteidigen. Nach den Gesetzen der

Natur läßt sich ein Kalb leichter „ersetzen" als eine Mutter, die bald nach dem Verlust ihres Kindes wieder trächtig wird und nach acht bis neun Monaten erneut gebärt.

NILGAU-ANTILOPE

Wie bei den nächsten Verwandten, den afrikanischen Waldböcken, z.B. Kudu, Elenantilope und Buschbock, ist das Kalb der Nilgau-Antilope ein typischer „Ablie- ger", d.h. es folgt der Kuh erst einige Tage nach der Geburt nach. Lange Zeit glaubte man, daß die jungen Hirsche und Antilopen in den ersten Lebenstagen keinen Eigengeruch besitzen und dadurch von potentiellen Feinden nicht gefunden werden können. Diese Annahme trifft aber nicht zu; ihr Schutz besteht einerseits darin,

um Erkennungsmerkmale für Artgenossen. Helle Flecken dienen auch dazu, daß sich die Tiere in der Dämmerung und nachts nicht aus den Augen verlieren. Nilgau-Antilopen stellen auf der Flucht ihren auf der Unterseite weißen, 40 bis 50 cm langen Wedel auf und geben damit den Mitgliedern ihrer Gruppe ein deutliches Signal. Sie sind – die großen Augen deuten es an – ausgesprochen nacht- und dämmerungsaktiv und verbringen die heißen Tagesstunden im Schatten von Büschen, aber auch auf offenen Flächen, wo sie die Umgebung gut beobachten können und die Annäherung eines Feindes früh bemerken. Schon die Kälber lernen, sich bei der Futtersuche auf die Hinterbeine zu stellen, damit sie Blätter und Knospen in größeren Höhen abweiden können.

daß sie ein der Umgebung angepaßtes Tarnkleid haben und andererseits absolut ruhig liegen – auch dann, wenn ein artfremdes Tier oder ein Mensch direkt neben ih- nen vorbeigeht. „Stolpert" eine Hyäne, ein Leopard oder ein anderes größeres Raubtier über einen solchen Ablieger, wird dieser zur leichten Beute.

Bei den Nilgau-Antilopen haben bereits die Kälber die arttypische Zeichnung an den Beinen, am Hals, am Kopf und an den Ohren. Es handelt sich dabei wohl

NYALA-ANTILOPE

Schon früh im Leben lernen die jungen Antilopen, sich in das soziale Gefüge der Herde einzuordnen. Die werdende Mutter sondert sich meist kurz vor der Geburt von den Artgenossen ab und sucht eine Stelle auf, an der sie sich einigermaßen geschützt und sicher fühlt. Innerhalb von 45 bis 60 Minuten wird das Junge geboren und kann wenig später bereits auf seinen noch wackligen Beinen stehen. In der ersten Zeit, meist ein bis drei Tage lang, bis das Kalb auf seine Mutter geprägt ist und diese am Geruch und an der Stimme erkennt, halten sich die beiden am Rand der Herde oder gar etwas davon entfernt auf. Dann übernehmen sie den Rhythmus der anderen und schließen sich ihnen wieder näher an. Die Kälber lernen von den erwachsenen Herdenmitgliedern schnell, wie sie sich verhalten müssen, wo Vorsicht am Platz ist und

wann sie unbeschwert miteinander spielen und herumtollen können. Gemeinsam ziehen die Nyala-Antilopen zu einem Wasserloch und legen dabei oft beträchtliche Distanzen zurück. An der Tränke lauern oft Raubtiere, etwa Löwen und Leoparden, und die Antilopen nähern sich dem Wasser nur mit großer Vorsicht – auch wenn der Durst noch so groß ist. Immer wieder beobachten vor allem die älteren, erfahrenen Weibchen die Umgebung, achten auf jedes Geräusch, auf jede Bewegung und prüfen regelmäßig den Wind. Kaum haben sie ihren Durst gestillt, ziehen sie sich in den Busch zurück, legen sich im Schatten lichter Bäume zur Ruhe und käuen wieder.
Die heißen Tagesstunden werden dösend verbracht. Erst gegen Abend, wenn die Hitze nachläßt, gehen die Nyalas noch einmal an die Tränke und beginnen anschließend mit der

Futtersuche, die oft die ganze Nacht dauert – vor allem in der Trockenzeit, wenn die Nahrung knapp geworden ist und mühsam zusammen gesucht werden muß.

GROSSER KUDU

Der Große Kudu zählt zu den stattlichsten unter den Antilopen. Erwachsene Bullen können eine Schulterhöhe von 150 cm – wie ein Pferd – erreichen und ein Gewicht von bis zu 300 kg. Ihre wunderschönen, korkenzieherähnlichen Hörner werden bis maximal 180 cm lang und sind begehrte Jagdtrophäen.

Die Weibchen sind um 20 bis 30% kleiner und leichter. Zudem fehlt ihnen der Hornschmuck.
Kudus leben in kleineren Familienverbänden und in Herden bis zu 30 Tieren, die sich während der Trockenzeit wiederum zu losen Verbänden von 80 bis 100 Individuen zusammenschließen.

Dominante Männchen beherrschen oft einen Harem, der aus drei bis sechs Kühen und deren Jungen besteht. Das Weibchen trägt rund sieben Monate, und das neugeborene Kalb wiegt etwa 15 kg. Etwa zwei Wochen lang liegt es ab, wenn die Mutter auf Nahrungssuche geht; nachher folgt es ihr überall hin. Kälber werden im südlichen Afrika, dem Hauptverbreitungsgebiet des Großen Kudus, überwiegend in den Monaten Februar und März, im Südfrühling geboren. Bei der Geburt herrscht ein ausgeglichenes Geschlechterverhältnis, das sich mit zunehmendem Alter zugunsten der Weibchen verschiebt. In manchen Gegenden beträgt es bei den erwachsenen Tieren 5:1! Diese einseitige Verteilung wird von manchen Wissenschaftlern auf die angeblich höhere Jungensterblichkeit beim männlichen Geschlecht zurückgeführt.
Große Kudus hören (riesige Ohrtrichter) und riechen vorzüglich; ihr Sehvermögen scheint dagegen nicht ganz so gut entwickelt zu sein.
In freier Wildbahn werden sie selten älter als etwa acht Jahre, in zoologischen Gärten indessen beträchtlich über zwanzig Jahre.

GNU

Gnus zählen von ihrer Gestalt her wohl zu den seltsamsten Antilopen. Sie erinnern im ersten Augenblick eher an kleine Rinder als an Antilopen und gleichen physisch ihren nächsten Verwandten, den Leieranti-lopen, nur wenig. Zwei Arten, das Weißschwanz-gnu und das Streifen-gnu (Bilder) bewohnen in mehreren Rassen das östliche und südliche Afrika. Vor allem das Weiß-bartgnu – eine Unterart des Streifengnus – ist durch seine alljährlichen Wanderungen durch die Serengeti und das Massai Mara Reservat berühmt geworden.

Jeweils im Juli, wenn im Norden seines Verbreitungsgebietes leichte Regen fallen und frisches Gras wächst, begibt sich nahezu eine halbe Million Gnus auf Wanderung und überquert zum Teil mehrere Flüsse. Dabei kommen immer wieder vor allem jüngere und unerfahrene Tiere ums Leben; sie werden von

der Strömung weggerissen oder von Artgenossen unter die Wasseroberfläche gedrückt und ertrinken.

Im Oktober/November wandern die Gnus in die südlichen Regionen der Serengeti-Ebene zurück, und im Februar und März werden die jungen Kälber zu Zehntausenden geboren. Viele von ihnen fallen den zahlreichen Feinden zum Opfer, den Löwen, Leoparden, Geparden, Goldkatzen, Schakalen, Hyänen, Wildhunden und seltener den mächtigen Adlern.

Der größere Teil aber überlebt und gedeiht. Im zweiten Lebensjahr sind die weiblichen Gnus fortpflanzungsfähig und bringen nach rund achtmonatiger Tragzeit ihr erstes Kind zur Welt, das sie sieben bis acht Monate lang säugen.

ANTILOPENKÄLBER/
GAZELLENKITZE

Viele Antilopen- und Gazellenjunge sind zwar in der Lage, gleich nach der Geburt aufzustehen, zu säugen, sich fortzubewegen und der Mutter zu folgen. Trotzdem bleiben sie einige Tage lang nach der Geburt dort liegen, wo ihre Mutter sie „abgelegt" hat. Das dient ihrem eigenen Schutz und erhöht die Überlebenschance. Ruhend benötigen sie wenig Energie und werden zudem von Raubtieren nur schwer entdeckt, denn sie verhalten sich absolut bewegungslos, oft drücken sie Kopf und Hals auf den Boden. Hinzu kommt, daß die meisten Antilopen-Jung-

tiere eine der Umgebung bestens angepaßte Tarnfarbe haben: Die Mendesantilope (Bild rechts) aus der zentralen Sahara (wo sie allerdings nahezu ausgerottet wurde) verschmilzt schon auf kürzeste Distanz mit der hellen, sonnenbeschienenen Wüstenlandschaft. Ähnlich verhält es sich bei der Dorkasgazelle, die ebenfalls in der Sahara und zudem in den Wüsten Arabiens lebt. Ruhende Herden wird man erst dann gewahr, wenn sie bei der Annäherung eines Wagens oder ziehender Kamelkarawanen in Bewegung kommen und flüchten. Die Pferde-Antilope (Bild links) ist auffallender gefärbt und gezeichnet. Ihr Lebensraum ist der lichte Busch im südlichen Afrika, und dort sind die Hell-Dunkel-Kontraste so groß, daß sich nicht nur Antilopen-Kälber, sondern ganze Gruppen erwachsener Tiere in der Landschaft „auflösen" und unsichtbar werden. Auch wehrhafte Arten, wie das z.B. die Pferde- und Rappenantilopen sind, brauchen im Säuglingsalter Schutzmechanismen, wie sie einerseits das Abliegen und andererseits die Tarnfarbe und -zeichnung sind.

DORKASGAZELLE

Die meisten Gazellen sind Bewohner von Grassavannen, Halb- und Vollwüsten, in denen sie in kleineren Rudeln und Herden leben. Die Dorkasgazelle ist eine kleine, zierliche Art, deren Verbreitungsgebiet im nördlichen Afrika, auf der Arabischen Halbinsel und in den heißen Wüstengebieten des Nahen Ostens liegt. Sie ist vor allem durch starke Bejagung in vielen Gegenden ausgerottet worden oder in ihrem Bestand extrem gefährdet. Einige zoologische Gärten halten sie erfolgreich und züchten sie regelmäßig.

Das Weibchen bringt nach einer durchschnittlichen Tragzeit von 170 bis 180 Tagen meist ein Kitz zur Welt. Ausnahmsweise können es auch zwei sein. Es ist wie alle Gazellen und Antilopen ein „Nestflüchter", d.h. es kommt voll entwickelt und mit offenen Augen zur Welt und kann der Mutter und dem Rudel schon nach kurzer Zeit folgen. Die Geburt dauert in den meisten Fällen kaum länger als eine Stunde, und das Kitz wiegt um die 4 kg. Die Mutter befreit es von der Fruchthülle und leckt es trocken. Manchmal hilft sie dem Jungen beim Aufstehen, indem sie es mit dem Kopf anstupst oder gar unter den Bauch fährt. Für viele Huftiere ist es überaus wichtig, daß die Jungen so schnell wie möglich auf die Beine kommen, denn zahlreiche Feinde lauern auf sie: Schakale, Hyänen, Geparde und andere Katzen sowie große Greifvögel wie Adler und in manchen Gebieten Geier. Die Sterblichkeit der Kitze ist sehr hoch; mehr als die Hälfte sterben in den ersten sechs Lebensmonaten; sie fallen Raubtieren oder Greifvögeln zum Opfer, den überaus harten Lebensbedingungen in den Wüsten und Halbwüsten oder verschiedenen Krankheiten. Nur die Stärksten überleben und sind nach zwei bis drei Jahren fähig, eigene Nachkommen zur Welt zu bringen und die Art zu erhalten.

HIRSCHZIEGENANTILOPE

Asien wird als die Urheimat der Gazellenartigen – zu denen auch die Hirschziegenantilope aus Indien gezählt wird – betrachtet. Von hier aus haben sie sich nach Südwe-

sten und Westen ausgebreitet und im Laufe der Zeit Afrika erobert, wo sie heute am artenreichsten vertreten sind. Hirschziegenantilopen leben in kleineren bis mittelgroßen (30 Tiere) Haremsherden, die von einem alten, dunkelbraun gefärbten Männchen zusammengehalten werden. Dieses markiert die Grenzen seines Territoriums mit einem stark riechenden Sekret aus den Voraugendrüsen, das es an Bäumen, Termitenhaufen, ja sogar an Grasbüscheln abstreicht. Über das Sozialverhalten dieser

etwa 80 cm hohen Gazelle weiß man wenig, obwohl die Art einst überaus häufig war und weite Teile Indiens bewohnte. Die Zerstörung ihrer Lebensräume und die intensive Bejagung durch britische Kolonialoffiziere und indische Maharadschas – letztere zum großen Teil mit Geparden – hat die Hirschziegenantilope an den Rand der Ausrottung gebracht. Sie lebt heute überwiegend in Schutzgebieten, wo sie sich zum Glück ausreichend vermehrt. Das Weibchen bringt einmal im Jahr ein Junges, selten Zwillinge zur Welt. Paarung und Setzzeit sind nicht an eine feste Periode gebunden, sondern können das ganze Jahr über stattfinden. Das Kitz wird ein knappes halbes Jahr lang gesäugt und ist dann selbständig. Es bleibt in der Herde; erst wenn die jungen Böcke beginnen, sich dunkel zu färben – ein Zeichen der Geschlechtsreife –, werden sie vom alten Männchen und Haremsbesitzer vertrieben. Die jungen Böcke schließen sich zu Junggesellenrudeln zusammen und versuchen später, wenn sie voll erwachsen sind, ein eigenes Revier zu erobern und einen Harem zu gründen.

GIRAFFENGAZELLE

Im nördlichen Ostafrika, im Grenzgebiet zwischen Kenia und Somalia, lebt eine sehr schlanke, grazile Gazelle: das Gerenuk, auch bekannt unter der Bezeichnung Giraffengazelle. Diesen Namen erhielt sie wegen ihres langen, dünnen Halses, der eine Anpassung an den Nahrungserwerb darstellt. Sie äst Blätter, Knospen und Mimosenblüten und stellt sich dazu oft auf die Hinterläufe. Zusammen mit dem langen Hals kann das 90 bis 100 cm hohe Tier eine Höhe von bis zu 2 m erreichen und Grünzeug abweiden, das anderen Pflanzenfressern zu hoch ist.

Eine weitere Besonderheit dieser Gazelle ist, daß sie ihr ganzes Leben lang kein Wasser benötigt! Die Flüssigkeit, die in ihrer Nahrung enthalten ist, genügt ihr vollkommen. Die Kitze trinken allerdings einige Monate lang Muttermilch und sind erst nach etwa einem halben Jahr entwöhnt. Frisch geborene Gerenuks werden vom Muttertier in einem Dornbusch oder einem ähnlichen Versteck abgelegt und nur zum Säugen aufgesucht. Sie haben, wie Untersuchungen im kenianischen Samburu-Schutzgebiet gezeigt haben, sehr viele Feinde, die ihnen nachstellen. An erster Stelle stehen im genannten Park die großen Adler, gefolgt von Schakalen, die bekanntlich über einen hervorragenden Geruchssinn verfügen und dank ihrer Nase manches Gerenuk-Kitz finden. Auch Hyänen, Geparden, Leoparden und Löwen stellen ihnen nach, und weniger als die Hälfte der Jungen überlebt die ersten drei Monate. Die hohe Verlustrate führt dazu, daß manche Weibchen innerhalb eines Jahres nach einer Tragzeit von etwa sieben Monaten zweimal gebären. Die natürliche Lebensdauer in der Wildnis beträgt wohl zwischen sieben und zehn Jahren.

KLEINKANTSCHIL

Einerseits ist dieses winzige Huftier – kaum hasengroß und nur wenige Kilogramm schwer – sowohl mit den Hirschen und Giraffen als auch mit den Antilopen und den Rindern verwandt, anderseits gehört es aufgrund mancher urtümlicher Merkmale einer eigenen systematischen Gruppe an, die viele Merkmale ausgestorbener Arten hat und sich markant von allen anderen Wiederkäuern unterscheidet.

Die Familie der Hirschferkel hat Vertreter sowohl in Afrika – in den Urwäldern des Westens – wie auch in Südostasien und in Südindien. Das Kleinkantschil z.B. ist in Thailand, Malaysia, auf Sumatra, Java und Borneo zu Hause, wo es scheu, zurückgezogen und heimlich in den Regenwäldern vorkommt. Kaum jemand, der diese Wälder betritt, bekommt es jemals zu sehen. Anders als Tiere der offenen Savannen und Steppen läuft es nicht schnell weg, wenn sich ihm ein Mensch nähert, sondern es verhält sich völlig ruhig und bewegungslos, so daß es in den meisten Fällen übersehen wird. Über seine Lebensweise ist deshalb kaum etwas bekannt, und das meiste Wissen, das wir besitzen, stammt von Tieren in menschlicher Obhut.

So ist noch nicht einmal die genaue Tragzeit bekannt. Das Weibchen wirft etwa vier bis fünf Monate nach der Paarung ein bis zwei winzige Junge, die kaum größer als ein Meerschweinchen sind. Sie entwickeln sich recht schnell und versuchen schon wenige Tage nach ihrer Geburt feste Nahrung in Form von Blättern, Gräsern, Kräutern, Früchten und Beeren. Zusammen mit ihrer Mutter sind sie überwiegend nacht- und dämmerungsaktiv. Sobald es hell wird, ziehen sie sich in ein Versteck zurück, ruhen und käuen vor allem wieder. Dabei wird die aufgenommene Nahrung portionsweise aus dem Vormagen hochgeholt und ausgiebig durchgekaut (Bild).

REH

Die kleinste Hirschart Europas ist das Reh. Es erreicht eine durchschnittliche Schulterhöhe von etwa 70 cm und ein Gewicht von 20 bis 50 kg. Die westeuropäischen Rassen sind bedeutend kleiner als die östlichen. Die sibirische Unterart gilt als größter und schwerster Vertreter. Rehe haben sich gut an Kulturlandschaften angepaßt und kommen selbst in recht dicht besiedelten Gebieten vor – sofern ihnen genügend Deckung, z.B. Wäldchen, Dickichte und Maisfelder, zur Verfügung stehen.

Im Juli und August findet die Brunft statt. Der Bock verläßt dann sein Revier und sucht paarungswillige Geißen, mit denen er einige wenige Tage verbringt. Über die Tragzeit des Rehs war

man lange Zeit im Ungewissen. Jahrelange Beobachtungen und Untersuchungen haben gezeigt, daß jene Rehgeißen, die im Juli/August befruchtet wurden, eine Tragzeit von etwa zehn Monaten haben. In den ersten fünf Monaten ruht der Keimling im Mutterleib, ohne sich weiterzuentwickeln. Erst im November oder

Dezember beginnt die eigentliche Entwicklung. Geißen, die sich erst im Winter paaren – was eine große Ausnahme ist –, haben keine „Vortragzeit"; bei ihren Embryos gibt es keinen Entwicklungsstillstand.

In unseren Breiten werden die Kitze ab etwa Mitte Mai gesetzt. Zwillingsgeburten sind häufig, drei bis vier Kitze selten und ungewöhnlich. Die Jungen bleiben die ersten vier, fünf Tage liegen. Ihre Mütter entfernen sich auf der Nahrungssuche von ihnen und suchen sie nur zum Säugen auf. Finden Wanderer und Spaziergänger solche Kitze, nehmen sie aus Unkenntnis des Verhaltens der Rehe an, das Jungtier sei verlassen. Sie fassen es an oder tragen es sogar zum Wildhüter. Junge Rehe sollten unter keinen Umständen berührt oder gar von ihrem Liegeplatz entfernt werden. Die Mutter steht meist irgendwo in der Nähe und weiß ganz genau, wo sich ihr Kind befindet!

SAMBAR-HIRSCH

Sambare oder Pferdehirsche leben in weiten Teilen Südostasiens, besonders aber in Indien, wo sie Wald- und Buschgebiete bewohnen und sich gern in der Nähe von Flüssen, Sümpfen und Seen aufhalten. Sie sind vorzügliche Schwimmer und flüchten bei Gefahr nicht selten durch Flüsse und Seen. Ist ihnen ein Tiger auf den Fersen, hilft ihnen Schwimmen oft wenig, denn die große Raubkatze bewegt sich auch im Wasser sehr wendig und kraftvoll, so daß die flüchtenden Sambare im nassen Element nur bedingt Schutz finden.

Das Paarungs- und Fortpflanzungsverhalten der Sambare gleicht jenem des europäischen Rothirschs. Die Bullen leben den größten Teil des Jahres einzeln oder in Männchenrudeln. Einige Zeit vor der Brunft kommt es zu teilweise erbitterten Rivalkämpfen; die Sieger besetzen Reviere und beanspruchen die darin lebenden oder die einwechselnden Weibchen.

Diese bringen etwa 270 Tage nach der Paarung ein Kalb zur Welt, das nur wenig oder nicht gefleckt ist. In den ersten Lebenstagen bleibt es in einem Versteck zurück, wenn die Mutter mit dem Rudel durch den Dschungel zieht und äst. Kommt das Weibchen zum Säugen zurück, nehmen Mutter und Kind

Stimmkontakt auf und finden auf diese Weise leicht zusammen.

Wenn das Kalb etwas älter ist, steht es sofort auf, wenn die Kuh lockt, und geht auf sie zu. Nach etwa zwei Wochen folgt es der Mutter zum Rudel und trifft dort auf Altersgenossen, denn obwohl die in tropischen Regionen lebenden Sambare das ganze Jahr über Junge setzen können, haben sie einen Geburtszyklus, dessen Höhepunkt in die Zeit kurz vor den Monsunregen fällt. Nach dem Einsetzen der Niederschläge beginnt überall frisches Grün zu sprießen, und die Temperaturen sinken beträchtlich; beides sind gute Voraussetzungen für das erfolgreiche Überleben der Kälber.

235

DAMHIRSCH

Bis vor etwa 12 000 Jahren war der Damhirsch als Wildtier in ganz Europa anzutreffen. Bei Beginn der letzten Eiszeit zog er sich in den Nahen Osten und nach Kleinasien zurück. Fast 10 000 Jahre später kam er – unfreiwillig – wieder ins zentrale Europa zurück, und zwar durch die Römer, die ihn auch in Deutschland ansiedelten. Dank seiner außergewöhnlichen Anpassungsfähigkeit und der bestens entwickelten Sinne gelang es ihm, einerseits weite Teile Europas bis ins südliche Skandinavien zu besiedeln und andererseits den Nachstellungen durch Jäger immer wieder zu entgehen.

In unseren Breiten beginnt die Damwild-Brunft erst spät im Herbst, kurz vor Wintereinbruch. Die Junggesellenrudel lösen sich auf, und die stärksten Männchen besetzen Reviere, in denen sich Weibchen aufhalten, die von den Jungtieren des laufenden und des vergangenen Jahres begleitet werden. Nach dem Ende der Paarungszeit, etwa Mitte November, schließen sich Männchen und Weibchen zu separaten Verbänden zusammen. In der zweiten Maihälfte und im Juni des folgenden Jahres wird ein Kalb, selten zwei oder gar drei, geboren. Die Mutter läßt es in der Deckung eines Dickichts

oder Strauches zurück und sucht es einige Tage bis Wochen nur zum Säugen auf und nachts, um es zu wärmen. Später schließt sich das Junge

dem Rudel an und beginnt, mit Altersgenossen zu spielen und herumzutollen. Es säugt etwa fünf Monate lang bei der Mutter und muß sich, wenn es gegen Ende des Sommers kräftig gewachsen ist, dazu auf die Knie hinunterlassen (Bild). Wenn die jungen Männchen ein bis zwei Jahre alt geworden sind, verlassen sie das Rudel, während die Weibchen, nun fortpflanzungsfähig, beim Verband bleiben.

ROTHIRSCH

Er ist der bekannteste Vertreter der sogenannten Echthirsche, zu denen u.a. der Damhirsch, der Axishirsch, der Sambar- oder Pferdehirsch und der Sikahirsch zählen. Die europäische Unterart des Rot- oder Edelhirschs bewohnt das zentrale und östliche Europa. Zudem gibt es inselartige Bestände in Spanien, in Schottland und im südwestlichen Norwegen. Ursprünglich war der Rothirsch ein Bewohner von Laub- und Mischwäldern. Im Laufe der letzten zwei, drei Jahrhunderte mußte er vielerorts in höhere Hügel- und Gebirgslagen ausweichen, wo er heute zum Standwild gehört. Sehr beindruckend in der heimischen Natur ist die herbstliche Hirschbrunft, die je nach Witterung Mitte bis Ende September einsetzt und bis in den Oktober hinein anhält. Die stärksten Bullen besetzen Reviere, in denen sich die Weibchen, Kälber und Schmaltiere (noch nicht fortpflanzungsfähige, weibliche Jungtiere des letzten Jahres) aufhalten.

Nach einer Tragzeit von knapp acht Monaten kommt im folgenden Frühjahr ein rotbraun gefärbtes, weißgeflecktes Kalb zur Welt (Bild, neugeborenes, trockengelecktes Jungtier), das in einem Versteck abgelegt wird. Die Hirschkuh sucht es mehrmals täglich auf, säugt es und regt durch intensives Lecken der Analregion seine Verdauung an. Im Alter von acht bis zehn Tagen begleitet das Junge seine Mutter, und beide schließen sich dem Rudel wieder an. Die Säugezeit dauert etwa vier Monate, aber schon nach wenigen Tagen nimmt das Kalb Gras, Kräuter und Blätter zu sich, die später, während der Ruhephase, ausgiebig wiedergekäut werden.

Außerhalb der Brunftzeit halten sich die Bullen und die Kühe mit ihrem Anhang in getrennten Rudeln auf und besiedeln meist auch unterschiedliche Lebensräume.

BARASINGHA-HIRSCH

Viele Huftiere, darunter auch die Hirsche, müssen ihre Jungen nach der Geburt erst kennenlernen. Das geschieht einerseits über den Geruch und anderseits über die Stimme – bei anderen, z.B. den Zebras offenbar auch über das Aussehen, das Streifenmuster. Hirschkühe, die zum ersten Mal ein Kalb setzen, also noch keine Erfahrung in der Pflege und Aufzucht von Kindern haben, „wissen" gar nicht, was bei und nach der Geburt vor sich geht. Die Angst vor dem „Unbekannten" beunruhigt sie, der erwachende Muttertrieb läßt sie jedoch ihre Nervosität und Vorsicht überwinden. In einem Lernprozeß, der Stunden, ja Tage dauern

kann, müssen sie sich mit ihrem Kalb bekannt machen. Sie nähern sich ihm mit allergrößtem Vorbehalt und bei der geringsten Bewegung des Neugeborenen schrecken sie zurück, laufen vielleicht sogar ein paar Schritte weg. Nach geraumer Zeit überwinden sie sich dazu, das Kleine zu beriechen, später von der Fruchthülle zu befreien und es trocken zu lecken. Erfahrene Mütter helfen ihren Jungen oft beim Aufstehen, indem sie sie mit der Nase stupsen. Manchmal kann es allerdings auch geschehen, daß sie ihr Kind dabei umstoßen. Aber Übung macht den Meister, und wenn das Neugeborene erst einmal die Milch-

quelle gefunden hat, sind einige der wichtigsten Schritte im Leben des neuen Erdenbürgers getan. Die Unerfahrenheit junger Mütter führt indessen nicht selten dazu, daß sie das Kalb vernachlässigen oder zu wenig beaufsichtigen, und es leichter einem Feind zum Opfer fällt als das Kind einer Mutter, die schon mehrfach Junge großgezogen hat. Die Sterblichkeit beim Nachwuchs unerfahrener Mütter ist deshalb markant höher.

DAVIDSHIRSCH

Dieser seltsame und seltene Hirsch, der wahrscheinlich schon im letzten Jahrhundert in freier Wildbahn ausstarb, stammt ursprünglich aus China. Erst im Jahr 1865 entdeckte der französische Pater Armand David das im Abendland völlig unbekannte Tier und konnte es verbotenerweise im Park des chinesischen Kaisers beobachten. Ein Jahr später gelangten erstmals Felle und wenig später drei tote Tiere nach Frankreich, und der Zoologe Milne-Edwards konnte die Hirschart genauer untersuchen. Zwischen 1869 und 1890 kamen einige lebende Tiere nach Europa und wurden in zoologischen Gärten und englischen Privatparks gezüchtet. Gegen Ende des letzten Jahrhunderts erlosch der chinesische Bestand völlig, und die Erhaltung des Davidshirsch hing ausschließlich von den wenigen Dutzend europäischen Exemplaren ab, die über mehrere Länder verteilt waren. Sie wurden in den Wildpark des Herzogs von Bedford gebracht und pflanzten sich gut fort. Zur Risikoverteilung wurden später, als der Bestand gesichert war, die Davidshirsche an mehrere gut geführte Zoos abgegeben.

Heute kann man sie in manchem Tiergärten finden und im Frühjahr, ab etwa Mitte Mai, die großäugigen und langköpfigen Kälber beobachten. Ihr hell geflecktes Jugendkleid weicht im Laufe des Sommers der dunkleren, einfarbigen Altersdecke. Die guten Zuchterfolge in menschlicher Obhut haben dazu geführt, daß eine ganze Anzahl Tiere in ihre ursprüngliche Heimat, nach China, zurückkehrten und dort in einer Art Halbfreiheit, in großen Parks und Schutzgebieten, leben und sich fortpflanzen. Trotzdem weiß man bis heute über das Verhalten und die soziale Gliederung innerhalb der Herden noch immer erstaunlich wenig.

ELCH

Der Elch ist der größte Vertreter der Hirschfamilie. Große Bullen können eine Schulterhöhe von über 200 cm und ein Gewicht von bis zu 800 kg erreichen. Die Kühe sind beträchtlich kleiner und tragen, im Gegensatz zum männlichen Geschlecht, keine Geweih. Dieses wird – anders als bei den Antilopen und Rinder – jedes Jahr abgeworfen und neu aufgesetzt. Die Elchkuh hat eine Tragzeit von etwa acht Monaten und bringt, je nach Verbreitungsgebiet, zwischen April und Juli ein bis zwei, in Ausnahmefällen bis drei, Kälber zur Welt. Diese versuchen schon wenige Minuten nach ihrer Geburt, auf die noch sehr staksigen Beine zu kommen und beginnen dann, wenn sie fähig sind, ihre ersten Schritte zu machen, das Euter der Mutter zu suchen. Bei der Geburt haben sie eine Schulterhöhe von 70 bis 80 cm, ein halbes Jahr später bereits das Doppelte.

Schon wenige Tage nach der Geburt nehmen Elchkälber feste Nahrung zu sich. Sie ernähren sich vorwiegend von Laub, Zweigen, Ästen, Flechten, Moosen, Wasserpflanzen und Kräutern und nehmen schnell an Größe und Gewicht zu; mit etwa zwei Jahren sind die Kühe fortpflanzungsfähig. Die jungen Bullen müssen vier bis fünf Jahre alt werden, bis sie sich gegen Rivalen durchsetzen können und sich in der Brunftzeit für wenige Tage mit einer Kuh treffen. Junge Weibchen leben überwiegend als Einzelgänger, ältere dagegen in kleinen Mutterfamilien, d.h. ein Alttier und Junge verschiedenen Alters. Entsprechend ihrer Größe haben ausgewachsene Elche außer dem Wolf (und natürlich dem Mensch) keine Feinde. Sie können ein Alter von gegen 20 Jahren erreichen.

WAPITI

Der in Nordamerika le-
bende Wapiti ist eine
Unterart des weltweit
verbreiteten Rothirschs.
Er wird größer als alle
anderen Formen, kann
eine Schulterhöhe von
150 cm, eine Länge (mit
Schwanz) von nahezu
300 cm und ein Gewicht
von 410 bis 440 kg er-
reichen. Diese Maße gel-
ten für ausgewachsene
Männchen; die Weibchen
bleiben beträchtlich un-
ter diesen Werten und
sind bedeutend schlan-
ker.
Wapitis waren früher
über große Teile der USA
und Kanadas verbreitet.
Intensive Bejagung und
die Zerstörung der ur-
sprünglichen Lebensräu-
me haben die Bestände
sehr stark dezimiert, und
der sogenannte Ostwapiti
wurde völlig ausgerottet.
Das Hauptverbreitungs-
gebiet liegt heute in den
zentralen und nördlichen
Rocky Mountains, dem
mächtigen Gebirgszug
im Westen des Halbkon-
tinents. Die dortige
Form, der Felsengebirgs-
Wapiti, unternimmt
jahreszeitlich bedingte

Wanderungen: Die Wintermonate verbringt er in den Tälern und den tiefergelegenen Mischwäldern der Rockies, den Sommer in höheren Gebirgslagen.

Die Kuh bringt rund acht Monate nach der herbstlichen Brunft ein Kalb zur Welt, das an die 30 kg wiegt und sich schnell entwickelt. Die harten Lebens- und Klimabedingungen der Gebirgsregionen und des nördlichen Verbreitungsgebiets fordern unter den Kälbern einen hohen Zoll; rund die Hälfte der Jungen erreichen das erste Lebensjahr nicht, sondern fallen der Kälte, der Nässe, Schnee und Raubtieren zum Opfer. Ihre natürlichen Feinde sind Wolf, Puma, Luchs und seltener der Braunbär. Sie überleben den meist harten und langen Winter nur dann, wenn sie in bester körperlicher Verfassung sind und sich im Laufe des Sommers ein ausreichend dickes Fettpolster zugelegt haben (Bild: Kuh mit halbjährigem Kalb im Herbst).

BISON

Der Bison oder Indianerbüffel ist das größte Landtier Amerikas. Ausgewachsene Bullen können eine Schulterhöhe von nahezu 200 cm – durchschnittlich 170 bis 180 cm – und ein Gewicht von nahezu einer Tonne erreichen. Die Kühe sind beträchtlich kleiner und leichter. Dieses gewaltige Wildrind hat einst fast ganz Nordamerika bewohnt; man schätzte seinen Bestand auf 50 bis 60 Millionen Tiere, die hauptsächlich in den Prärien, aber auch in den Wäldern des Nordwestens und in den buschbewachsenen Gebieten Alaskas lebten.

Zu Beginn unseres Jahrhunderts war der Bison nahezu ausgerottet und konnte erst in allerletzter Minute von tatkräftigen Naturschützern gerettet werden. Heute gibt es wieder einige Zehntausend Tiere, die überwiegend in Nationalparks und auf privaten Farmen leben. Sie bilden kleinere Herden von bis zu 25 Tieren, wobei sich bei diesen Kleingruppen lediglich ein ausgewachsener Bulle aufhält, der alle Rivalen bekämpft.

Die Kühe bringen nach einer Tragzeit von gut neun Monaten meist nur ein Kalb zur Welt, das sich mit Hilfe der Mutter schnell von der Fruchthülle befreit und oft schon nach einer halben Stunde auf den eigenen Beinen steht und sich wenig später auf die Suche nach der mütterlichen Milchquelle macht. Nach etwa drei Wochen beginnt das Kalb, neben der Muttermilch Gras und Heu zu fressen. Es wird jedoch bis weit in den Winter hinein gesäugt und verdreifacht sein Geburtsgewicht in kurzer Zeit.

Im dritten, seltener im zweiten, Lebensjahr bringt die junge Kuh ihr erstes Kalb zur Welt. Bullen sind erst mit sieben bis acht Jahren ausgewachsen, können sich aber dort, wo Rivalen fehlen, z.B. in Tiergärten, bereits im Alter von vier bis fünf Jahren fortpflanzen.

BANTENG

Wildrinder haben im Laufe der Evolution mit Ausnahme von Südamerika (und der Polgebiete) alle Erdteile erobert. In Nordamerika lebt der Bison, in Europa der Wisent, in Afrika der Kaffernbüffel und in Asien gleich mehrere Arten, z.B. der Wildyak, der Arnibüffel, der Gaur und der Banteng, seiner Körperfarbe wegen auch Rotrind genannt. Diese schönste Rinderart ist zugleich auch die kleinste. Allerdings können ausgewachsene Bullen eine Schulterhöhe von bis zu 170 cm und ein Gewicht von bis zu 800 kg erreichen. Die Kühe sind bedeutend kleiner und leichter.

Bantengs leben in kleineren Herden, die aus 5 bis maximal 30 Tieren bestehen. Sie setzen sich einerseits aus wenigen jungen, noch nicht fortpflanzungsfähigen Bullen und andererseits aus erwachsenen Kühen mit ihren Nachkommen, vom frischgeborenen Kalb bis zu halbwüchsigen Jungtieren, zusammen. Die Kuh hat eine Tragzeit von rund neun Monaten und setzt überwiegend nur ein Kalb, das wie nahezu alle Huftiere der Mutter und der Herde schon bald nach der Geburt folgen kann.

Wildrinder sind sehr wehrhafte Tiere, die ihre Nachkommen energisch gegen Feinde – vorwiegend Tiger, Leoparden und Wildhunde – verteidigen.

Mutter und Kind erkennen sich an der Stimme und wahrscheinlich auch am Geruch wieder. Die diesbezügliche Prägung entsteht schon in den ersten Lebensstunden des Kalbes. Es wird rund neun Monate lang gesäugt, nimmt aber schon wenige Tage nach seiner Geburt Grünzeug zu sich. Auch nach der Entwöhnung bleibt die Mutter-Kind-Beziehung noch längere Zeit erhalten – selbst dann, wenn die Kuh wieder ein junges Kalb säugt.

Schon vor einigen tausend Jahren wurden junge Bantengs von Menschen aufgezogen und im Laufe der Zeit domestiziert. Auf Bali entstand dadurch eine Haustierform, das Balirind, das sowohl als Milch- wie als Fleischlieferant hochgeschätzt wird.

ARNIBÜFFEL

Wildrinder sind, was bei ihrer Größe und Kraft nicht wundert, überaus wehrhafte Tiere, die, wenn sie einmal erwachsen sind, kaum noch Feinde haben. Bullen und Kühe, die sich in den Maßen nur unwesentlich unterscheiden, können eine Schulterhöhe bis 180 cm errei-

chen und ein Gewicht von nahezu einer Tonne. Ihre weit ausladenden, spitzen Hörner messen von einer Spitze bis zur anderen, der Krümmung nach gemessen, im besten Fall nahezu zwei Meter.

Die Kälber hingegen sind verständlicherweise recht verwundbar; sie wiegen bei der Geburt um die 30 kg und werden von den Herdenmitgliedern beim geringsten Anzeichen von Gefahr in die Mitte genommen. Die Alttiere – und nicht nur die Mutter – verteidigen die Jungen ener-

gisch und schlagen z.B. einen sich anschleichenden Tiger, ihren Hauptfeind, vereint in die Flucht. Trotzdem fallen der großen Raubkatze regelmäßig junge Büffel zum Opfer. Dabei handelt es sich nicht in erster Linie um die kleinsten Kälber, die gut behütet werden und sich ausnahmslos in unmittelbarer Nähe der Mutter und anderer Kühe aufhalten, sondern um ältere Jungtiere, die sich etwas weiter von der Herde entfernen und dabei vielleicht einem im Schilfdschungel lauernden Tiger nahekommen.

Der asiatische Wildbüffel ist die Stammform des weit verbreiteten domestizierten Wasserbüffels, der einerseits als Arbeitstier, andererseits als Milch- und Fleischlieferant vor allem in Indien und Südostasien geschätzt wird.

Die sechs Unterarten des Wildbüffels sind allesamt vom Aussterben bedroht – sei es durch Zerstörung ihrer Lebensräume, durch Jagd und Wilderei oder durch Vermischung mit Hausbüffeln.

In Afrika lebt nur eine Wildrindart, der Kaffernbüffel, der in drei Rassen die Savannenlandschaften und Urwälder des Kontinents bewohnt. Die bekannteste Unterart ist der Kapbüffel, der mancherorts – z.B. in den ostafrikanischen Graslandschaften – große Herden bildet, die in der Trockenzeit mehrere hundert Tiere zählen. Diese Verbände bestehen überwiegend aus Kühen mit Kälbern verschiedener Altersstufen; die Bullen halten sich meist am Rand der Herden auf oder bilden Männchenrudel, die sich von den Weibchenherden absondern. Fast immer sind bei diesen jedoch einige besonders kräftige Bullen, die sich mit den paarungswilligen Kühen treffen.

In tropischen Gebieten gibt es keine spezielle Brunftzeit; die Kälber kommen deshalb das ganze Jahr über auf die Welt. Sie wiegen bei der Geburt zwischen 30 und 40 kg und haben bereits eine Schulterhöhe von 75 bis 80 cm. Meist tragen sie ein helles, oft rötliches und wolliges Jugendkleid, das sich im Laufe der ersten sechs Lebensmonate dunkel färbt. Das Kalb wird etwa sechs Monate lang gesäugt, in selteneren Fällen bis zu einem Jahr. In den ersten zwölf Monaten seines Lebens verfünffacht es sein Gewicht und verdoppelt seine Schulterhöhe nahezu.

Die jungen Kühe werden im Alter von knapp drei Jahren zum ersten Mal trächtig und tragen das Kalb beinahe ein Jahr lang aus. Die Jungbullen müssen sieben bis acht Jahre alt werden und sich in heftigen Kämpfen gegen Artgenossen bewähren, bevor sie sich mit den Kühen paaren können. Die Auseinandersetzungen mit Rivalen enden nicht selten blutig, oder einer der Kämpfenden erleidet sogar tödliche Hornverletzungen.

KAFFERNBÜFFEL

GEMSE

Im Herbst, etwa ab Mitte Oktober, beginnt in den Alpen die Paarungszeit der Gemse. Die alten, kräftigen Böcke haben bereits im Sommer die besten Reviere besetzt und warten jetzt darauf, daß Weibchenrudel in ihr Gebiet wechseln und eine Zeitlang verweilen. Die Brunft der Gemse reicht weit in den Winter hinein und endet, je nach Wetterbedingungen, Ende Dezember oder gar erst im Januar. Das Weibchen trägt rund sechs Monate und bringt überwiegend ein Kitz zur Welt, seltener Zwillinge. Im Gegensatz zu den meisten neugeborenen

Antilopen und den Hirschen ist das Gemskind kein „Ablieger", sondern ein „Nachfolger". Schon wenige Minuten nach der Geburt versucht es, auf die Beine zu kommen, und wenn es das nach 40–60 Minuten geschafft hat, macht es auch gleich die ersten Schritte.

Die Mutter hat sich vom Rudel abgesondert, und das Kitz wird sehr schnell auf sie geprägt und erkennt sie dann jederzeit auch in einem großen Verband wieder (umgekehrt natürlich ebenfalls). Nach einem halben bis ganzen Tag Abwesenheit finden sich Mutter und Kind wieder im Rudel ein, und das Junge ist bereits so gut auf den stämmigen Beinen, daß es bei Gefahr den Alttieren folgen kann und in der Lage ist, ohne Übung durch steile Felswände zu klettern. Es ist sehr verspielt und verbringt Stunden damit, mit anderen Kitzen herumzuspringen und seine Kräfte zu messen.

Der Bergsommer ist sehr kurz, und gut drei Monate nach der Geburt muß die junge Gemse sich schon an Minustemperaturen gewöhnen. Als Schutz hat sie eine sehr dichte, wärmeisolierende Unterwolle entwickelt und sich zudem eine Fettschicht zugelegt, die ebenfalls vor der nächtlichen Kälte schützt. Im späteren Herbst, wenn sie etwa ein halbes Jahr alt ist, trinkt sie keine Milch mehr, sondern ernährt sich ausschließlich von Kräutern und Gräsern. Sie bleibt aber so lange bei der Geiß, bis diese im folgenden Frühsommer erneut einem Kitz das Leben schenkt.

STEINBOCK

Der Steinbock ist ein noch extremerer Gebirgsbewohner als die Gemse. Die europäische Art kommt in den Alpen und in den Pyrenäen vor – nah verwandte Arten, die oft auch als Unterarten bezeichnet werden, leben zudem in den Gebirgen Zentralasiens, in Arabien, im südlichen Ägypten und im Hochland von Äthiopien. Ihr Lebensraum sind überall die höchsten Gebirgsregionen; in den Alpen geht der Steinbock im Sommer bis auf rund 3500 m oder sogar darüber hinaus.

Die Brunft findet zur unwirtlichsten Jahreszeit statt, von November bis Januar, und es scheint, daß tiefe Temperaturen sie begünstigen. Die großen Böcke tragen dabei oft heftige Rivalenkämpfe aus, die indessen fast immer unblutig verlaufen. Sie stehen sich dabei gegenüber, erheben sich auf die Hinterläufe und stoßen dann mit großer Wucht ihre schweren Hörner zusammen.

Da die Tiere ungefähr 100 kg wiegen, ist dies ein heftiger Aufprall. Meist bringen die Geißen ihr Kitz im Juni zur Welt und sind in der ersten Zeit nach der Geburt sehr vorsichtig, ja scheu – ein Verhalten, das sie sonst nicht zeigen, da sie im Alpenraum nicht mehr gejagt werden und sich an Wanderer und Spaziergänger gewöhnt haben. (In der Schweiz gibt es jeweils im Herbst eine Reduktions-Jagd, um die stark angewachsenen Bestände zu regulieren). Das Kitz folgt der Mutter schon wenige Stunden, nachdem es zur Welt gekommen ist, selbst in schwieriges Gelände, und nach einigen Tagen klettert und setzt es auf der Flucht oder im Spiel durch die steilsten Wände.

Steinbockkitze sind sehr verspielt, stellen sich auf exponierte Felsen und springen vor Lebensfreude meterhoch in die Luft oder verteidigen eine kleine Anhöhe gegen Gleichaltrige, die versuchen, sie hinunterzuschubsen.

MÄHNENSPRINGER

Das Mähnenschaf oder der Mähnenspringer gehört wie Wildziegen und -schafe zur Gruppe der Böcke. Wie der Name sagt, sind sie vorzügliche Springer und Kletterer, denen in ihrer nordafrikanischen Heimat, dem Atlas und den zentralsaharischen Gebirgen, kein Fels zu brüchig und keine Wand zu steil ist. Schon die wenige Stunden alten Kitze sind außerordentlich flink und beweglich auf ihren Beinen und flüchten sich bei Gefahr in Regionen, in denen ihnen kein Mensch folgen kann. Böcke und Geißen leben den größten Teil des Jahres in getrennten Rudeln. Erstere steigen im Gebirge höher hinauf als letztere, die mit ihren Jungen und den Halbwüchsigen in jenen Lagen bleiben, die ein reicheres Futterangebot aufweisen

als die meist sehr kargen, fast wasserlosen Felsregionen. Die Geißen sind insbesondere während der frühen Sommermonate, wenn die Lämmer noch klein sind, sehr vorsichtig und scheu. Fast ununterbrochen wird von den Alttieren die Umgebung beobachtet; die Sehfähigkeit scheint am besten von allen Sinnen entwickelt zu sein. Ihr folgt der Geruchssinn, während das Gehör eine weniger wichtige Rolle zu spielen scheint – wie das ja auch bei unseren Gemsen und Steinböcken der Fall ist.

Die Lämmer schließen sich zu einer Art Kindergarten zusammen und spielen stundenlang miteinander. Wenn sie hungrig und durstig werden, suchen sie ihre Mutter auf, die sie an der Stimme erkennen, trinken und legen sich dann oft längere Zeit zur Ruhe. Schon wenige Tage nach ihrer Geburt beginnen sie, Kräuter und Gräser zu fressen, und im Alter von etwa sechs Monaten sind sie selbständig. Die jungen Böcke entfernen sich im folgenden Jahr vom Weibchenrudel und halten sich von diesem so lange fern, bis sie vier, fünf Jahre alt geworden sind und sich fortpflanzen können.

In ihrer Heimat sind die Mähnenspringer fast durchweg stark bedroht, denn die einheimische Bevölkerung schätzt ihr Fleisch sehr und jagt die Tiere rücksichtslos. Einigermaßen gesichert sind nur die Bestände in Tiergärten.

DICKHORNSCHAF

In den Rocky Mountains, dem nordamerikanischen Felsengebirge, lebt ein sehr kräftiges, untersetztes Wildschaf, das Dickhornschaf, in mehreren Rassen. Sehr nah verwandte Unterarten kommen auch in den Gebirgen Ostasiens vor. Über deren Leben in freier Wildbahn ist so gut wie nichts bekannt, doch kann man davon ausgehen, daß sich ihr Verhalten und ihr Sozialleben kaum von jenem des gut erforschten Dickhornschafs unterscheidet. Das „Bighorn" (Großes Horn), wie die Amerikaner das Wildschaf nennen, gleicht vom Körperbau her dem Alpensteinbock. Die Böcke der ersteren tragen aber keine leicht geschwungenen Hörner, sondern sogenannte Hornschnecken. Die Hörner wachsen kreisförmig nach außen und bilden bei alten Tieren mächtige Spiralen. Sie dienen den Böcken vor allem als „Statussymbol", d.h. dazu, den anderen Männchen zu imponieren: Der Bock mit den größten Hörnern steht auf der sozialen Leiter ganz zuoberst. Er hat u.a. das Privileg, sich mit den Geißen paaren zu dürfen.

Das Weibchen hat eine Tragzeit von durchschnittlich sechs Monaten und bringt in den meisten Fällen ein Lamm zur Welt. Zwillinge sind

und Sprünge von ein, zwei Metern über Spalten ausgeführt. Die Sicherheit der Jungen beim Klettern im Gebirge ist manchmal verblüffend. Die harten Wintermonate werden in den Rocky Mountains in tieferen selten. Das Junge ist bei der Geburt vollständig entwickelt und sehr bald in der Lage, der Mutter in die Felsen hinein zu folgen. Beim kindlichen Spiel mit Altersgenossen werden schon von wenige Tage alten Lämmern steile Felsbänder erklommen Tallagen, an südwärts gerichteten Hängen und in der Nähe des Waldgürtels, der Schutz und Nahrung bietet, verbracht. Alt und Jung entwickeln ein überaus dichtes Fell, das auch Minustemperaturen von 30° C und tiefer standhält.

DALLSCHAF

Wenn im westlichen Alaska der Frühling einkehrt – meist Ende Mai, Anfang Juni, und die alpinen Matten grün werden, bringt das schneeweiße Dallschaf sein Lamm zur Welt. Es lernt schnell, auf eigenen Füßen zu stehen und mit der Herde, die zwischen fünf und zwanzig oder mehr Weibchen und Jungtiere zählen mag, durch die stillen Täler zu ziehen. Je mehr der Schnee zurückweicht, um so höher steigen die Mütter mit ihren Lämmern. Sie folgen dem frischen Grün, den jungen Gräsern und würzigen Kräutern und weichen andererseits der Wärme und den Stechmücken in tieferen Tallagen aus. Das Leben der Lämmer besteht in den Sommermonaten hauptsächlich aus drei angenehmen Dingen: aus Essen und Trinken, aus Spielphasen und aus Ruhen, Dösen und Wiederkäuen. Das auch im Sommer dichte, wollige Fell schützt vor der nächtlichen Kälte und die weiße Farbe vor zu großer Hitze.

Im Herbst sind die Dallschafe richtiggehend gemästet und steigen mit abnehmender Tageslänge und Sonnenscheindauer wieder in tiefere Regionen ab. Die winterlichen Stürme und die gelegentlichen Temperaturstürze von 20 bis 30° C überstehen sie im Waldgürtel, wo sie auch ihre Nahrung – im Winter überwiegend Moose, Flechten, Fichtennadeln und trockenes Gras, das sie unter der Schneedecke hervorscharren – finden. Die in der milderen Jahreszeit zugelegte Fettschicht schwindet im Laufe des Winters, und manches Jungschaf, das zuwenig Reserven aufgebaut hatte, überlebt den oft sehr harten und langen Winter nicht; es fällt einem Raubtier zum Opfer oder stirbt an Erschöpfung.

SCHNEEZIEGE

Das, was im Alpenraum die Gemse ist, ist im nordwestlichen Amerika die Schneeziege: ein überaus kühner Kletterer und ein dem harten Leben im Hochgebirge vorzüglich angepaßtes Tier, das außer dem Menschen kaum Feinde hat. Nur wenn es in der kalten Jahreszeit von seinen luftigen Standorten weit über der Baumgrenze hinunter steigt, mag den jüngeren Tieren ein Puma, ein Vielfraß oder gelegentlich ein Braunbär gefährlich werden. Die alten Schneeziegen, vor allem die Böcke, wissen sich jedoch ihrer Haut sehr gut zu wehren. Es sind Fälle bekannt, wo angegriffene Schneeziegen-Böcke mit ihren kurzen, spitzen Hörnern einen ausgewachsenen Grizzlybär töteten. Das Kitz kommt im Juni hornlos zur Welt und wird von der Mutter sehr gut beschützt; ein Adler hat kaum je Gelegenheit, sich an einem Neugeborenen zu vergreifen, und kein anderer Feind vermag den Schneeziegen in die steilen Felsen hinein zu folgen, in die sie sich bei möglicher Gefahr zurückziehen.

Während dem Kitz auch große Kälte kaum etwas anhaben kann, ist es durch Regen stärker gefährdet als durch andere Witterungsbedingungen. Es kann an Lungenentzündung erkranken und hat dann, wenn es diese überlebt, im Herbst meist zuwenig Fettreserven aufgebaut, um den sechs bis sieben Monate dauernden Winter zu überstehen. Im zweiten Lebensjahr sind sie dann bereits sehr selbständige Tiere, die sich von der Mutter gelöst haben und mit Altersgenossen weitere Wanderungen unternehmen. Die Weibchen kehren mehrheitlich wieder zur Mutterherde zurück, während die jungen Böcke eigene Rudel bilden und in höher gelegene Regionen ziehen.

MUFFLON

Vom Mufflon oder Muffelwild stammen alle unsere Hausschafe ab, seien es die dickwolligen Merinos in Australien oder die schwarzgesichtigen Bergschafe des Alpenraums, die afrikanischen Fettschwanzschafe oder die norddeutschen Heidschnucken.

Wildschafe sind in mehr als einem Dutzend verschiedener, nah miteinander verwandten Formen über weite Teile der Alten Welt verbreitet; in der Neuen Welt werden sie durch das Dickhornschaf vertreten.

Mufflons sind gesellige Tiere. Sie leben einerseits in Weibchen-Rudeln zusammen und andererseits in Bockverbänden, die sich erst in der Paarungszeit, ab Oktober bis etwa Dezember, treffen.

Dann schließen sich die stärksten Männchen, die mächtige Hornschnecken besitzen, den Geißen an und bleiben eine Zeitlang bei ihnen. Rivalen, die sich nähern wollen, werden energisch vertrieben.

Das Weibchen trägt etwa 150 Tage lang und bringt im späteren Frühling ein Lamm zur Welt, das lediglich 2 kg wiegt, aber schon noch einer halben Stunde auf seinen Beinen steht und der Mutter bald folgen kann. Die Wurfzeit ist recht kurz und die Lämmer deshalb alle etwa gleich groß. Im allgemeinen wird beim reinrassigen Mufflon nur ein Junges gesetzt, während beim Hausschaf Zwillingsgeburten häufig vorkommen und auch Drillinge nicht selten sind. Reinblütige Mufflons leben wahrscheinlich nur noch auf Sardinien und Korsika; das in unseren Breiten angesiedelte Wild hat mehr oder weniger große Anteile von Hausschafen.

Vor allem die alten Böcke werden ihrer eindrücklichen Horntrophäen wegen intensiv bejagt. Fünf bis sechs Monate lang wird das Lamm von der Mutter gesäugt, beginnt aber schon zwei, drei Wochen nach seiner Geburt, Pflanzennahrung zu äsen. Mit anderthalb bis zwei Jahren sind die Weibchen fortpflanzungsbereit und werfen im dritten Lebensjahr ihr erstes Lamm.

GIRAFFE

Das höchste Landsäugetier der Welt – es wird 500 bis 580 cm hoch – kommt schon als Riese zur Welt. Giraffenkälber messen bei der Geburt bereits 170 bis 180 cm und wiegen 60 bis 70 kg. Die Mutter gebärt, anders als fast alle Säugetiere, nicht liegend, sondern stehend. Das Kalb fällt deshalb bei der Geburt aus nahezu 2 m Höhe zur Erde! Dabei reißt die Nabelschnur und meist auch die Fruchthülle. Das Junge benötigt ein bis zwei Stunden, um auf die Beine zu kommen, und die Mutter stupst es während des Aufstehens nicht selten mit einem Vorderlauf oder der Nase.

Nach weiteren ein bis zwei Stunden hat das Neugeborene das Euter der Mutter gefunden und trinkt einige Minuten lang. Sein Hals ist im Vergleich zu den Beinen und zu ausgewachsenen Artgenossen noch recht kurz – was sich beim Säugen natürlich günstig auswirkt. Ältere Kälber müssen sich, wenn sie 3 m und größer geworden sind, ziemlich verrenken, um an die Milchquelle der Mutter zu gelangen.

In der ersten Zeit nach der Geburt schlafen die Kälber relativ häufig. Sie legen sich auf den Boden, biegen den Hals in großem Bogen rückwärts und legen den Kopf auf den Rücken. Dieser Schlaf dauert, wie festgestellt wurde, meist nur wenige Minuten. Dann steht das Kalb wieder auf, oder aber es bleibt wiederkäuend noch eine Weile im Gras liegen.

Halbwüchsige Jungtiere sondern sich oft mit Altersgenossen von der Herde ab, bilden eine Art „Kindergarten" und bleiben einige Tage lang unter sich und fern ihrer Mütter. Man trifft deshalb in den afrikanischen Savannen gelegentlich vier, fünf und mehr Kälber, die verlassen scheinen, weil weit und breit kein Alttier zu sehen ist. Nach solchen „Ausflügen" schließen sich die Kälber aber regelmäßig der Herde wieder an und folgen ihren Müttern noch längere Zeit.

WARZENSCHWEIN

Vom menschlichen Standpunkt aus erhalten die skurrilen afrikanischen Warzenschweine bestimmt keinen Schönheitspreis. Vor allem die erwachsenen Keiler sind mit ihren großen, kantigen Köpfen, den fingerlangen Hautwarzen im Gesicht und den riesigen Hauern ein Ausbund an Häßlichkeit. Trotzdem erfreuen sich gerade Warzenschweine bei Safariteilnehmern großer Beliebtheit; das hängt weniger mit ihrem Aussehen, als vielmehr mit ihrem Verhalten zusammen. Traben sie durchs hohe Gras, stellen sie ihre dünnen, verhältnismäßig langen Schwänze kerzengerade in die Luft, was ihnen zum Scherznamen „Antennenschweine" verholfen hat.
Wie alle Schweinearten sind sie sehr sozial organisiert; mehrere Bachen (Weibchen) schließen sich zu kleinen Rotten zusammen. Nach der Rauschzeit (Brunft) folgt eine etwa fünfmonatige Trächtigkeit. Einige Zeit vor der Geburt trennt sich das Weibchen vom Rudel und sucht sich einen Erdbau – meist von einem Erdferkel gegraben –, in dem es seine Nachkommen zur Welt bringt. In der Regel sind es ein bis drei Frischlinge, die etwa eine Woche lang im geschützten, gleichmäßig warmen und feuchten Nestkessel bleiben. Die Muttersau hat lediglich vier Zitzen. Bringt sie ausnahmsweise mehr als vier Junge zur Welt, gehen die schwächsten meistens zugrunde, denn die stärkeren verteidigen „ihre" Zitze energisch! Obwohl die Warzenschweinmutter ihre Kinder mutig gegen die zahlreichen Feinde verteidigt, überleben nur wenige die Jugendzeit. Löwen, Leoparden, Geparde, Hyänen, Wildhunde und große Greife stellen ihnen nach. Die Geschlechtsreife wird bereits mit einem Jahr erreicht.

WILDSCHWEIN

Schweine gehören zu den anpassungsfähigsten Säugetieren überhaupt. Sie haben, mit Ausnahme von Australien – wo sie allerdings als Jagdwild ausgesetzt wurden –, sämtliche Kontinente erobert und alle nur denkbaren Lebensräume besetzt. Man findet sie im indischen Dschungel ebenso wie im südostasiatischen Regenwald, in der ostafrikanischen Savanne und im zentralafrikanischen Urwald. Die weiteste Verbreitung hat das Wildschwein, die Stammform unseres Hausschweins. Es be-

wohnt große Teile Eurasiens zwischen Portugal im Westen, Japan und Neuguinea im Osten und fühlt sich in der Steppe ebenso wohl wie im Wald, in Gebirgsregionen bis 4 000 m Höhe, in Sumpfgebieten und in Kulturlandschaften.

Die Bache richtet sich einige Tage vor der Geburt im dichten Gebüsch, unter einem umgestürzten Baum oder in einer Bodenmulde ein Nest ein, das mit Pflanzen ausgepolstert und oft mit Zweigen und Ästen überdacht wird. Nach einer Tragzeit von 130 bis 140 Tagen bringt sie drei bis fünf, seltener bis zehn, längsgestreifte Frischlinge zur Welt, die ein bis zwei Wochen lang das Nest nicht verlassen. Dann unternehmen sie mit der Bache kleinere Ausflüge in die nähere Umgebung und beginnen bereits, feste Nah-

rung – vom Wurm über Käfer und Aas bis hin zu fast allen Pflanzen – zu sich zu nehmen. Nachmittags oder abends kehren sie gemeinsam ins Wurfnest zurück, das sie

mit drei bis vier Wochen endgültig verlassen. Sie werden gut zwei Monate lang gesäugt und nachher von der Mutter abgewiesen, aber noch längere Zeit betreut.

275

PEKARI ODER NABELSCHWEIN

Pekaris, die trotz des wildschweinähnlichen Aussehens mit den altweltlichen Schweinen nur entfernt verwandt sind, leben in den tropischen Gebieten Süd- und Mittelamerikas bis in die subtropischen Regionen von Texas und Arizona.

Die Bezeichnung „Nabelschwein" rührt von einer Drüse auf dem Hinterrücken her, die ein helles, stark duftendes Sekret produziert, mit dem die Tiere ihr Territorium markieren. Diese Duftspuren dienen dazu, die Kernbezirke des Lebensraumes einer Rotte zu kennzeichnen, aber wahrscheinlich auch, um den Zusammenhang der einzelnen Tiere mit ihrem Rudel zu ermöglichen. Keiler finden so ein Weibchenrudel und Halberwachsene, die sich von ihrer Familie getrennt haben, möglicherweise ein neues Rudel.

Das soziale Gefüge der Pekaris ist bemerkenswert eng. Sie halten außerordentlich fest zusammen und bilden gegenüber ihren Feinden, z.B. Puma und Jaguar, eine wirksame Verteidigungs-Allianz. Gemeinsam greifen sie ihre Jäger, aber auch Menschen, die ein Tier fangen wollen oder anschießen, sehr entschlossen an und können sie mit ihren scharfen Zähnen schwer verwunden.

Die jungen Weibchen werden bereits in ihrem ersten Lebensjahr fortpflanzungsfähig und bringen nach einer Tragzeit von etwa 150 Tagen meistens Zwillinge zur Welt, die nicht wie das eurasische Wildschwein gestreift, sondern einfarbig sind. Sie können der Mutter, die sich zum Gebären von der Rotte absondert, schon kurz nach der Geburt folgen und werden nach rund zwei Monaten bereits entwöhnt. Die Frischlinge beginnen früh, pflanzliches und tierisches Futter aufzunehmen und wühlen bei der Nahrungssuche mit ihrer kräftigen Rüsselnase im Erdreich (Bild unten).

HIRSCHEBER

Paarung geboren werden und einfarbig grau gefärbt sind. Schon bald ist das Junge imstande, der Mutter (oder den Eltern) durch dick und dünn zu folgen und tiefe Flüsse zu durchschwimmen. Wie alle Schweineartigen vertei-

Die vielleicht ursprünglichste aller Schweinearten, der Hirscheber, kommt auf der südostasiatischen Insel Celebes sowie auf einigen umliegenden, kleineren Inseln vor. Dort hält er sich in den dichten Regenwäldern und in fast undurchdringlichen Sümpfen auf. Hirscheber bilden meist kleine Familiengruppen von drei bis fünf Tieren; alte Eber führen überwiegend ein Einsiedlerleben und suchen nur in der Paarungszeit weibliche Gesellschaft. Die Männchen erreichen ein Gewicht von 100 kg, die Weibchen kaum die Hälfte. Erstere tragen zudem mächtige obere Eckzähne, die sich halbmondförmig nach hinten biegen und die Stirn des Ebers berühren oder gar durchbohren können. Die Weibchen hingegen zeigen lediglich kleine Spitzen. Sie bringen meist einen, selten zwei, Frischlinge zur Welt, die etwa 150 Tage nach der

digen auch die Hirscheber ihren Nachwuchs äußerst nachdrücklich und energisch. Trotzdem fallen in freier Wildbahn viele Frischlinge Raubtieren, großen Greifen und sogar Riesenschlangen zum Opfer. Die Menschen schätzen zudem ihr Fleisch und die zähe, dauerhafte Haut und verfolgen sie so rücksichtslos, daß die vier Unterarten in ihren ganzen Verbreitungsgebieten selten geworden und in ihren Beständen bedroht sind. Die Zerstörung der natürlichen Lebensräume trägt außerdem das Ihre zur Gefährdung dieser seltsamen Schweine bei. In Tiergärten werden sie selten gehalten: In München, Krefeld und Berlin sind sie zu sehen und werden dort z. T. auch erfolgreich gezüchtet.

FLUSSPFERD

Flußpferdmütter bringen ihre Jungen dort zur Welt, wo sie sich am wohlsten und sichersten fühlen: im Wasser. Nach etwa acht Monaten Tragzeit legt sich die Kuh im Wasser auf die Seite, und innerhalb weniger Minuten ist das Kleine da. Seine erste Aufgabe ist, an die Wasseroberfläche zu strampeln und erst einmal tief Luft zu holen. Oft hilft ihm die Mutter, indem sie ihren Kopf unter den Körper des Jungen schiebt und es nach oben hebt. Nach ein paar tiefen Atemzügen verschließt das Kleine die Nasenlöcher, legt die Ohren an und taucht wieder, um die Zitzen

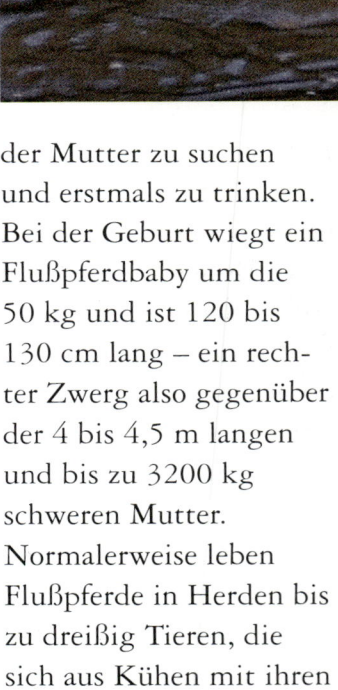

der Mutter zu suchen und erstmals zu trinken. Bei der Geburt wiegt ein Flußpferdbaby um die 50 kg und ist 120 bis 130 cm lang – ein rechter Zwerg also gegenüber der 4 bis 4,5 m langen und bis zu 3200 kg schweren Mutter. Normalerweise leben Flußpferde in Herden bis zu dreißig Tieren, die sich aus Kühen mit ihren

Kälbern unterschiedlichen Alters, Jungtieren und meist einem erwachsenen Bullen zusammensetzen, der seine Herde gegen die anderen Männchen verteidigt. Mütter mit sehr kleinen Kindern halten sich abseits des Rudels auf, denn bei den oft sehr temperamentvollen Spielen der Großen, vor allem bei Streitereien unter Bullen, kann so ein „Winzling" leicht unter die „Räder" bzw. unter ein großes Tier geraten und zertrampelt oder zerdrückt werden.

Erst nach einigen Wochen, wenn die Kleinen sich bei der drohenden Gefahr einigermaßen schnell selbst in Sicherheit bringen können, kehrt die Mutter zur Herde zurück. In der Gemeinschaft sind Mutter und Kind sicherer vor Löwen, Leoparden, Hyänen und anderen Raubtieren, die zwar einem ausgewachsenen Flußpferd kaum etwas anhaben können, aber das zarte Fleisch von Flußpferdkindern besonders schätzen.

DIE SORGE UMS EI

SÄBELSCHNÄBLER

Alle Gattungen der Säbelschnäblerfamilie zeichnen sich durch einen sehr langen, dünnen, biegsamen Schnabel aus, der jedoch unterschiedlich geformt ist. Beim Säbelschnäbler der europäischen Küsten, der in ganz Eurasien und in Afrika vorkommt, ist der Schnabel auffallend aufwärts gebogen. Außer-halb der Brutzeit lebt der elegante, langbeinige Säbelschnäbler gesellig in großen Verbänden in seichten Küstengewässern der Meere, in Lagunen und schlammigen, salzhaltigen, flachen Seen, sogar in Salinen und anderen von Menschen geschaffenen Anlagen mit salzhaltigem Wasser. Mit flach eingetauchtem Schnabel bewegen sich die Vögel auf der Nahrungssuche langsam durch das Wasser und schwenken dabei den Kopf in eigenartig wischender Weise hin und her, wobei sie von der Wasser- oder Schlammoberfläche kleinste schwimmende Insektenlarven, Krebstierchen und anderes Plankton aufnehmen.

Die Geschlechter lassen sich äußerlich nicht voneinander unterscheiden, aber bei Beginn der Balzzeit, unmittelbar nach der Rückkehr aus den Überwinterungsgebieten, zeigen sich die unterschiedlichen Verhaltensweisen in den Kämpfen der Männchen und der Aufforderung zur Paarung durch das Weibchen. Säbelschnäbler brüten in Kolonien. Die Nestmulden werden nicht weit vom Wasser entfernt auf kahlem oder mager bewachsenem Grund, teilweise auch in der Strandvegetation angelegt. Leider kommt es immer wieder vor, daß Hochwasser die Gelege vernichten. Die vier lehmgelben bis schwarzbraunen Eier sind der Umgebung hervorragend angepaßt. Beide Eltern brüten 22 bis 25 Tage. Sogar die gerade geschlüpften Küken, die noch den Eizahn tragen, haben zwar noch ein winziges, aber schon leicht aufwärts gebogenes Schnäbelchen.

Nach dem Flüggewerden der Jungen versammeln sich oft Tausende von Vögeln an guten Nahrungsplätzen und ziehen im Herbst gemeinsam nach Süden. Beliebte Überwinterungsquartiere liegen in Nordafrika, wahrscheinlich sogar in den Salzseen des ostafrikanischen Grabenbruchs.

MORNELLREGENPFEIFER

Im Norden Skandinaviens, vor allem aber in Sibirien, brütet der nur etwa 20 cm große Mornellregenpfeifer in der baum- und strauchlosen Tundra. Das Männchen legt eine kleine Nestmulde an und polstert sie nur gerade andeutungsweise mit einigen wenigen Gräsern, Moosen und Flechten aus. Damit Nest und Gelege in der im Frühling oft überschwemmten bzw. versumpften Tundra nicht naß werden, befinden sie sich meist auf einer kleinen Erhöhung oder einem Hügel. Das Weibchen legt ein bis drei Eier, die das Männchen vermutlich allein ausbrütet. Je nach Witterung sitzt es 24 bis 28 Tage auf dem Gelege; das Weibchen hält sich manchmal in Nestnähe auf, kann aber auch zur gleichen Zeit mit einem oder zwei anderen Männchen eine kurze Partnerschaft eingehen und Gelege produzieren, die wiederum von den

Männchen allein gezeitigt werden. Die Küken sind Nestflüchter, voll entwickelt und nicht größer als eine Baumnuß, wenn sie auf die Welt kommen. Bei schlechtem Wetter bleiben sie ein bis drei Tage im Nest und werden vom Männchen gewärmt. Trotzdem überleben bei ungünstigen Bedingungen – und diese sind in den Tundren fast die Regel – nur gerade 20 bis 25 % der Jungvögel die ersten drei Lebenswochen. Die jungen Regenpfeifer sind im Alter von 25 bis 30 Tagen flügge. Nähert sich ihnen vorher ein Feind, dann drücken sie sich auf den Boden und sind, dank der Tarnfarbe ihres Federkleides, kaum noch zu finden. Das Männchen wendet oft ein Ablenkungsmanöver an, das auch von Kiebitzen und Gänsen bekannt ist: Es stellt sich krank und flügellahm, ruft jämmerlich und versucht, z. B. einen Fuchs oder einen Greif-

vogel von den Jungen wegzulocken. Im Herbst versammeln sich die Regenpfeifer zu großen Trupps, die gemeinsam in die weit entfernten Winterquartiere in Persien, im Nahen Osten und in Nordafrika fliegen. Auch die erst vier bis fünf Monate alten Jungen sind imstande, ohne Schwierigkeiten innerhalb weniger Wochen bis zu 10 000 km weit zu ziehen!

REGENPFEIFER

Regenpfeifer gibt es in gut fünf Dutzend Arten auf sämtlichen Kontinenten der Erde außer in der Antarktis. Sie sind überwiegend Bewohner offener Landschaften, in Steppen, Savannen, Tundren und Taigen und vor allem an Meeresküsten, Sümpfen, stehenden und fließenden Gewässern. Fast alle Arten sind hervorragende Flieger; manche von ihnen legen auf dem Zug innerhalb von 48 Stunden zwei- bis dreitausend Kilometer zurück, ohne das Festland auch nur einmal zu berühren!

Sämtliche Regenpfeifer brüten auf dem Boden und bauen kein eigentliches Nest. Das Weibchen scharrt eine flache Mulde, die ab und zu mit einigen Steinen, Erdklumpen und Ästchen „verziert" wird.

Die Eier sind, verglichen mit den Maßen des Vogels, überaus groß und schwer: Bei manchen Arten beträgt ihr Gewicht mehr als 20% des Gewichts des Weibchens (Haushuhneier sind – im Verhältnis – vier bis fünf Mal kleiner!). Sie werden bei den meisten Arten von Männchen und Weibchen abwechselnd drei bis dreieinhalb Wochen lang bebrütet.

Die Küken kommen weit entwickelt, aber noch nicht flügge zur Welt und verlassen sofort den Brutplatz. Ihr geflecktes Tarnkleid schützt sie vorzüglich gegen mögliche Feinde, vor allem kleine Greife und Möwenvögel. Schon wenige Stunden nach der Geburt beginnen sie – auf überaus großen Beinen – mit der Futtersuche. Sie ernähren sich hauptsächlich von kleinen Insekten, Schnecken, Würmern und Muscheln, teilweise auch von Pflanzenteilen. Entweder werden sie dabei von ihren Eltern begleitet, oder diese halten sich in ihrer unmittelbaren Nähe auf. Zeigt sich Gefahr, stoßen die Alttiere Warnrufe aus,

und die Küken drücken sich sofort flach auf den Boden. Sie sind dann so perfekt getarnt, daß sie kaum je entdeckt werden.

Nach drei bis vier Wochen haben sie ihre Flugfähigkeit erreicht, und mit vier bis fünf Monaten sind sie bereits in der Lage, ihre Winterquartiere, die oft Tausende Kilometer entfernt liegen, anzusteuern.

WEISSBARTSEESCHWALBE

Die von der Schnabel- bis zur Schwanzspitze 27 cm lange Weißbartseeschwalbe brütet lokal begrenzt und nur sehr sporadisch im südlichen und südöstlichen Europa, hin und wieder auch in nördlicheren Regionen, so unter anderem in Holland. Nur im Brutkleid mit grauer Unterseite und schwarzer Kopfplatte zeigt die Weißbartseeschwalbe deutlich den weißen Bart. Im Ruhekleid sind auch die Unterseite und der Vorderkopf weiß.

Wie alle Seeschwalben ist sie ein Koloniebrüter, die zur erfolgreichen Brut die Gesellschaft ihrer Artgenossen braucht. Besonders gerne legt sie ihre Nester in verkrauteten Teichen an, die von weidendem Vieh offen gehalten werden.
Ein ständiger Brutplatz in Europa ist die Camargue in Südfrankreich. Die dort gezüchteten Stiere trampeln in den zahlreichen Seen immer wieder Wasserpflanzen los, aus denen die Weißbartseeschwalben ihre Nester bauen. Sie fliegen dabei über die Wasseroberfläche und holen die Stengel im Flug aus dem Wasser.

Im Mai oder Juni legt das Weibchen zwei bis drei Eier, die von beiden Eltern bebrütet werden. Auch an der Fütterung beteiligen sich beide Eltern und bringen kleine Fische, die die Küken aus dem Schnabel des Altvogels nehmen und ganz verschlingen. Die Vögel scheinen zu wissen, wann sie ihren Jungen welche Fischgröße zumuten können, denn bei einem genügend großen Angebot erhalten die Küken in den ersten Tagen sehr kleine Fischchen, später zunehmend größere.

Es wurde beobachtet, daß Weißbartseeschwalben in Windeseile ein Ersatznest bauen, wenn die Küken durch Störung aus ihrem Nest vertrieben wurden. Meterlange Simsenhalme tragen sie heran, stehlen sie zum Teil aus anderen Nestern und haben innerhalb von nicht ganz einer halben Stunde in unmittelbarer Nähe der umherirrenden Küken ein neues Nest errichtet, in dem die Kleinen sofort weiter gefüttert wurden.

NODDISEESCHWALBE

Die drei bis vier Arten der Noddiseeschwalben brüten weit verstreut auf den Inseln der tropischen und subtropischen Meere. In mancherlei Hinsicht sind Noddis das genaue Gegenteil „normaler" Seeschwalben.

Seetang im Geäst von Bäumen oder Büschen oder auf Felsvorsprüngen. Nur selten tauchen sie nach Nahrung im Sturzflug ins Wasser, sondern fangen kleine, an der Wasseroberfläche lebende oder herausspringende

Ebenfalls im Gegensatz zu anderen Seeschwalben schwimmen sie längere Zeit auf dem Wasser und ruhen aus, wenn sie sich umherstreifend längere Zeit auf dem offenen Meer aufhalten.

Der Name rührt von den Balzgewohnheiten her, wenn die Männchen versuchen, einem Weibchen durch heftiges Kopfnicken zu imponieren; „to nod" aus dem Englischen heißt übersetzt „nicken".
Noddis legen nur ein Ei, das beide Eltern bebrüten. Das Junge verläßt das Nest oder die allernächste Umgebung erst, wenn es fast fliegen kann. Beide Eltern bringen die Nahrung, zunächst winzige, dann immer größer werdende Fische, die sie vor dem Küken auswürgen.
Auf einigen Inseln des Verbreitungsgebietes, wo die Noddiseeschwalbe keine Feinde hat, sind die Tiere so zahm, daß man sie berühren kann.

Während die meisten Arten ein reinweißes Gefieder mit schwarzer Kopfplatte tragen, haben die Noddis ein rauchbraunes oder blaugraues Federkleid mit hellgrauer oder weißer Kopfplatte.
Sie nisten nicht auf dem Boden, sondern bauen ihre groben Nester aus Ästen, Treibholz und

Jungfische. Dort, wo Fischschwärme panikartig vor Thunfischen, Bonitos oder anderen Räubern aus dem Wasser springen, sammeln sich in kürzester Zeit Schwärme von Noddis, die die auf der Flucht aus dem Wasser herausschnellenden Fische oft in der Luft fangen.

KÜSTENSEESCHWALBE

Die meisten der rund vierzig Seeschwalbenarten leben in den Warmwassergürteln der Erde, wo sie auf Inseln oft große Kolonien bilden. Einige Arten allerdings haben sich als Brutgebiete die nördlichen gemäßigten Breiten ausgesucht und überwintern in den warmen Zonen um den Äquator. Vor allem die Küstenseeschwalben, die unter anderem am Polarkreis brüten, verlassen ihre Brutgebiete im Spätsommer und fliegen in den Südsommer bis in die subantarktischen Breiten. Jeden Frühling und jeden Herbst sind diese Langstreckenflieger zwei bis drei Monate lang, fast von Pol zu Pol unterwegs und legen jedesmal etwa 17 000 Kilometer zurück. Während der Paarungszeit sieht man gelegentlich zwei der schönen, schlanken Vögel hintereinander herfliegen. Einer hat einen kleinen Fisch im Schnabel, der

hin und wieder den Besitzer wechselt. Irgendwann landen sie in der Kolonie auf dem ausgewählten Nistplatz, und das Männchen überreicht unter bestimmten Zeremonien dem Weibchen seine Gabe.

Im Mai oder Juni legt das Weibchen meist zwei helle, bräunlich gesprenkelte Eier in die Nestmulde, die mit kleinen Steinen oder Muschelstückchen mehr verziert als ausgepolstert ist. Etwa drei Wochen lang brüten beide Vögel, bis die Küken in den hellen, gesprenkelten Dunenkleidern schlüpfen. Eier und Küken tragen so hervorragende Tarnfarben, daß sich ein Mensch in einer Kolonie sehr vorsichtig bewegen muß, um nicht Eier oder Junge zu zertreten.

Die Eltern bringen den Kleinen winzige Sandaale oder andere kleine Fische, die die Küken ganz herunterschlingen.

Sind aus verschiedenen Gründen kaum Kleinfische da, fangen die Eltern größere, die die Küken ebenfalls zu verschlingen versuchen. Da sie zu große Brocken noch gar nicht bewältigen können, ersticken sie daran.

Die Jungen können zwar nach vier bis fünf Wochen fliegen, brauchen aber länger, bis sie selbständig sind und werden von den Eltern weiter gefüttert. Die in Nordamerika und auf Grönland beheimateten Küstenseeschwalben fliegen nicht direkt in den Süden, sondern machen einen Umweg über die europäischen Küsten. Man nimmt an, daß diese Vögel vor Generationen von Europa in ihre neuen Brutgebiete ausgewandert sind und an den überlieferten Zugwegen festhalten.

SKUA

Die vier Raubmöwenarten, die mit mehreren Unterarten die Meere der Welt bevölkern, bilden innerhalb der Wat- und Möwenvögel eine eigene Familie. Die Brutplätze der meisten Arten liegen auf Inseln in den arktischen bzw. antarktischen Gewässern.

Sie sind zwar sehr vielseitig und anpassungsfähig in ihrer Ernährungsweise, haben sich aber stellenweise darauf spezialisiert, anderen Meeresvögeln ihre Beute abzujagen. Möwen und Seeschwalben, aber auch Albatrosse und Sturmvögel, die mit Nahrung für die Jungen vom Meer zurückkommen, werden im Sturzflug so bedrängt, daß sie den Nahrungsbrocken fallenlassen, der von der Raubmöwe meist noch im Abwärtsfallen erwischt wird. Aber auch Meerestiere wie Fische, Muscheln, Schnecken und Krebse werden genommen.

In vielen Brutkolonien sind die Raubmöwen gefürchtete Feinde, die Eier rauben und Jungvögel erbeuten. Der stärkste Räuber ist die Große Raubmöwe oder Skua, bis zu 61 cm groß, Flügelspannweite 150 cm, Gewicht bis zu 1,6 kg. Die nördliche Form der Skua brütet auf Island sowie den Färöern und den Shetland- und Orkney-Inseln, bis nach Neufundland und Neuschott-

land. Die Schafzüchter der Inseln behaupten, daß die „Bronxy", wie die Skua auch genannt wird, Lämmer reißt. Eindeutige Beweise liegen nicht vor, aber mit Sicherheit fressen sie das Fleisch totgeborener oder verendeter Lämmer und Alttiere.

Skuas brüten einzeln oder in lockeren Kolonien. Im Mai oder Juni legt das Weibchen meist zwei olivbraune, dunkelbraun gefleckte Eier in eine flache Bodenmulde oder Geröll. Das Nest wird nur wenig oder gar nicht ausgekleidet. Beide Partner brüten 28 bis 30 Tage und versorgen auch gemeinsam die geschlüpften Küken. Vom zweiten Tag an beginnen die Jungen umherzulaufen, müssen aber immer in den Grenzen des elterlichen Brutreviers bleiben, da sie sonst von den „lieben" Nachbarn angegriffen, verjagt oder gar getötet werden. Nach 46 Tagen sind die Kleinen flügge.

LACHMÖWE

Die 33 bis 40 cm lange Lachmöwe ist der am weitesten verbreitete und bekannteste Möwenvogel, der im europäischen Binnenland, seltener an den Meeresküsten, brütet. Brutkolonien bestehen in sumpfigem Seggenried, in flachen, verschilften Teichen, in den Verlandungszonen von Seen und Flüssen oder auf Inseln in stillen Flußarmen.

Gegen Ende März erscheinen die ersten Vögel in der Kolonie, bereits im Brutkleid mit schokoladebraunem Kopf, leuchtendrotem Schnabel und ebensolchen Beinen. Immer mehr Vögel kommen an, verbringen zunächst nur wenige Stunden im künftigen Brutgebiet, bis sich das Kolonieleben richtig eingespielt hat. Die Koloniegrößen sind sehr unterschiedlich, von wenigen hundert bis zu zwanzigtausend Paaren.

Nach der Vorbereitungszeit mit Balzspielen, Paarbildung und Revierkämpfen, errichtet das Paar gegen Ende April aus Binsen, Schilf und Wasserpflanzen sein umfangreiches Nest, entweder auf über der Wasserlinie liegenden Grasbüscheln oder Schilfhaufen oder als Schwimmnester, die an Schilfhalmen verankert werden.

In der ersten Maiwoche liegen die meist drei Eier im Nest, die von beiden Eltern bebrütet werden. Nach drei Wochen schlüpfen die Küken. Sie sind Nestflüchter, bleiben aber, wenn sie nicht gestört werden, die ersten Lebenstage noch im Nest. Bei Warnrufen der Eltern verstecken sie sich im Pflanzengewirr und ducken sich reglos nieder, bis Mutter oder Vater sie durch Lockrufe wieder zum Nest zurückholen.

Mit dem rostfarbenen, schwarzgefleckten Dunenkleid sind die Küken hervorragend getarnt und, da sie sich instinktiv völlig reglos verhalten, oft aus nächster Nähe nicht zu entdecken. Der futterbringende Elternvogel wird mit energischem Betteln begrüßt. Er würgt das Futter hoch und hält es den Kleinen, die nach dem gesenkten Schnabel picken, zunächst vor, bis sie die Nahrungsbrocken selbst vom Boden aufnehmen können. Nach fünf bis sechs Wochen sind die Jungen flügge und verlassen mit den Altvögeln die Kolonie.

SILBERMÖWE

strenge Schutzmaßnahmen ergriffen werden mußten.

Die Bestimmungen zeigten bald Erfolge, brachten aber neue Probleme mit sich. Vor allem die Silbermöwen vermehrten sich so vehement, daß bald die schwächeren Arten verdrängt wurden.

Mit einer Grösse bis zu 60 cm und über 130 cm Flügelspannweite ist sie fast allen anderen Brutvögel der Nordseeküsten überlegen. Noch um die Jahrhundertwende brüteten auf den Ostfriesischen Inseln 3000 Silbermöwenpaare, 1934 waren es 43 000 Paare, die natürlich den Seeschwalben, kleineren Möwen und anderen Arten Platz und Nahrung wegnahmen. Zudem betätigten sie sich als Eier- und Kükenräuber, so daß in manchen Jahren kein Nachwuchs aufwuchs — außer den Jungen der Silbermöwen.

Durch Kontrollmaßnahmen wie das Einsammeln der Eier kurz vor dem Schlüpfen und das Unterlegen tauber Eier konnten die Silbermöwenbestände wieder auf ein erträgliches Maß reduziert werden.

Noch um die Jahrhundertwende wurden in den Möwen- und Seeschwalbenkolonien der Atlantikküsten korbweise Eier gesammelt. Außerdem war es ein beliebter Sport unter den Badegästen, die Altvögel zu schießen. Das Treiben wurde so schlimm, daß die Bestände bald auf einem erschreckenden Tiefstand angelangt waren und

Silbermöwen beginnen mit dem Bebrüten ihrer zwei bis drei Eier bereits nach dem ersten Ei. Die Jungen mit dem graubraunen, schwarz gefleckten Dunenkleid sind darum unterschiedlich groß. Der rote Fleck am Unterschnabel der Altvögel ist für die Küken ein Auslöser, auf diese Stelle zu picken, worauf der entsprechende Elternteil Futter hervorwürgt.

Silbermöwenküken sind Platzhocker, die in den ersten Tagen im Nest, später im Nestbezirk bleiben. Junge, die erschreckt werden und das elterliche Revier verlassen, werden von den Nachbarn unbarmherzig zu Tode gehackt. Mit acht bis neun Wochen sind die jungen Möwen flügge. Sie tragen im ersten Jahr ein grob braun gesprenkeltes Jugendkleid mit bräunlich-schwarzen Flügeln und Schwanz. Erst allmählich werden Bauch, Kopf und Bürzel heller. Im zweiten Jahr zeigt der Schwanz eine breite, dunkle Endbinde, und erst im dritten Jahr sind die Jungen ausgefärbt.

DREIZEHENMÖWE

Während viele Möwenarten die Wintermonate in Küstennähe oder sogar im Binnenland verbringen, überwintert die Dreizehenmöwe auf hoher See. Von schweren Stürmen werden einzelne Trupps gelegentlich ins Inland verschlagen. Das Verbreitungsgebiet dieser rund 40 cm langen Möwe, die im Gegensatz zu allen anderen nur drei kräftige Zehen besitzt, liegt im Nordatlantik, von Nordamerika über die nordatlantischen Inseln bis nach Nordfrankreich und Skandinavien.

Als reiner Felsenbrüter hat sie einige besondere Anpassungsmerkmale an die Wahl ihrer Brutplätze entwickelt. Zu Hunderten und Tausenden errichten die Dreizehenmöwen ihre Nester in schroff zum Meer abfallenden Wänden, deren schmale Simse, Nischen, Vorsprünge und Bänder als Nestunterlage genügen. Zu diesem eng be-

grenzten Raum trägt das Paar hauptsächlich Schlamm und nasse, oft mit Wurzeln und Gras vermischte Erde. Das Nistmaterial wird mit den Füßen solange bearbeitet, bis eine solide, fest am Felsen haftende Unterlage entstanden ist, die sogar auf abschüssigem Gelände eine ebene Plattform ergibt. Aus Tang und Gras wird darauf ein Nest mit einer tiefen Mulde errichtet, in der die zwei Eier und später die geschlüpften Küken sicheren Halt finden.

Beide Eltern brüten 21 bis 30 Tage lang und füttern die Jungen gemeinsam. Den Küken fehlt der Bewegungsdrang, der alle anderen Jungmöwen bald nach dem Schlüpfen das Nest verlassen läßt. Die kleinen Dreizehenmöwen bleiben ruhig in der Geborgenheit der Nestmulde sitzen. Selbst beim Betteln um Futter geht es wesentlich ruhiger und „gesitteter" zu,

als es normalerweise bei Möwen üblich ist. Auch die Fütterungsmethode entspricht dem ruhigeren Verhalten. Das Futter wird nicht einfach auf den Boden oder den Nestrand gewürgt, sondern wird den Kleinen vorgehalten.

Mit etwa 43 Tagen sind die Jungen flügge und verlassen erst dann das Nest.

Wahrscheinlich erwies sich die Wahl der exponierten Brutplätze als sehr vorteilhaft für das Überleben der Dreizehenmöwen. Die gefährlichen Nesträuber wie Silbermöwen und andere finden auf den schmalen Felsbändern keinen Halt und können nur in Ausnahmefällen Eier oder Küken rauben. Die Küken tragen darum auch kein Tarnkleid, sondern ein recht auffallendes Dunenkleid.

AUSTERNFISCHER

Der schwarzweiße Europäische Austernfischer mit seinem leuchtend roten Schnabel, den roten Augen und den etwas blasseren Beinen ist mit seiner schrillen und lauten Stimme einer der auffallendsten Vögel der europäischen Atlantikküsten bis zum Polarkreis hinauf. Ferner bewohnt er den Mittelmeerraum und die asiatischen Küsten von der Türkei bis nach Korea.

Der lange, starke Meißelschnabel dient einerseits zum Knacken gepanzerter oder hartschaliger Beute wie Krebse, Stachelhäuter, Muscheln und Schnecken, andererseits auch zum Bohren und Stochern im Boden, um Würmer, vor allem den Sandpier, herauszuholen. Dank dieser Vielseitigkeit kann der Au-

sternfischer sowohl an Felsküsten wie auch an Sandstränden seine Nahrung finden.

Zur Brutzeit führen oft Dutzende von Vögeln gruppenweise ihre eigentümlichen, exerziermäßigen Balzspiele auf. Laut trillernd marschieren sie in einer Reihe nebeneinander her, schließen sich zu Kreisen zusammen oder formieren sich zu gemeinsamen, harmonisch ausgerichteten Flugmanövern.

Obwohl Austernfischer recht gesellige Vögel sind, brüten sie nicht in dichten Kolonien. In das Nest, eine einfache, mit Muschelschalen oder kleinen Steinen ausgelegte Mulde, legt das Weibchen meist drei gelbliche, grau und schwarz gefleckte Eier,

die von beiden Eltern 24 bis 27 Tage bebrütet werden.

Die Küken sind Nestflüchter und tragen ein unten helles, oben

bräunlich gesprenkeltes Dunenkleid. Bereits kurz nach dem Schlüpfen verlassen sie das Nest. Auf einen Warnruf der Eltern hin ducken sie sich fest

auf den Boden und sind ihrer Umgebung so gut angepaßt, daß man sie kaum sieht. Sehr selten bei den Watvögeln ist, daß die Küken von den Alten gefüttert werden. In den ersten Tagen reichen die Alten den Jungen Futter. Mit etwa fünf Wochen sind die jungen Austernfischer flügge. Sie werden erst mit drei Jahren geschlechtsreif, können aber für Vögel verhältnismäßig alt werden, nämlich über 20 Jahre.

BEKASSINE

Himmelsziege heißt die Bekassine im Volksmund, weil die Männchen auf ihren Balzflügen über den Brutgebieten mit den Schwanzfedern im Sturzflug eigenartig meckernde Geräusche erzeugen, die an die Lautäußerungen der Vierbeiner erinnern.

Bekassinen sind Schnepfenvögel, die in ganz Europa und Asien, außer in den südlichen Regionen und in Nordamerika vorkommen. Ihre bevorzugten Lebensräume sind sumpfiges Riedland, Moore, feuchte Niederungen und nasse Wiesen. Viele Bekassinen sind Zugvögel, die den Winter im tropischen und südlichen Afrika verbringen, einige überwintern auch in unseren Breiten.

Die wie alle Schnepfenvögel langschnäbeligen, aber kurzbeinigen Bekassinen haben die Angewohnheit, sich bei Gefahr platt auf den Boden zu drücken, wo die Konturen des Vogels, dessen ockergelbe Längsstreifen dürren Halmen gleichen, völlig mit der Umgebung verschwimmen. Erst im allerletzten Moment steigt er mit heiseren, rätschenden Rufen auf und saust im Zickzackflug davon. Wegen der umfangreichen Trockenlegung von Sumpf- und Moorgebieten werden die Brutgebiete der Bekassine immer mehr eingeschränkt, so daß sie als Brutvogel immer seltener wird. Darüber hinaus ist die Bekassine, wie andere Schnepfenvögel, wegen des wohlschmeckenden Fleisches ein begehrter Jagdvogel. Sie steht heute auf der Roten Liste der stark gefährdeten Tierarten.

Die Himmelsziege ist überwiegend in der Dämmerung aktiv, lebt tagsüber still und verborgen und macht sich erst mit Beginn der Brutzeit durch die erwähnten Balzflüge auch tagsüber bemerkbar. Im April bauen die Bekassinen ihre Nester auf Grasbülten oder in Riedgrasstöcken, wo das Weibchen seine vier olivgrünen oder bräunlichen, gefleckten Eier etwa drei Wochen lang ausbrütet. Die jungen Nestflüchter sind mit ihrem gefleckten Dunenkleid hervorragend gegen Feinde geschützt und können das Nest sofort verlassen. Etwa drei bis vier Wochen werden sie von den Altvögeln betreut, dann sind sie flugfähig und selbständig.

TROTTELLUMME

Wegen ihrer eigenartigen Gestalt und der besonderen Lebensweise bilden die Alkenvögel innerhalb der Wat- und Möwenvögel eine eigene Unterordnung mit einer Familie von 21 Arten, die zwischen 15 cm (Krabbentaucher) und fast 50 cm (Lummen) lang werden. Der im letzten Jahrhundert ausgerottete Riesenalk aus dem Atlantik maß 78 cm und wurde bis zu 5 kg schwer. Wie alle Alke sind die Lummen ausgesprochene Seevögel, die nur zur Brutzeit an Land kommen. Sie sind schnelle, geschickte Flieger und schwimmen und tauchen ausgezeichnet. Sie können sogar unter Wasser „fliegen" und bewegen sich mit kräftigen Schlägen der halb ausgebreiteten Flügel fort, wobei die Füße mit Schwimmhäuten als Steuerruder dienen.

Die Brutgebiete der Trottellumme (Bild) liegen im Nordatlantik und Nordpazifik über die Küsten des Eismeeres hinaus.

Die nahe verwandte Dickschnabellumme brütet zum Teil in den gleichen Gebieten, oft sogar in den gleichen Kolonien, jedoch findet aufgrund der unterschiedlichen Verhaltensweisen keine Vermischung statt. Die in Einehe lebenden Lummen sind Klippenbrüter, die oft in den Vogelkolonien der Brutfelsen die meisten Plätze besetzen und meist dicht an dicht nebeneinander stehen. Das einzige, recht schwere Ei wird auf den nackten Felsen gelegt. Die charakteristische Birnenform verhindert, daß das Ei auf abschüssigem Gelände allzu weit wegrollt. Die Eltern brüten im

Wechsel etwa einen Monat oder länger, wobei das Ei auf den Schwimmfüßen gehalten und vom Bauchgefieder bedeckt wird. Unter den eng nebeneinander liegenden Eiern erkennen die Eltern „ihr" Ei an der sehr individuellen Färbung. Bereits vor dem Schlüpfen „unterhalten" sich Eltern und Küken mit Stimmfühlungslauten. Die Jungen tragen ein dichtes, dunkelbraunes Dunenkleid, aber schon nach wenigen Tagen wachsen die Federn. Nach ungefähr drei bis vier Wochen ist das Jugendfederkleid komplett ausgebildet. Die Küken gleichen dann den Eltern, sind aber kleiner. Nun verlassen sie ihre Brutfelsen und schwimmen mit den Eltern aufs Meer hinaus. Sie mausern in das Erstjahreskleid und sind erst dann flugfähig.

bewegt, legen sich diese Lappen nach hinten und lassen das Wasser ungehindert hindurchströmen. Bei der Rückwärtsbewegung stellen sich die Hautlappen auf, und der Widerstand gegen das Wasser wird so stark, daß der Vogel nach vorne getrieben wird. Haubentaucher ernähren sich hauptsächlich von Kleinfischen, Insekten und ihren Larven, gelegentlich von Amphibien.

HAUBENTAUCHER

Der Haubensteißfuß, wie er auch genannt wird, ist der größte Vertreter der Lappentaucherfamilie in Europa, ist darüber hinaus aber in mehreren Unterarten über ganz Eurasien, Afrika, Australien und Tasmanien und auf Neuseeland verbreitet.
Ihren Namen verdanken die Lappentaucher der seltsamen Fußbildung.
Anstelle der Schwimmhäute der meisten im Wasser lebenden Vögel tragen die drei Vorderzehen der Lappentaucher verbreiterte Hautlappen. Wird der Fuß nach vorne

Von einmaliger Schönheit sind die Balzspiele der Haubentaucher. Sobald sich das einfache Winterkleid mit Beginn des Frühlings in das bei beiden Geschlechtern gleiche Balzkleid umgewandelt hat, beginnen die Paare, oft noch auf dem Zug, mit der Balz. Die Vögel lassen plötzlich ihre laut schnarrenden Stimmen ertönen und schwimmen auf dem Wasser aufeinander zu. Sie sträuben die schwarze Haube und spreizen den rostbraunen, schwarzgerandeten Kragen. Abwechselnd schütteln die Partner den Kopf oder bewegen Kopf und Hals voreinander auf und ab, putzen sich zwischendurch und tauchen plötzlich unter. Jeder erscheint wieder mit einem Büschel Wasserpflanzen, das dem Partner kopfschüttelnd präsentiert wird. Oft schließt an diese Zeremonie der „Pinguintanz" an, bei dem Männchen und Weibchen, Brust an Brust, steil aus dem Wasser aufsteigen. Das Gelege aus meist vier Eiern wird auf dem typischen Lappentauchernest, einem Haufen verfaulter Pflanzenteile, etwa vier Wochen lang bebrütet. Die gestreiften Küken werden von den Eltern geführt und gefüttert. Wenn eines beim Schwimmen ermüdet, darf es auf Mutters oder Vaters Rücken steigen.

STERNTAUCHER

Aus nur einer einzigen Gattung mit vier Arten besteht die Ordnung der Seetaucher. Ihre Brutgebiete liegen an den Meeresküsten, auf Inseln sowie in den Binnenseen im hohen Norden von Amerika, Asien und Europa. Sie verbringen außer der Brutzeit praktisch ihr ganzes Leben im Wasser und sind mit ihren stromlinienförmigen Körpern und den starken Ruderfüßen mit Schwimmhäuten dem Leben im nassen Element hervorragend angepaßt.

Er brütet im Norden Eurasiens und Nordamerikas, manchmal kolonieweise, gerne auf kleineren Binnenseen. Im Gegensatz zu den Lappentauchern bauen Seetaucher ihre Nester an Land an grasbewachsenen Ufern. Die zwei bräunlich gefleckten Eier werden von beiden Eltern etwa 30 Tage lang bebrütet.

Die Küken mit dunkelbraunen Dunenkleidern sind Nestflüchter und folgen den Eltern am zweiten Tag ins Wasser. Bei Störungen verstecken sie sich blitzschnell im Grasbewuchs der Ufer oder tauchen unter. Da in den kleineren Brutteichen oft nicht genügend Nahrung, besonders keine Fische zu finden sind, legen die Sterntauchereltern oft täglich mehrmals weite Strecken zurück, um ihren Kindern Nahrung zu bringen. Gut zwei Monate werden die Jungen geführt, dann sind sie selbständig und versammeln sich mit Eltern und anderen Sterntauchern zu größeren Gesellschaften, die gemeinsam zum Zug aufbrechen.

Sie ernähren sich von Fischen, Krebsen, Kopffüßern und Würmern, in den Binnengewässern auch von Insekten und Lurchen. Auf der Jagd, aber auch auf der Flucht, können Seetaucher bis zu 70 m tief tauchen und bis zu zehn Minuten unter Wasser bleiben. Trotz ihrer fast vollkommenen Anpassung an das Wasserleben sind die Seetaucher sehr gute Flieger, die auf dem Zug in südliche Regionen weite Strecken zurücklegen.

Die Balzrituale der Seetaucher beginnen meist schon im Herbst auf dem Zug. Möglicherweise leben alle Arten in Einehe. Mit einer Gesamtlänge von 58 cm und bis zu 2,5 kg Gewicht ist der Sterntaucher (Bild) die kleinste Art.

ESELS- UND ZWERGPINGUIN

Groß sind die Eselspinguine (Bild S. 313) mit ihrer Höhe von 50 bis 60 cm nicht gerade – dafür aber um so lauter! Sie brüten in vergleichsweise kleinen Kolonien, schreien aber sehr ähnlich und so laut wie eine ganze Herde wildgewordener Esel. Das wilde Geschrei täuscht, denn eigentlich sind Eselspinguine friedliebende Gesellen, die nicht nur gemeinsam auf Nahrungssuche gehen, sondern auch beim Brutgeschäft die Gesellschaft ihrer Artgenossen brauchen. Sie bauen im frühen antarktischen Sommer ein richtiges Nest und suchen dafür Gräser, Blätter und Zweige aus der Umgebung zusammen. Die zwei Eier werden von beiden Eltern etwa 33 Tage lang bebrütet. Mit einer Körperlänge von wenig mehr als 40 cm ist der Zwergpinguin der kleinste Vertreter der Pinguinfamilie. Er brütet an der Süd- und Westaustralischen Küste, auf Neuseeland und Tasmanien – in Gegenden, in denen es sehr heiß werden kann. Da Pinguine aber Hitze schlecht vertragen, kommen die Altvögel nur nachts an Land. Lediglich während der Balz, der Brutzeit und der Mauser sind die recht scheuen Vögel auch tagsüber an Land anzutreffen. Um sich selbst, die Gelege und die Jungen vor der Hitze zu schützen, graben sie bis zu zwei Meter tiefe Höhlen in die Erde oder suchen sich einen schattigen, geschützten Platz zwischen Felsen, unter Wurzeln oder Sträuchern. Das Weibchen legt zwei Eier, die beide Eltern abwechselnd etwa 40 Tage lang bebrüten. Im Alter von etwa acht Wochen gehen auch die Jungen ins Wasser und kommen erst nach Sonnenuntergang mit den Altvögeln an Land zurück. Zwergpinguine unternehmen keine größeren Wanderungen, sondern bleiben das ganze Jahr in der Nähe der Brutgebiete.

KÖNIGSPINGUIN

Königspinguine leben in der Subantarktis und den gemäßigt-kalten Breiten am Rande der Antarktis und auf den umliegenden Inseln. Von der Schnabel- bis zur Schwanzspitze messen sie etwa 95 cm, sind also nicht viel kleiner als die Kaiserpinguine, wiegen aber mit 15 kg nur etwa halb so viel, da sie keine dicke Speckschicht brauchen. Königspinguine brüten in großen Kolonien im antarktischen Sommer, wenn es sogar rund um den Südpol ein bißchen warm ist. Die schönen Vögel mit dem schwarzen Frack, der gelben Kehle und dem gelb-orangen Ohrschmuck legen immer nur ein Ei, das von beiden Eltern abwechselnd 55 Tage lang in einer Bauchfalte oder Bruttasche am Unterbauch bebrütet wird. Beide Eltern versorgen das Junge auch mit Futter: Fische und anderes Meeresgetier.

Die Küken verlieren ihr erstes Jugendkleid nach etwa zwei Wochen und bekommen ein einfarbig braunes Dunenkleid. Bis zum Beginn des Winters haben sie sich eine dicke Speckschicht angefressen und sehen dann aus wie volle Kartoffelsäcke. Diesen Speckvorrat brauchen sie dringend, denn während die Eltern auf Nahrungssuche aufs offene Meer hinausgehen, bleiben die Jungen in den Brutkolonien. Sie werden nur etwa alle 14 Tage gefüttert und verlieren bis zum Beginn des Frühlings die Hälfte ihres Gewichtes.

Königspinguine vermehren sich relativ langsam, da sie innerhalb von drei Jahren höchstens zwei Junge aufziehen, die lange betreut werden. Darum brüten sie in einem Jahr sehr früh, im nächsten sehr spät und im dritten Jahr überhaupt nicht. Für Tiere, die so wenig Nachwuchs bekommen, bedeutet jede Art von intensiver Verfolgung eine Katastrophe. Als im Laufe des 19. Jahrhunderts Tran und Federn der Königspinguine sehr begehrt waren, wurden einige Populationen völlig ausgerottet.

KAISERPINGUIN

Im März beginnt der antarktische Winter, mit tagelangen Schneestürmen und eisigen Temperaturen. Ausgerechnet dann treffen die Kaiserpinguine zu Hunderten und Tausenden in ihren Brut-

gebieten ein. In großen Kolonien hat man schon 6000 Vögel gezählt. Die Pinguine haben die Mauser hinter sich, sind dick und vollgefressen und wiegen zwischen 30 und 40 kg.

Die ersten Wochen nach der Ankunft gehören der Partnersuche, der Balz und der Hochzeit. In dem Kolonietrubel erkennen sich die Partner an der Stimme und finden sich immer wieder. Etwa im Juni legt die Pinguinfrau ihr etwa 500 g schweres Ei. Sie nimmt es sofort auf die Füße, denn auf dem eisigen Untergrund würde der Keimling schnell absterben. Nun kommt der Vater, und in einer feierlichen Zeremonie rollt das Weibchen das Ei auf die Füße des Partners, der es sofort mit seiner warmen Bauchfalte bedeckt. In dieser warmen Geborgenheit wird das Ei zwei Monate lang bei 30° C ausgebrütet. Während die Männchen die Stellung in Eis und Schnee halten, machen sich die Weibchen auf den Weg zum offenen Meer. Das ist leicht gesagt, hat sich doch rund um die Brutgebiete ein bis zu 100 km dicker Packeisgürtel gebildet, den die Frauen überwinden müssen. Bis sie zurückkehren, sind die Jungen geschlüpft und die Männchen erbärmlich abgemagert. Einige Tage lang können sie die hungrigen Jungen noch mit einem Drüsensekret ernähren, aber dann ist es höchste Zeit, daß die Mutter mit der ersten Fischnahrung eintrifft. Die köstlichen Fische sind aber nur für die Küken bestimmt. Die hungrigen Väter machen sich nun ihrerseits auf den endlos langen Marsch übers Packeis zum offenen Meer. Dort futtern sie sich voll und machen sich auf den Rückweg zu Mutter und Kind, um das Kleine zu versorgen und die Mutter abzulösen.

GRAUKOPF-ALBATROS

Albatrosse zählen zu den besten Fliegern der gesamten Vogelwelt. Sie haben schmale, aber außergewöhnlich lange Flügel, die ihnen ein stundenlanges Segeln ermöglichen. Bei manchen Arten wie dem Wanderalbatros beträgt die Flügelspannweite 325 cm und beim Königsalbatros um die 300 cm. Albatrosse sind ausgeprägte Hochseevögel, die nur gerade für das Brutgeschäft ans Festland zurückkehren. Sie brüten überwiegend in Kolonien. Manche legen ihr einziges Ei lediglich in eine flache Erdmulde, andere – wie der Graukopf-Albatros – bauen Kegelnester aus Schlamm und Erde, die mit der Zeit steinhart werden. Beide Geschlechter teilen sich das lange Brutgeschäft, das mehr als zwei Monate dauert – beim Königsalbatros sogar 79 Tage! In den ersten vier bis fünf Lebenswochen wird das Junge kaum allein gelassen; entweder die Mutter oder der Vater bleibt so lange bei ihm, bis der andere Partner mit Nahrung kommt. Das Junge wird so gemästet, daß es vor dem Flüggewerden schwerer ist als die Eltern! Da die meisten Albatros-Arten in klimatisch rauhen Gegenden brüten – vor allem auf einsamen Inseln in den südlichsten Ozeanen – entwickeln die Küken ein sehr dichtes,

warmes Federkleid, das sie vor Kälte und Feuchtigkeit schützt. Erst mit fünf bis neun Monaten sind die Jungen flugfähig. Mit zunehmendem

Alter werden sie von den Altvögeln immer seltener gefüttert und zehren von ihrem Fettvorrat, so daß sie, bevor sie sich in die Luft erheben können, 30 bis 40 % ihres ursprünglichen Gewichts verloren und ihr Fluggewicht von 2 bis 3 kg erreicht haben. Infolge der überaus langen Aufzuchtdauer brüten die meisten Albatrosse nur alle zwei Jahre. Die Zeit dazwischen verbringen sie ausschließlich draußen auf dem Meer.

Albatrosse sind die Könige der Meere, Vagabunden der Ozeane und Herren der Stürme. Sie sind groß, haben herrliche, lange, schmale Schwingen und kräftige Schnäbel. Wochen- und monatelang sind sie auf den Weltmeeren zu Hause, schweben im Gleitflug dicht über den Wellen dahin, lassen sich vom Wind emportragen, kreuzen und schießen auf das Wasser herab, gehen wieder schräg in den Wind – und wiederholen diese Spiele stundenlang. Sogar Stürmen sind sie gewachsen. Werden sie unfreiwillig auf das Wasser gedrückt, laufen sie gegen den Wind schwerfällig auf dem Wasser, bis sie wieder Auftrieb bekommen.

Albatrosse ernähren sich von Krill, Fischen und Tintenfischen, die sie von oder unmittelbar unter der Wasseroberfläche erbeuten können, nehmen aber auch Tran und schwimmende Abfälle. Oft folgen sie den Schiffen und prügeln sich mit Sturmvögeln und anderen Hochseevögeln um die über Bord geworfenen Abfälle. Manchmal lassen sie sich auf der Schiffsreling nieder und zeigen wenig Scheu vor den Menschen.

Auf den isoliert liegenden Brutinseln zwischen der Antarktis und dem Wendekreis des Steinbocks kamen die Albatrosse nie mit Feinden in Kontakt und zeigten auch keine Angst, als der Mensch auf diese Inseln gelangte. Es war leicht, die Eier einzusammeln und die erwachsenen Tiere massenhaft zu erschlagen, weil ihre Federn für Bettfüllungen verwendet wurden.

lungsturnus dauert die Brutzeit bis zu 80 Tagen. Die Jungen tragen ein dunkelbraunes Dunenkleid. In den ersten drei bis fünf Wochen werden sie ständig von einem Altvogel gehudert, später kommen die Eltern nur noch gelegentlich, um die Küken mit ausgewürgter Nahrung zu füttern. Sieben bis acht Monate lang versorgen die Eltern ihr Kind, bis das Kleine sehr groß und fett

Der Galapagos-Albatros (Bild) ist die einzige Art, die in den Tropen brütet. Das einzige, braun gefleckte Ei wird auf den nackten Boden gelegt und zuerst vom Vater eineinhalb bis drei Wochen bebrütet. Dann löst ihn das Weibchen ab. Im gleichen Abwechs-

ist und ein vollständiges Federkleid besitzt. Wahrscheinlich muß der Jungalbatros ein bis zwei Wochen hungern, bis er so weit „abgespeckt" hat, daß er seine Flügel gebrauchen kann. Er begibt sich zunächst ins Wasser, wo er allmählich das Fliegen lernt.

RIESEN-STURMVOGEL

Zur Ordnung der Röhrennasen gehört eine ganze Gruppe von Vögeln, die in ganz besonderer Weise dem Leben auf dem offenen Meer angepaßt sind. Im Gegensatz zu Möwen und Seeschwalben, die immer mehr oder weniger in der Nähe der Küsten bleiben, sind alle Röhrennasen, darunter Albatrosse, Sturmschwalben und Sturmvögel, ausgesprochene Hochseebewohner.

Da sie zur Deckung ihres Flüssigkeitsbedarfes kein Süßwasser bekommen, haben sie besonders große Nasendrüsen zur Salzausscheidung entwickelt. Die Nasenlöcher sitzen in hornigen Röhren, meist auf dem Schnabelfirst. Immer wieder kann man beobachten, wie die Vögel mit Kopfschütteln einen Tropfen durch die Drüsen ausgeschiedenes, hochkonzentriertes Salz wegschleudern.

Die größten Sturmvögel gehören zur Gattung der Riesensturmvögel mit zwei Arten, dem Nördlichen und dem Südlichen Riesensturmvogel (Bild), die hauptsächlich auf den Inseln der subantarktischen und antarktischen Gewässer brüten. Die mächtigen Vögel mit einer Schnabel-Schwanzlänge von mehr als 90 cm und mehr als 2 m Flügelspannweite ernähren sich von Aas, von Planktontieren, die sie, dicht über der Wasseroberfläche fliegend, aus dem Wasser fischen, sowie von Jungvögeln, die sie aus den Kolonien rauben.

Wie alle Röhrennasen legen die Riesensturmvögel nur ein einziges Ei während einer Brutperiode. Geht das Ei aus irgendeinem Grunde verloren oder stirbt das Junge, so gibt es kein Nachgelege. Das Ei wird durchschnittlich – etwa 60 Tage – doppelt so lange bebrütet, und das Junge braucht doppelt so lange bis zum Flügge-

werden wie bei vergleichbar großen Möwen.
In den großen Brutkolonien sitzen die Küken mit ihrem langen, warmen Dunenkleid oft tagelang ungeschützt, während die Eltern auf dem Meer auf Nahrungssuche sind. Bei Gefahr können sich die Kleinen selbst verteidigen, indem sie aus dem Magen einen Schwall stark nach Moschus riechendes Öl gegen den Angreifer spritzen. Die vom Meer zurückkehrenden Eltern würgen den Küken mitgebrachtes Futter hervor. Die Fütterungsperiode kann mehr als vier Monate dauern, bis die Jungen flügge sind.

EISSTURMVOGEL

Neben dem Hauptverbreitungsgebiet im Nordatlantik, Nordpazifik und den angrenzenden arktischen Meeresgebieten gibt es noch eine antarktische Population des Eissturmvogels, wahrscheinlich handelt es sich um die gleiche Art. Auf den ersten Blick kann der etwa 50 cm lange Eissturmvogel mit der perlgrauen Oberseite und dem weißen Kopf, Hals und Bauch mit einer Möwe verwechselt werden. Bei näherem Hinsehen erkennt man jedoch schnell den dicken Hals, den gelblichen Schnabel mit Hakenspitze und Röhrennase und den dunklen Flecken vor den dunklen Augen. Der atlantische Eissturmvogel hat in den letzten 200 Jahren sein Verbreitungsgebiet aus dem hohen Norden bis an die Küsten Südenglands und

der Bretagne ausgedehnt. Wahrscheinlich fand er durch die Entwicklung der Hochseefischerei ideale Nahrungsgründe durch die ins Meer geworfenen Abfälle.

Zur Brutzeit sammeln sich die Eissturmvögel in großen Kolonien an Steilufern, Klippen und Felseninseln. Sie brauchen schroffe, steil ins Meer abfallende „Abflugschanzen", wo sich der Wind fängt und ihnen den Abflug erleichtert. Sie mei-stern jeden Sturm, wiegen sich spielerisch im stärksten Wind auf und ab, können aber nur schwer vom flachen Boden auffliegen.

Im Mai legt das Weibchen sein Ei in eine flache Bodenmulde auf Grasbändern oder auf Felsabsätzen. Bis zu 57 Tagen brüten beide Eltern und wechseln sich dabei in zwei- bis viertägigem Turnus ab.

Das Junge wird, wie bei allen Sturmvögeln, so groß und fett, daß es bald dicker wirkt als die Eltern. Mit etwa sieben Wochen ist es kaum flügge, begibt sich aber mit den anderen Küken ins Meer, wo es die erste Woche fast nur schwimmend verbringt. Dabei nimmt es ab und übt und stärkt seine Schwingen, bis es nach einiger Zeit ein genauso meisterhafter Flieger ist wie die Eltern. Eissturmvögel werden erst mit vier bis fünf Jahren fortpflanzungsfähig.

KORMORAN

50 und 92 cm langen Vögel bewohnen fast alle Küstengebiete und Inseln sowie Fluß- und Seenlandschaften der ganzen Welt.

Als ausgezeichnete Schwimmer und Taucher ernähren sie sich fast ausschließlich von Fischen, die sie mit dem kräftigen, am Ende hakenförmig gebogenen Schnabel im Wasser erbeuten. Alle Arten sind gute Flieger, mit Ausnahme des im letzten Jahrhundert ausgestorbenen, schwerfälligen Brillenkormorans und des flugunfähigen Stummelkormorans von den Galapagos-Inseln (Bild).

Oft sieht man Kormorane an Land sitzen und ihre ausgebreiteten Flügel an der Sonne oder im Wind trocknen.

Im Gegensatz zu fast allen anderen Wasservögeln entweicht bei den Kormoranen während des Tauchens die meiste Luft aus dem Gefieder, so daß die Federn naß werden.

Kormorane brüten in kleineren bis großen Kolonien in Gemeinschaft mit anderen Wasservögeln. Jedes Paar baut ein umfangreiches Nest, am Meer besonders aus Tangstücken auf Felsvorsprüngen, im Binnenland, wo sie vorzugsweise

Mit rund 30 Arten sind die Kormorane die größte Familie der Ordnung der Ruderfüßer. Wegen ihres schwarzen, oft metallisch glänzenden Gefieders werden sie auch Seeraben oder Scharben genannt. Die verschiedenen Arten der zwischen

in Baumkronen nisten, aus Ästen und Reisig. Das Material für ihre Nester brechen sie von den Nistbäumen ab, die durch die ständige Verstümmelung und den scharfen Vogelkot mit der Zeit absterben. Zwischen April und Juni werden drei bis fünf bläulichweiße Eier gelegt, die beide Altvögel – je nach Art – 22 bis 35 Tage lang ausbrüten. Die nackten, blinden Jungen erhalten von den Eltern hochgewürgte Nahrung direkt in den Schnabel. Erst wenn sie ihr dichtes, dunkelbraunes oder schwarzes Dunenkleid ausgebildet haben, holen sie sich ihre Nahrung selbst aus dem elterlichen Schnabel. Nach fünf Wochen beginnen die Küken, aus dem Horst zu klettern und suchen bald darauf das Wasser auf. Mit etwa zwei Monaten sind sie flugfähig.

FREGATTVOGEL

lem Kropf zu ihren
Jungen heimkehren wollen. Sie setzen sogar
ihre scharfen Schnäbel
ein und bedrängen ihre
Opfer sehr, damit diese
ihre Beute hervorwürgen.
Bevor die Nahrung
das Wasser erreicht,

Sie sehen nicht nur aus
wie unheimliche Piraten,
sie verhalten sich auch
so. In den tropischen
und subtropischen Regionen der Erde, wo sie
im warmen Meerwasser
genügend Fliegende
Fische finden, die sie im
Flug erbeuten, leben die

muskeln und Federn wiegen fast die Hälfte der bis
zu 1,5 kg schweren Vögel.
Erwachsene Männchen,
die übrigens kleiner
sind als die Weibchen,
sind tiefschwarz und
haben einen leuchtendroten Kehlfleck, den sie
während der Balz zu ei-

wird der „Pirateneindruck" noch durch den
langen, schmalen Hakenschnabel und den tief
gegabelten Schwanz,
der beim Flug als Steuer
dient.
Fregattvögel landen niemals auf dem Wasser,
sondern erhaschen ihre

Fregattvögel. Sie sind
mit ihren langen, schmalen Flügeln die geschicktesten Flieger der Ruderfüßer, in deren Ordnung sie eine eigene
Familie bilden. Brust-

nem großen, fast grotesk
wirkenden Ballon aufblasen können. Die Weibchen der insgesamt
fünf Arten haben teilweise hellere oder weiße
Bauchseiten. Verstärkt

Beute von der Wasseroberfläche. Spezialisten
aber sind sie darin, anderen Vögeln ihre Beute
abzujagen. Im Sturzflug stoßen sie auf Vögel
herunter, die mit vol-

ist der Fregattvogel da und fängt sie auf.

Aus Brutkolonien anderer Arten raubt er im Flug Küken aus den Nestern.

Er nistet in Kolonien auf Meeresinseln, oft in unmittelbarer Nachbarschaft anderer Arten, denen er sowohl Futter als auch die Jungen raubt. Das einzige Ei wird in ein unordentliches Nest aus Knüppeln, Federn und anderem Material, oft auf Sträuchern oder niederen Bäumen, auch auf dem Boden, gelegt und von den Eltern etwa sieben Wochen lang bebrütet.

Dem nackten Küken wächst bald ein grauweißes Dunenkleid. Es bleibt etwa vier bis fünf Monate im Nest, ist aber nach dem Flüggewerden noch weitere zwei bis sechs Monate von den Eltern abhängig. In dieser Zeit fliegt es mit Gleichaltrigen in der Kolonie herum, ernährt sich von Abfällen und stärkt seine Schwingen.

TÖLPEL

Ebenfalls zu den Ruderfüßern gehört die Familie der Tölpel. Es sind große, bis zu einem Meter lange, hauptsächlich schwarzweiß gefärbte Vögel mit teilweise zart getönten Gefiederpartien. Die nackten Partien des Gesichtes, der Kehlsack und die Füße sind oft leuchtend bunt gefärbt.

Trotz ihres relativ großen Gewichtes bis zu 3,5 kg sind sie mit ihren zigarrenförmigen Körpern, den langen, schmalen Flügeln und den langen, keilförmigen Schwänzen ausgezeichnete und ausdauernde Flieger, vor allem aber hervorragende Taucher. Oft sieht man sie zu mehreren in etwa 10 bis 20 m Höhe über der Wasseroberfläche fliegen. Sobald sie eine Beute erspähen, kippen sie vornüber, winkeln die Flügel an und schießen Kopf voran ins Wasser. Meist haben sie den Beutefisch schon verschluckt, bevor sie wieder auftauchen.

Alle sieben bis neun Tölpelarten nisten in teilweise riesigen Kolonien. Der Basstölpel (Bild links) hat seinen Namen nach dem Bäss-Felsen im Firth of Forth an der britischen Westküste. Zur Brutzeit bevölkern die Vögel zu Tausenden die steil aus dem Meer aufragende Felseninsel und sitzen dicht an dicht auf ihren Nestern aus Seetang und Algen auf dem Boden, auf schmalen Felsstufen oder auf Grashängen. Das einzige, bläulichweiße Ei wird im April oder Mai gelegt und von den Eltern 43 bis 45 Tage lang ausgebrütet – nicht wie bei den meisten Vögeln durch die Körperwärme, sondern durch die Wärme der Schwimmhäute.

Gegen Ende Juni sitzen einige Vögel noch immer auf ihrem Ei, andere hudern ihr soeben geschlüpftes Küken und wieder andere bringen schon Nahrung herbei. Frisch geschlüpfte Tölpel haben eine dunkle, nackte Haut. Erst nach etwa einer Woche wächst ihnen ein dickes, weißes Dunenkleid. Das Junge wird so fett, daß es mit elf Wochen, wenn das Federkleid entwickelt ist, keine Nahrung mehr erhält. Nach etwa zehn Fastentagen springt das Küken von der luftigen Höhe seines Nestes herunter ins Meer. Dort zehrt es noch zwei Wochen von seinen Fettreserven, bis es fischen und fliegen gelernt hat.

NACHTREIHER

In Afrika und Asien ist der Nachtreiher nicht selten; trotzdem sieht man ihn nur unregelmäßig, denn er ist überwiegend in der Dämmerung und der Nacht aktiv. Tagsüber steht er meist gut gedeckt in dicht belaubten Bäumen oder im Röhricht an Fluß- und Seeufern. Er bewegt sich sehr gemächlich, fast im Zeitlupentempo und fliegt mit weitausholenden, „weichen" Flügelschlägen. Zur Brutzeit wählt das Männchen einen Nistplatz aus, trägt ein paar Zweige zusammen und wartet dann geduldig darauf, daß sich ein Weibchen auf Partnersuche für ihn entscheidet. Gemeinsam vervollständigen sie dann das einfache und recht kleine Nest; das Weibchen verbaut die Äste und Zweige, die das Männchen heranträgt. Gemeinsam bebrüten sie auch die drei bis fünf Eier, aus denen nach drei Wochen die Jungen schlüpfen. Sie

werden von beiden Eltern
gewärmt und gefüttert.
Männchen und Weibchen
lassen sich die Nahrung
von den Jungen direkt
aus dem Schlund holen!
Nach etwa 20 Tagen ver-
lassen die unscheinbar
graubraun gestreiften
Jungreiher das Nest und
stehen stundenlang völ-
lig unbeweglich auf ei-
nem Ast (Bild rechts), so
daß sie von etwaigen
Feinden häufig übersehen

werden. Wenn es Zeit für
die Fütterung ist, schrei-
ten sie ganz gemächlich
ins Nest oder seine un-
mittelbare Umgebung
zurück und warten auf
die Ankunft eines Eltern-
teils. Mit sechs bis sieben
Wochen sind sie flügge
und etwa zwei Wochen
später auch selbständig
und in der Lage, ihre
Nahrung, die überwie-
gend aus kleinen Fischen,
Fröschen und Insekten

besteht, selbst zu finden.
Die europäischen Nacht-
reiher ziehen im Herbst
überwiegend nach Nord-
afrika oder gar in die
äquatorialen Regionen
Afrikas, wo sie auch in
den Wintermonaten
genügend Nahrung fin-
den. Vor allem unerfahre-
ne Jungvögel sind auf
den langen Zügen ge-
fährdet und fallen Fein-
den oder ungünstiger
Witterung zum Opfer.

GRAUREIHER

Mit etwa 90 cm Körpergröße und 2 kg Gewicht ist der Grau- oder Fischreiher die größte Reiherart Mitteleuropas. Außer auf Island und in Nordskandinavien kommt er in ganz Europa mehr oder weniger häufig vor, aber auch in Südasien und in Afrika. Etwa die Hälfte der mitteleuropäischen Vögel bleibt auch im Winter in den Brutgebieten oder entfernt sich nicht weit, die andere Hälfte zieht teilweise bis in den Mittelmeerraum und nach Afrika.

Beim Fliegen unterscheidet man den Reiher vom etwa gleich großen Weiß-Storch leicht am gebogenen Hals und dem zwischen den Schultern liegenden Kopf, während der Adebar mit ausgestrecktem Hals fliegt. Graureiher halten Distanz, kommt ihnen ein Artgenosse zu nahe, so gibt es Streit, der mit den langen, spitzen Schnäbeln ausgetragen wird. Trotzdem sind sie auf die Gesellschaft der Artgenossen angewiesen und brüten normalerweise in Kolonien.

Bereits im Februar erscheinen die Männchen dort und besetzen einen Nistplatz, entweder einen vorjährigen Horst

oder eine Astgabel, die das zukünftige Nest tragen soll. Die umfangreichen Nester werden bevorzugt in den Wipfeln von Laub- und Nadelbäumen, seltener im Schilf oder auf dem Boden angelegt. Das Männchen bietet sich und den Nistplatz mit Rufen und Gebärden jedem Weibchen an, aber es braucht viel Zeit und ausgedehnte Balzzeremonien, bis die künftigen Partner ihre Abneigung gegen jede nähere Berührung mit einem Artgenossen überwunden haben.

Ab März oder April legt das Weibchen im Abstand von zwei Tagen drei bis fünf blaugrüne Eier, die vom ersten Tag an von beiden Eltern bebrütet werden. Im gleichen Abstand schlüpfen nach 25 bis 26 Tagen die Jungen. Wegen der unterschiedlichen Größe der Nestlinge gehen bei Futterknappheit oder durch Mißhandlungen der älteren Geschwister die zuletzt geschlüpften Küken oft zugrunde. Im Alter von sechs oder sieben Wochen klettern die Jungen auf die Äste hinaus, werden dort von den Alten weiter gefüttert und sind mit acht oder neun Wochen flügge.

WEISS-STORCH

Jedes Kind kennt ihn, zumindest von Bildern, den Weiß-Storch, den schwarzweißen Adebar mit langen, roten Beinen und ebensolchem Schnabel, den Vogel, der so lange für den Kindersegen verantwortlich war. Heute sind Störche in unseren Kulturlandschaften selten geworden. Sie finden nicht mehr genügend Futter, weil Feuchtwiesen fehlen, unsere modernen Häuser bieten ihnen zu wenig Brutmöglichkeiten, und allzu viele Tiere verunglücken in den Drähten der Hochspannungsleitungen.

Das Verbreitungsgebiet unseres Storches reicht von Holland und dem Elsaß ostwärts bis nach Mittelrußland, von Dänemark, Südschweden und Estland bis zu den Alpen sowie über den Balkan bis nach Griechenland. Ein weiteres Brutgebiet umfaßt die Pyrenäenhalbinsel und Nordafrika, weitere Populationen leben in Klein- und in Ostasien.

Störche errichten ihre umfangreichen Horste gerne auf geeigneten Hausdächern, auf starken, weitverzweigten Bäumen oder sogar in Felsen. Sie haben nichts gegen die Nachbarschaft von Artgenossen, verteidigen aber ihr Nest erbittert gegen jeden Eindringling.

Oft ein ganzes Storchenleben lang brüten die gleichen Paare auf dem gleichen Nest. Der Mann kommt etwas früher aus den Überwinterungsgebieten im mittleren und südlichen Afrika zurück und klappert etwa zwei Wochen später werbend jede Storchenfrau an, die sein Nest überfliegt. Die Partnerin des letzten Jahres wird aber jede Nebenbuhlerin verjagen, sobald sie auf dem Nestrand erscheint.

Nachdem das Nest ausgebessert wurde, legt die Störchin drei bis fünf weiße Eier, die beide Eltern abwechselnd etwa einen Monat lang bebrüten. Storcheneltern sind rührend um ihren Nachwuchs besorgt. Sie füttern die Kleinen in den weißen Dunenkleidern, bringen ihnen Wasser und schützen sie mit ausgebreiteten Flügeln vor heißer Sonnne, Regen und kaltem Wind. In den ersten vier Wochen nach dem Schlüpfen bleibt ständig ein Altvogel am Nest. Wenn ein Partner in dieser Zeit verunglückt, müssen die Jungen verhungern. Das im Kehlsack herangetragene Futter, Lurche, Würmer, Kleinsäuger und Insekten, wird vor den Jungen ausgewürgt und von diesen selbständig aufgenommen. Mit acht bis neun Wochen sind Jungstörche flügge und ziehen vor den Eltern in die Winterquartiere.

STRAUSS

Mit einer Standhöhe von drei Metern ist der Strauß der größte und mit einem Gewicht bis zu 150 kg (diese Angaben gelten für die Hähne, die Hennen sind kleiner und leichter) der schwerste aller heute lebenden Vögel. Er hat seine Flugfähigkeit eingebüßt und ist mit seinen langen, sehnigen Beinen mit den zwei starken Zehen ein ausgezeichneter und schneller Läufer geworden. In mehreren Unterarten ist der Strauß in den Grasländern und Halbwüsten Afrikas und Vorderasiens verbreitet. Als Allesfresser kann er neben Kleinsäugern, Reptilien und Insekten auch Sämereien, Pflanzenteile und selbst härteste Wurzeln verdauen. Gelegentlich schluckt er Steine, die ihm helfen, die harten Pflanzenteile im Magen zu zerreiben. Interessant sind die Balz- und Brutgewohnheiten der Strauße. Außerhalb der Brutzeit leben sie einzeln oder in größeren Verbänden, denen sich mit Beginn der Fortpflanzungszeit auch die Einzeltiere anschließen. Der große Hahn mit den schwarzweißen Schmuckfedern lockt ein Weibchen von der Gruppe fort. Dann läßt er sich vor ihr auf die Vorderfüße nieder und beginnt sein eigenartiges Balzritual, indem er mit Flügeln und Schwanz schlägt und Hals und Kopf auf dem Rücken hin und her bewegt und seinen dumpfen Balzruf ertönen läßt. Mit bis zu sechs Hennen paart sich der Hahn. Erst dann

sucht er einen Nistplatz aus und säubert ihn sorgfältig, bevor jede Henne im Abstand von zwei Tagen ihre sechs bis acht Eier hineinlegt, wobei jedes Ei etwa 1,5 kg wiegt. Die Gelegegröße hängt von der Beliebtheit des Hahnes ab. Manche Gelege sind so groß, daß Dutzende von Eiern um den brütenden Vogel herumliegen und bald absterben.

Das Brutgeschäft teilt sich der Hahn meist mit seiner Lieblingshenne. Mit seinem auffallenden Federkleid brütet er nachts, während sie mit ihrem Tarnkleid tagsüber auf den Eiern sitzt. Nach 42 bis 48 Tagen schlüpfen die Jungen, die vom zweiten Tag an den beiden Eltern folgen. Bereits vor dem Schlüpfen lernen sie ihre Eltern durch Stimmfühlungslaute kennen. Die Beziehung vertieft sich in den ersten Lebenstagen, und die Eltern verteidigen ihre Kinder vehement gegen Feinde.

Der Emu ist ein australischer Laufvogel, der wie seine Verwandten, der afrikanische Strauß und der südamerikanische Nandu, seine Flugfähigkeit verloren hat. Das ist bei einem Körpergewicht von 40 bis 50 kg auch verständlich, denn um dieses Gewicht in die Lüfte zu erheben, müßte der Emu mehrere Meter lange Flügel haben. So aber besitzt er lediglich Flügelstummel.

In Freiheit leben Emus paarweise oder in kleinen Gruppen und streifen durch die Graslandschaften ihrer Heimat, wo sie vor allem von den Viehzüchtern und Farmen als angebliche „Schädlinge" rücksichtslos verfolgt werden.

Der Hahn scharrt in der Brutzeit eine flache Mulde in den Boden und

kleidet sie dürftig mit einigen Pflanzenteilen und Blättern aus. Dann legen ein bis drei Hennen ihre dunkel gefärbten, 500 bis 600 g schweren Eier in das Nest, und der Hahn brütet sie in rund zwei Monaten allein aus. In einem einzigen Nest wurden schon 25 Eier gezählt. Aber meist schlüpfen nicht aus allen Küken; entweder sind sie nicht befruchtet, oder sie sind wegen der Gelegegröße nicht gleichmäßig bebrütet worden. Auch die Aufzucht der Jungen wird vom Männchen allein besorgt, während die Weibchen einem anderen Hahn die Eier ins Nest legen! Ausgewachsene Emus sind sehr wehrhafte Vögel, die mit ihren kräftigen Beinen mächtige Hiebe austeilen können, die selbst einen Menschen umwerfen. Die Küken hingegen werden nicht selten Opfer von Dingos (australischer Wildhund) und Raubadlern. Im Alter von gut zwei Jahren sind sie erwachsen und damit fortpflanzungsfähig. Der Erfolg einer Brut hängt zu einem beträchtlichen Teil von den Wetterbedingungen ab; vor allem große Trockenheit und fehlendes Wasser stellen ihn häufig in Frage.

FLAMINGO

Mit ihren langen Beinen haben Flamingos zwar eine gewisse Ähnlichkeit mit den Stelzvögeln, da sie aber sehr spezielle Anpassungsmerkmale an ihre Ernährungsweise entwickelt haben, werden sie in einer eigenen Familie mit fünf einander sehr ähnlichen Arten zusammengefaßt.

Flamingos leben nur an Lagunen oder Seen mit stark salzhaltigem Wasser, in dem reichlich Klein- und Kleinstlebewesen vorhanden sind: Krebse, Schnecken, Würmer und Insektenlarven. Zwerg-, Kurzschnabel- und Andenflamingos ernähren sich nur von Grün- und Blaualgen, Einzellern und Planktontierchen. Um diese mikroskopisch kleinen Lebewesen überhaupt in ausreichender Menge

aufnehmen zu können, haben die Flamingos die eigenartige Form des Lamellenschnabels entwickelt. Sie „weiden" mit ins Wasser gesenktem Kopf und halten dabei die Schnabeloberseite nach unten. Der Schnabel wirkt wie ein Sieb. Wenn die dicke Zunge zurückgezogen wird, strömt das nahrungsreiche Wasser herein. Dann wird der Schnabel geschlossen, die Zunge drückt das Wasser heraus, die winzigen Lebewesen verfangen sich in den seitlichen Lamellen und werden von der Zunge abgestreift und verschluckt. Flamingos brüten dicht nebeneinander in Kolonien an Seeufern. Das Nest besteht aus einem 30 bis 40 cm hohen Schlammkegel, der vor der Ablage des einzigen Eies im flachen Uferwasser errichtet wird. Beide Eltern brüten etwa einen Monat lang. Flamingoküken haben ein hellgraues Dunenkleid, das nach etwa vier Wochen durch ein dunkelgraues, dichteres Dunenkleid ersetzt wird. Der anfänglich gerade Schnabel beginnt sich nach zwei Wochen zu krümmen. Die ersten vier Lebenstage verbringt der Jungflamingo im Nest, später

sammeln sich die Küken zu Kindergärten, in denen immer einige Altvögel Wache halten. Die Eltern erkennen ihre Jungen selbst im größten Kindergarten immer wieder und ernähren sie mit einer besonderen „Milch", die sehr fett- und eiweißhaltig ist. Mit etwa elf Wochen sind die jungen Flamingos flügge.

GRAUGANS

Das erste Lebewesen, das ein schlüpfendes Graugans-Küken zu Gesicht bekommt, wird von diesem „adoptiert" und als Elternteil betrachtet. Konrad Lorenz, der berühmte Verhaltensforscher und Nobelpreisträger, hat sich auf diese Art zum „Gänsevater" entwickelt und Dutzende von Gänsekindern aufgezogen. Sie folgten ihm im Gänsemarsch überallhin und riefen ganz verzweifelt nach ihm, wenn er sich einmal entfernte und sie ihn nicht mehr sehen konnten. Normalerweise sieht ein Gänseküken bei der Geburt die Mutter und allenfalls den Vater. Im März oder April richtet die Gänsefrau ein Bodennest her, legt vier bis sechs, in seltenen Fällen bis zwölf, Eier und bebrütet sie allein vier Wochen lang. Der Ganter ist jedoch die ganze Zeit über in ihrer Nähe und hält Wache. Nähert sich ein Feind, z. B. ein Hund, ein Fuchs oder ein Mensch, wird er vom Männchen angegriffen und mit kräftigen Flügelschlägen und Bissen vertrieben. Die Küken schlüpfen nahezu gleichzeitig und bleiben,

obwohl sie Nestflüchter sind, längere Zeit im oder beim Nest. Vater und Mutter führen die Brut gemeinsam und nehmen sie, wie das Bild zeigt, in „ihre Mitte". Am Abend oder bei schlechter Witterung kehrt die ganze Familie zum Nest zurück, und

das Weibchen hudert die Jungen, bis sie so groß geworden sind, daß nicht mehr alle unter dem Bauch und den Flügeln der Mutter Platz finden. Gänsepaare halten ein ganzes Leben lang zusammen; die Jungen bleiben auch im Herbst und Winter im Familien-

verband und trennen sich erst, wenn die Eltern im folgenden Jahr eine neue Brut beginnen. Trotz der großen Fürsorge werden nur drei bis vier von zehn Gänseküken erwachsen. Mit zwanzig und mehr Jahren können Gänse ein für Vögel beachtliches Alter erreichen.

NILGANS

346

Die Angehörigen der Gattungsgruppe der Halbgänse zeigen neben vielen entenähnlichen auch gänseähnliche Eigenschaften und Merkmale. So sind u.a., wie bei den Gänsen, beide Geschlechter gleich gefärbt, während bei den meisten Enten der Erpel ein auffallendes Prachtkleid, das Weibchen ein dezentes Tarnkleid trägt.

Fast alle Halbgänse haben auffallende, weiße Flügeldecken mit schwarzen und/oder metallisch glänzenden Abzeichen.

Die Nilgans ist eine mittelgroße, ziemlich hochbeinige Halbgans, die in ganz Afrika, mit Ausnahme der Sahara, vorkommt. Gelegentlich tauchen Nilgänse auch an den Flüssen und Seen Mitteleuropas auf. Es handelt sich um Tiere, die irgendwo aus Gefangenschaft entflogen sind und die einige Jahre in Freiheit überleben können. Wahrscheinlich können sie in unseren Breiten aber kaum Nachwuchs aufziehen.

In ihrer afrikanischen Heimat bewohnen die Nilgänse alle Gewässertypen, von der Meeresküste bis zu Gebirgsseen, abgesehen von reißenden Flußabschnitten. Außerhalb der Brutzeit leben sie einzeln, paarweise oder in kleineren oder größeren Scharen. Gelegentlich fallen sie in Getreidefeldern oder anderen Kulturflächen ein, wo große Scharen erhebliche Schäden verursachen können. Als reine Vegetarier „grasen" sie in flachen Gewässern oder auf Weideland. Zu Ruhepausen ziehen sie sich gerne auf Sand- oder Schotterbänke oder kleine Inseln in den Gewässern zurück, sitzen aber auch sehr oft in Bäumen, wo sie vor Feinden sicher sind.

Während der Brutzeit halten die einzelnen Paare eng zusammen und verteidigen ihr relativ großes Brutrevier gegen Eindringlinge. Das mit Dunen ausgepolsterte Nest wird in Gras oder Röhricht, in Felsspalten, unter Steinen oder auch in Baumhöhlen errichtet. Gerne nehmen die Nilgänse auch vorhandene Nester großer baumbrütender Vögel, vor allem die des Schattenvogels. Das Gelege besteht aus acht bis zehn weißen Eiern, die das Weibchen in knapp einem Monat erbrütet. Beide Eltern führen die Jungen zunächst in vegetationsreiche Flachwasserzonen. Mit neun bis zehn Wochen sind die Küken flugfähig.

BRANDGANS

Wie die Nilgans, so
gehört auch die Brand-
gans zu den Halbgänsen,
die die Mittelstellung
zwischen Gänsen und
Enten einnehmen. Das
farbenprächtige Kleid
der Brandente, wie sie
ebenfalls genannt wird,
neigt mehr zur Enten-
verwandtschaft, die fast
gleiche Färbung der
Geschlechter – der Erpel
ist etwas kräftiger ge-
färbt und trägt einen
Nasenhöcker – weist
mehr zu den Gänsen hin.
Brandgänse kommen
an allen Küsten der
gemäßigten Breiten
in Europa und Asien
vor.
Sie brüten in Erdhöhlen.
Da diese an der Küste
nicht immer in der
benötigten Anzahl zu
finden sind, fliegen ein-
zelne Paare auf der Suche
nach geeigneten Nist-
möglichkeiten oft weit
ins Landesinnere hinein.
Das Paar besetzt die

Höhle, meist einen Kaninchenbau, gelegentlich aber auch Fuchs- oder Dachsbehausungen und verteidigt die Brutstätte der künftigen Küken nicht nur gegen interessierte Artgenossen, sondern auch gegen die ehemaligen Bewohner.

Die acht bis zwölf weißen Eier brütet das Weibchen in ungefähr einem Monat aus, während das Männchen nach Gänseart das Revier bewacht. Gelegentlich legen Brandgänse ihre Eier in fremde Nester. Hin und wieder findet man auch Gelege von mehreren Weibchen, die bis zu 60 Eier enthalten können.

Die Küken in ihren schwarzweiß gestreiften Dunenkleidern werden von den Eltern von der Bruthöhle direkt ins Wasser geführt. Spätestens Ende Juli sind die Jungen soweit selbständig, daß sie von den Eltern verlassen werden.

Während der Nachwuchs sich zu großen Kindergesellschaften versammelt, die von einigen Altvögeln betreut werden, begibt sich die Mehrzahl der erwachsenen Brandgänse zu den Mauserplätzen. An der deutschen Nordseeküste sind der Große Knechtsand und andere Sandbänke zwischen Elbe- und Wesermündung die bevorzugten Mauserplätze der Brandgänse. Zu Hunderttausenden finden sie sich auf diesen Plätzen ein, wo die während der Mauser flugunfähigen Vögel vor Feinden sicher sind.

KELP- ODER TANGGANS

Eine typische Halbgans mit ausgeprägten Merkmalen sowohl von Enten als auch von Gänsen ist die wunderschöne Kelp- oder Tanggans, die in zwei Unterarten das südliche Südamerika bewohnt. Die Kleine Tanggans kommt an der chilenischen Festlandküste und auf den vorgelagerten Inseln vor, während die nur wenig größere Große Tanggans auf den Falklandinseln lebt.

„Kelp" ist übrigens das englische Wort für Tang; die Art ist bei uns unter beiden Namen bekannt. In die Entenverwandtschaft verweisen die völlig unterschiedlichen Federkleider der Geschlechter. Während das Männchen rein weiß ist und lediglich einen dunklen Schnabel, dunkle Augen und ebensolche Füße und Beine hat, erscheint das Gefieder des Weibchens fast als Prachtkleid. Kopf, die obere Hals- und Rückenpartie sind graubraun, Hals und Bauchgefieder schwarzweiß gefleckt und gestreift, Schnabel und Füße orangegelblich. Die Flügel haben metallisch grünglänzende Armschwingen, schwarzgraue Handschwingen und weiße Decken.

Als ausgesprochene Nahrungsspezialisten leben die Tanggänse das ganze Jahr über in den Gezeitenzonen der Felsenküsten oder der Flachwasserzone, wo reichlich Algenbewuchs vorhanden ist.

Die Brutsaison liegt im kurzen, südlichen Sommer. Zwischen Ende Oktober und Ende November werden vier bis sechs cremeweiße Eier in das Nest, das sich im Gras oder zwischen Felsen am Küstensaum befindet, gelegt. Da Tanggänse bisher kaum in zoologischen Gärten gezüchtet werden konnten, fehlen genaue Angaben

zur Brutbiologie. Wahrscheinlich dauert die Brutzeit etwa einen Monat. Wenn das Weibchen das Gelege verläßt, deckt sie es mit einer dicken Daunenschicht zu.

Die Küken tragen ein silberweißes Dunenkleid und verlassen das Nest mit etwa zwei Tagen. Mit ihren scharfen Krallen bewegen sie sich geschickt zwischen schlüpf-rigen Steinen und Geröll. Da zum Nahrungserwerb nur etwa zwei Stunden bei Niedrigwasser zur Verfügung stehen, wachsen die Kleinen sehr langsam. Die ersten Federn sprießen mit etwa drei Wochen, ihre Flugfähigkeit erlangen sie erst mit zwölf Wochen, oft dauert es allerdings noch länger.

HÖCKERSCHWAN

In Märchen und Mythen, Balladen und Liedern ist der Schwan Göttersymbol, Zeichen der Reinheit und Sinnbild der ehelichen Treue. Die stolze Haltung des Halses, das schneeweiße Gefieder und die lebenslange Einehe dieser großen Gänsevögel haben seit jeher den Menschen beeindruckt. Ein zuerst begeisterter, später enttäuschter Dichter soll einmal gesagt haben, daß Schwäne besser nie aus dem Wasser herauskommen sollten, denn dann sähen sie aus wie gewöhnliche Gänse.

Vor allem die Nachkommen der Höckerschwäne, die im Laufe des 16. und 17. Jahrhunderts aus dem ursprünglichen Verbreitungsgebiet, Norddeutschland, den Britischen Inseln, Südskandinavien und Mittelasien an die Fürstenhöfe und in die Parks von Mittel- bis Südeuropa gelangten, werden vielerorts zu Problemen. Die großen, bis zu 15 kg schweren Tiere haben in den letzten Jahrzehnten auf vielen Teichen, Seen und Flüssen sehr zugenommen. Die Überpopulation führt zu starken Verfolgungen un-

ter Artgenossen, die Gelege oder die Jungvögel kleinerer Arten werden oft zertreten oder getötet, sogar Spaziergänger an den Ufern oder Badende bekommen Angst vor wütenden Schwänen, die – verständlicherweise – ihre Gelege oder Jungen gegen vermutliche Feinde verteidigen wollen. Fischer beklagen, daß die zahllosen Schwäne beim Abgrasen den Fischlaich zerstören, und Bauern schimpfen über ihre verwüsteten Klee- oder Getreidefelder nach dem Besuch von zehn, zwanzig oder noch mehr Schwänen.

Doch trotz allem ist ein Schwanenpaar, das seine vier bis neun grauen Dunenküken ins Wasser führt, ein beeindruckender Anblick. Wohlbehütet schwimmen die Kleinen zwischen den Eltern umher und lernen, Wasserpflanzen zu fressen. Nach dem Dunenkleid wächst den Jungen ein graues Federkleid. Im Alter von etwa viereinhalb Monaten können die Jungschwäne fliegen, bleiben aber oft bis zum Beginn der nächsten Brutperiode bei den Eltern, bis sie vom Vater vertrieben werden.

SCHWARZSCHWAN

Obwohl der Schwarz- oder Trauerschwan gelegentlich in unseren Teichen und Seen halbwild anzutreffen ist und in fast allen zoologischen Gärten gehalten wird, liegt das ursprüngliche Verbreitungsgebiet im südwestlichen und südöstlichen Australien. Gegen Ende des 18. und zu Beginn des 19. Jahrhunderts kamen die ersten Tiere nach England und Frankreich. Ab Mitte des 19. Jahrhunderts gab es die ersten Brutversuche, die aber wegen der Temperaturempfindlichkeit der „Australier" in freier Wildbahn immer nur von geringen Erfolgen gekrönt waren.

Mit 1,25 m Länge ist der Trauerschwan etwas kleiner als der Höckerschwan und hat einen längeren,

der erscheint sanft gewellt, die Halspartien sind leicht gekräuselt. In seiner Heimat lebt der Trauerschwan paarweise, in Familienverbänden oder oft in riesigen Schwärmen auf flachen Binnenseen oder in Küstengewässern. Er bevorzugt Süßwasser, kann aber auch in ausgedehnten Salzpfannen oder in Überschwemmungsgebieten vorkommen. Da in Australien die Brutgewässer gelegentlich austrocknen, streifen einzelne Populationen oft weit umher.

nem Grund errichtet, am liebsten auf Inseln, wo es zu regelrechten Koloniebildungen kommen kann.

Beide Eltern bebrüten die fünf bis sechs länglichen, graugrünen Eier etwa sechs Wochen lang, wobei die Brut oft schon beginnt, wenn das Gelege noch nicht vollständig ist. Die frischgeschlüpften Küken wiegen nicht einmal 200 g und tragen ein dunkel silbergraues Dunenkleid. Im Alter von 55 Tagen beginnt der Wechsel zum dunkel graubraunen Jugendkleid

dünneren Hals. Das Gefieder ist samtschwarz-dunkelbraun getönt und hat schmale, hellgraue Federsäume. Die Hand- und Armschwingen sind weiß. Das Rückengefie-

Die Brutperiode beginnt – regional unterschiedlich – zwei Monate nach Einsetzen der Regenzeit. Fällt diese aus, entfällt auch die Brut. Die Nester werden auf trocke-

mit hellen, breiten Federsäumen und weißen Schwingen, die allerdings erst nach etwa einem halben Jahr ihre volle Länge erreicht haben.

FALKLAND-DAMPFSCHIFFENTE

Im südlichsten Südamerika, auf den Falklandinseln, lebt die gleichnamige Dampfschiffente. Sie wird bis zu 4 kg schwer und hat ihr Flugvermögen nahezu gänzlich eingebüßt – möglicherweise wegen des Fehlens natürlicher Feinde. Wenn sie flüchtet, taucht sie mit Vorliebe im Wasser unter und an einem ganz anderen Ort wieder auf. Ihren Namen erhielt sie durch die Eigenheit, bei Gefahr mit kräftigen Flügelschlägen und Ruderbewegungen durch das Wasser zu pflügen und dabei wie ein urtümlicher Raddampfer eine Bugwelle zu erzeugen. Dampfschiffenten brüten im Südfrühling, ab September/Oktober. Die einfachen Bodennester enthalten fünf bis sieben Eier, die in rund 30 Tagen vom Weibchen allein ausgebrütet werden. Das Männchen hält sich aber in der Nähe auf und beteiligt sich später an der Aufzucht der Küken. Diese werden von den Eltern nicht gefüttert, son-

dern zu den Futterplätzen hingeführt, wo sie sich ihre Nahrung – Krebs- und Muscheltiere aller Größen – selbst suchen müssen. Alttiere haben ungewöhnlich kräftige Schnäbel, denen kaum eine noch so dickwandige Muschel widersteht. Ein Teil des Tages wird mit Ruhen verbracht, wobei die Jungen sich oft mitten in eine Tangwiese legen (Bild) und von der Mutter bewacht werden. Solange die Küken noch klein sind, können ihnen die großen Raubmöwen gefährlich werden. Auch wildernden Hunden und Katzen der Inselbevölkerung fallen immer wieder Junge zum Opfer. Wenn die Eltern einen etwaigen Feind früh genug entdecken, flüchten sie mit ihren Kindern unverzüglich ins Wasser, wo ihnen weniger Gefahr droht. Außerhalb der Brutzeit versammeln sich Dampfschiffenten oft zu großen Schwärmen, die sich erst im folgenden Frühjahr wieder auflösen.

356

STOCKENTE

In verschiedenen Unterarten kommt unsere bekannteste Wildente, die Stockente, in Europa, Asien, Nord- und Mittelamerika vor. Dank ihrer Anspruchslosigkeit und Anpassungsfähigkeit wurde sie zur Stammform der Hausenten. In unseren Gewässern ist sie ein so häufiger, alltäglicher Gast, daß oft übersehen wird, daß der Erpel zur Brutzeit eines der schönsten Prachtkleider trägt.

se aber hat der Erpel seine Aufgaben erfüllt, wenn er das Nistrevier ausgesucht hat.

Das Weibchen baut das Nest und legt meist zwischen Ende März und Mitte April sieben bis vierzehn gelbgraue bis blaßgrünliche Eier, die es allein 28 Tage lang bebrütet. Die Neststandorte sind sehr unterschiedlich, manchmal wasserumgebene Schilf- und Seggeninseln, manchmal am festen Ufer, gelegentlich sogar in alten Krähennestern auf Bäumen, auf Flachdächern oder an anderen für Enten denkbar „ungeeigneten" Plätzen weit vom Wasser entfernt.

Entenküken sind Nestflüchter und werden schon bald nach dem Schlüpfen von der Mutter zum Wasser geführt. Offenbar hören die Kleinen dabei auf die Stimme der Mutter, denn ständig hört man die Stimmfühlungslaute von Küken und Ente. Wie alle Schwimm- und Gründelenten tauchen erwachsene Stockenten nur selten, sondern suchen ihre Nahrung „gründelnd" wie in dem Kindervers „Köpfchen in das Wasser, Schwänzchen in die Höh". Mit acht Wochen sind die Jungen flugfähig, und die Familien lösen sich auf.

Die Stockente ist allgemein als „die Wildente" bekannt und lebt in ganz Europa mehr oder weniger häufig als Stand-, Strich- oder Zugvogel. Wie bei vielen Enten löst sich die vom Herbst bis in den Frühling bestehende, enge Ehegemeinschaft mit Beginn des Brutgeschäftes meistens auf. Die farbenprächtigen Erpel schließen sich dann zu Junggesellenclubs zusammen und beginnen mit der Mauser. Gelegentlich, bei sehr isoliert brütenden Paaren, bleibt der Erpel beim Weibchen, verteidigt Nest und Junge und hilft mit bei der Kinderbetreuung. Normalerwei-

GÄNSESÄGER

Die Gattung der Säger trägt ihren Namen nach dem langen, dünnen, speziell geformten Schnabel. Der Oberschnabel ist auf beiden Seiten mit einer doppelten Reihe sägeförmiger, spitzer, nach hinten gerichteter „Zähne" versehen, die genau in die „Zahnreihen" des Unterschnabels passen. Die Spitze des Oberschnabels endet in einem scharfkantigen, nach unten gebogenen Haken. Dieses „Werkzeug" ist ideal zum Fangen und Festhalten schlüpfriger, glitschiger Beutetiere. Die Hauptnahrung der Säger sind Fische, die sie als ausgezeichnete Taucher im Wasser erjagen. Im Brutgefieder unterscheiden sich Prachtkleider der Männchen deutlich von dem schlichteren der Weibchen.

Von den drei in Europa vorkommenden Sägerarten, dem kleinen Zwergsäger, dem Mittelsäger und dem Gänsesäger (Bild) ist die letztgenannte Art mit einer Gesamtlänge von 70 cm weitaus die größte. Obwohl er häufig an den Küsten anzutreffen ist, brütet er meist in alten Waldbeständen an Flüssen, Teichen oder Seen mit klarem Wasser und großem Fischreichtum im Binnenland in Nordeuropa, im Alpenraum sowie am Schwarzen Meer.
Zwischen April und Mai legt das Weibchen in großen Baum-, manchmal auch in Felsenhöhlen oder Nistkästen, sieben bis fünfzehn rahmfarbene Eier, die es 32 bis 35 Tage lang bebrütet. Die Jungen springen aus dieser luftigen Höhe auf den Boden und werden von der Mutter oft auf einem langen Marsch zum Wasser geführt. Hin und

wieder hört man, daß Sägermütter ihre Küken im Schnabel oder auf dem Rücken zum Wasser tragen, doch sind diese Gerüchte bisher noch nie belegt worden.
Die ganz zart lachsrosarote Gefiederfärbung der hellen Federpartien des Gänsesägers rührt nicht von einem in den Federn enthaltenen Farbstoff her. Die Farbe verliert sich kurz nach dem Tod eines Tieres. Wahrscheinlich wird sie beim Einfetten des Gefieders mit dem Bürzelöl aufgetragen. Wie beim Rosapelikan spricht man hier von einer „Schminkfärbung".

WACHTEL

Wachteln gehören zu den kleinsten Vertretern der Hühnervögel. Die Zwergwachtel z.B. wird nicht viel größer als ein Buchfink, nämlich rund 12 cm. Bei den eigentlichen Wachteln handelt es sich ausschließlich um Bodenvögel, die nur in der Alten Welt – von Europa über große Teile Asiens bis nach Australien – vorkommen. Im Frühling scharrt das Weibchen eine flache Erdmulde, in die es – je nach Alter und Art – bis zu 14 Eier legt; junge Weibchen haben kleinere Gelege als ältere. Die Eier werden erst nach Ablage des letzten Eis (die im Abstand von etwa 24 Stunden gelegt werden) bebrütet. Nach 18 bis 21 Tagen schlüpfen die Küken fast gleichzeitig. Zehn bis fünfzehn Stunden vor dem Schlüpfen geben die jungen Wachteln Klicklaute von sich; sie dienen wahrscheinlich zur Verständigung mit der Mutter und den Geschwistern. Die Küken der Zwergwachtel sind kaum größer als eine Hummel und wiegen weniger als 5 g! Alle Wachteln sind Nestflüchter, d.h. in der Lage, schon wenige Stunden nach der Geburt ihrer Mutter zu folgen. Zu ihrem Schutz haben sie ein längsgestreiftes Tarnkleid. Da sie nur kurze Flügelstummel besitzen, können sie noch nicht fliegen. Die Armschwingen wachsen aber schnell und mit elf bis zwölf Tagen sind sie bereits in der Lage, kurze Strecken zu flattern. Mit drei Wochen sind sie dann flugfähig. Entdeckt die Mutter einen Feind, stößt sie Warnlaute aus, und die Küken ducken sich an Ort und Stelle unverzüglich auf den Boden. Die Henne läuft dann weg und lenkt ein Raubtier oder einen Greif flügelschlagend ab. Ist die Luft wieder rein, kommt sie zu den Jungen zurück und lockt sie zu sich. Gemeinsam suchen sie wieder nach kleinen Insekten, Körnern, Samen und Früchten, nehmen ein Sandbad oder legen sich eine Zeitlang in die Sonne. Im Alter von zwei Monaten sind manche Wachtelarten bereits fortpflanzungsfähig.

BAMBUS-FRANKOLIN

132 Arten gehören zur Unterfamilie der Feldhühner in der Fasanenfamilie. Es handelt sich um Hühnervögel von ziemlich gedrungener Gestalt,

mit kurzem Schnabel und meist kurzen, kräftigen Läufen, die bei den Frankolinen mit ein bis zwei Sporen versehen sind. Weitaus die mei-

sten der fast 40 Frankolinarten leben in Afrika, nur fünf sind in Vorder- und Südasien beheimatet. Sie bewohnen sowohl baumlose Steppen- und Savannenlandschaften als auch Urwälder und Gebirgsregionen.

Außerhalb der Brutzeit schließen sich die Frankoline zu Familienverbänden zusammen, leben aber während der Brut und Jungenaufzucht in Einehe.

Der Bambus- oder Jackson-Frankolin lebt in Kenia, in den Bergregionen von Mount Kenya und Mount Elgon, auf dem Mau-Plateau und in den Cherengaibergen, vor allem aber in den Aberdares, auf Höhen zwischen 2200 und 3700 Metern. Er bewohnt dort alle Vegetationstypen vom Nebel-Regenwald bis zu den offenen Moorlandschaften.

Außer in der Nähe von Touristenunterkünften, wo sie sich an die Nähe von Menschen gewöhnt haben, bekommt man die scheuen Vögel selten zu Gesicht. Ihre Anwesenheit verraten sie durch die laute Stimme, die an das Wetzen einer

Sense erinnert und die zahlreichen Trampelpfade in der Bodenvegetation.

Sie ernähren sich von grünen Pflanzentrieben, frischen Sprößlingen, abgefallenen Beeren, Sämereien, vor allem von Bambusgras und Insekten.

Man weiß noch recht wenig über das Fortpflanzungsverhalten. Die Henne legt drei bis acht hellbraune, glänzende Eier, die sie wahrscheinlich etwa drei Wochen lang allein ausbrütet, während der Hahn Wache hält. Er markiert das Brutrevier von der „luftigen" Höhe eines Baumstumpfes oder eines Erdhügels mit lauten Rufen.

Die Küken sind Nestflüchter, die von beiden Eltern geführt, sorgsam behütet und sogar gegen Feinde verteidigt werden. Die Familienbande halten bis zum Beginn der nächsten Brutperiode im darauffolgenden Frühjahr.

HOATZIN

Sehr eigenartige, in gewissen Merkmalen urtümliche, andererseits aber hochspezialisierte Vögel sind die Hoatzins oder Schopfhühner aus dem nördlichen Südamerika, die mit nur einer Art eine eigene Unterordnung der Hühnervögel bilden. Der krähengroße, 800 Gramm schwere Vogel hat sehr kräftige Läufe mit vier starken Zehen.

Er ernährt sich ausschließlich von Blättern, die er im Schnabel zu großen Ballen formt, die er verschluckt. Im muskulösen Kropf, der fünfzigmal so groß ist wie der Magen und 13 % des Gesamtgewichts des Vogels ausmacht, wird der Pflanzenbrei zu einem feinen Brei zerrieben, bevor der den kleinen Magen und den kurzen Darm passiert. Die ausgeprägte Kropfverdauung gibt es nur bei den Hoatzins. Die Größe des Kropfes beeinträchtigt die Entwicklung der für das Fliegen wichtigen Brustmuskulatur, so daß die Schopfhühner nur sehr schwerfällig fliegen.

Hoatzins bewohnen in kleineren Trupps die Ufervegetation von Flüssen und Seen. Beide Eltern errichten ein Nest aus Zweigen und Ästen in Sträuchern und Bäumen über dem Wasser und brüten gemeinsam etwa vier Wochen lang die zwei bis fünf Eier. Schon kurz nach dem Schlüpfen sind die Jungen in der Lage, wie kleine Echsen in den Zweigen umherzuklettern.

Bei den Jungen sind der erste und zweite Finger der Hand besonders lang und beweglich und mit Krallen versehen – eine Eigenart, die auch vom Urvogel Archaeopteryx

366

bekannt ist. Wie dieser Urvogel nimmt der kleine Hoatzin zum Klettern und Hangeln durch das Geäst diese Krallen zu Hilfe. Bei Gefahr sind die Jungen in der Lage, sich blitzschnell ins Wasser fallen zu lassen, unterzutauchen und später wieder schwimmend und krabbelnd ins Nest zurück zu gelangen. Bei den erwachsenen Vögeln bilden sich die Krallen zurück, sie meiden auch das Wasser.

Zwei bis drei Wochen lang füttern die Altvögel die Jungen mit Kropfnahrung. Nach dem Verlassen des Nestes klettern sie alle gemeinsam im Geäst umher.

THERMOMETER-HUHN

Nicht alle Vögel brüten ihre Eier selbst aus, sondern einige „lassen" brüten, wie die Kuckucke und einige Witwenarten zeigen. Daneben aber gibt es Vogelarten, die für die Brut nicht einmal mehr Ersatzvögel brauchen, sondern sich selbstgebauter Brutapparate bedienen. Die Familie der Großfußhühner kommt in Australien und auf Neuguinea, den Philippinen, Nikobaren-, Marianen- und Karolineninseln vor, lebt also in den Tropen und Subtropen in niederschlagsreichen Waldgebieten mit ziemlich gleichbleibenden Temperaturen. Sie entwickelten besondere Bruttechniken, indem sie vulkanische Wärme, Sonnenenergie und Gärungstemperatur nutzen.

Das 55 cm große Thermometerhuhn jedoch bewohnt die unwirtlichen Trockenbuschlandschaften Süd- und Westaustraliens, in denen es nicht nur außerordentlich trocken ist, sondern auch häufige, starke Temperaturschwankungen die Regel sind.

Im Spätherbst, vier Monate vor der Brutzeit, beginnt der Hahn mit dem

Bau einer Grube, die ungefähr einen Durchmesser von drei Metern hat und einen Meter tief wird. Aus dem Umkreis von 50 und mehr Metern sammelt er sodann jedes Blatt, das kleinste Zweiglein, den dürrsten Halm und schichtet einen Haufen, der noch 50 cm über den Gruben-

Sobald es aber regnet und das Pflanzenmaterial genügend Feuchtigkeit erhalten hat, scharrt der Hahn eine dicke Sandschicht auf den Bruthaufen, der dann bis zu anderthalb Metern hoch ist und vier Meter Durchmesser hat. Sobald der Gärungsprozeß einsetzt und im Haufen eine

dieser Zeit „alle Füße" damit zu tun, die Temperatur möglichst nahe bei 33,5° C zu erhalten, was ihm durch Lüftungsschächte und Ab- und Zudecken des Hügels gelingt. Das gerade aus dem Ei geschlüpfte Küken muß sich einen Gang an die Hügeloberfläche graben. Bis es dort an-

rand hinausragt. Bei normalen Witterungsbedingungen sollte es nun, im Spätwinter, regnen. Bleibt der Regen aus, war die ganze Arbeit umsonst.

Temperatur von 30° C erreicht ist, beginnt die Henne mit dem Legen. Im Abstand von vier bis acht Tagen legt sie bis zu 25 Eier. Der Hahn hat in

kommt, ist es trocken und sofort so selbständig, daß es seine Nahrung, Sämereien und Kleintiere, selbst sucht und vor einem Feind davonflattern kann.

TEICHHUHN

Das auf unseren langsam fließenden oder stehenden Gewässern weit verbreitete Teichhuhn gehört in die Ordnung der Kranichvögel.

Es lebt überwiegend in Uferbereichen mit dichtem Bewuchs, in den es sich bei Gefahr unverzüglich zurückzieht. Teichhühner sind zwar flugfähig, aber sie ziehen es vor, sich „zu Fuß" fortzubewegen. Sie besitzen lange, dünne Zehen, dank derer sie sich mit großer Leichtigkeit über Seerosenblätter, Sumpf- und Wasserpflanzen bewegen können, ohne einzusinken.

Männchen und Weibchen schließen sich lediglich für eine Brutsaison zusammen und gehen Ende Sommer oder im Herbst wieder auseinander. Das Männchen errichtet zuerst einige Scheinnester, auf denen es das Weibchen anbalzt. Das eigentliche Brutnest wird gut versteckt in Ufernähe, im Schilfgürtel oder in sumpfigem Gelände zwischen dichtem Röhrichtbewuchs errichtet und schwimmt oft auf dem Wasser. Die vier bis sieben Eier werden von beiden Eltern etwa drei Wochen lang bebrütet; das Männchen sitzt dabei allerdings bedeutend weniger auf dem Gelege als das Weibchen. In den ersten zwei, drei Tagen nach dem Schlüpfen bleiben die am Kopf auffällig bunt gefärbten Jungen im Nest. Danach sind sie tagsüber auf Futtersuche. Sie nehmen tierische und pflanzliche Nahrung zu sich und kehren abends wieder zu ihrem Nest zurück. Meistens kümmern sich beide Elternteile um die Jungen.

Das Männchen baut für sie sogar ein oder mehrere Schlafnester, in denen sie die Nächte verbringen. Manchmal beginnt das Weibchen eine zweite Brut, während das Männchen die Jungen der ersten noch beaufsichtigt. Oft wurde beobachtet, daß sich die Jungen aus der ersten Brut an der Fütterung der zweiten beteiligen und ihren jüngeren Geschwistern Nahrung zutragen.

BLÄSSHUHN

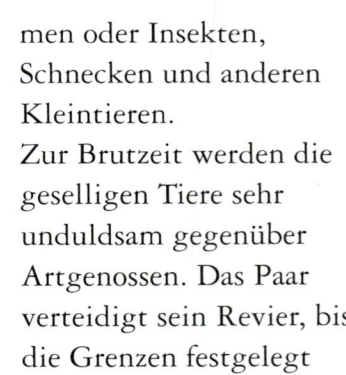

Wie so oft ist die Namengebung auch im Falle des Bläßhuhns irreführend, denn mit den Hühnervögeln ist es nicht verwandt, sondern gehört in die Familie der Rallen, somit zur Ordnung der Kranichvögel. Die Unterfamilie Bläß- oder Bleßhühner kommt mit zehn Arten auf allen Erdteilen vor.
Unser einheimisches Bläßhuhn lebt außer in Europa in den gemäßigten Zonen Nordafrikas, Asiens und Australiens.

Mit seinem schwarzen Federkleid und der weißen Blesse auf der Stirn ist es einer der häufigsten und auffallendsten Vögel unserer Gewässer. Im Gegensatz zu anderen Rallenvögeln lebt es – zumindest außerhalb der Brutzeit – absolut unabhängig von schützender Ufervegetation und kommt sogar in künstlichen Seen mit gemauerten Ufern oft in großen Mengen vor. Ebenfalls eigenartig für eine Ralle ist die Art der Nahrungssuche. Mit einem drollig anmutenden Kopfsprung taucht das Bläßhuhn ins Wasser und schnellt kurz danach an der gleichen Stelle mit einem Büschel Wasserpflanzen im Schnabel, aus dem es mit eiligen Pickbewegungen alles Eßbare heraussucht, wieder empor. Manchmal weidet es aber auch wie ein Huhn oder sucht nach Rallenart in der Ufervegetation nach Trieben, Blättern und Sa-

men oder Insekten, Schnecken und anderen Kleintieren.
Zur Brutzeit werden die geselligen Tiere sehr unduldsam gegenüber Artgenossen. Das Paar verteidigt sein Revier, bis die Grenzen festgelegt

sind. Bei günstiger Witterung brüten Bläßhühner zweimal im Jahr. Das Gelege, oft in einem schwimmenden Schilfnest, besteht aus fünf bis zehn Eiern, die von den Eltern 21 bis 24 Tage bebrütet werden. Die possierlichen Küken mit ihrem strähnigen Dunenkleid und den nackten, roten Köpfen mit den vorstehenden Augen werden von den Eltern gefüttert und geführt. Sie können zwar von Anfang an schwimmen und gehen auch bald ins Wasser, kehren aber immer wieder gerne ins Nest zurück. Manchmal tragen die Eltern für die in der Nähe umherpaddelnden Küken Pflanzenmaterial als Ruheinseln zusammen.

KRANICH

Die Kranicharten, die in
den nördlichen Hemi-
sphären brüten, legen
zweimal im Jahr weite
Strecken zwischen ihren
Brutgebieten und den
Winterquartieren auf der
südlichen Erdhälfte zu-
rück. Anders verhält es
sich bei den tropischen
und subtropischen Arten,
die das ganze Jahr über
im gleichen Gebiet blei-
ben und höchstens strich-
weise umherziehen.
Der Saruskranich (Bild)
ist mit einer Länge von
einem Meter neben dem
südafrikanischen Klunker-
kranich der größte Ver-
treter der Familie. Seine
Heimat liegt auf dem
Indischen Subkontinent,
von den Flußniederungen
Westpakistans bis nach
Hinterindien und Malay-
sia sowie über die Philippinen bis in den Norden
Australiens. Im Vergleich
zu anderen Kranichen
fliegt er zumindest in
Indien nur selten, wahr-
scheinlich weil er kaum
verfolgt wird.
Kraniche werden mit etwa
fünf Jahren geschlechts-
reif. Bei den bekannten
graziösen Kranichtänzen,
an denen meist alle Tiere
einer Gruppe teilnehmen,
finden sich unvermählte

Partner und bleiben dann ihr Leben lang zusammen. Sie errichten ihr Nest aus Schilf, Gräsern und anderem Pflanzenmaterial an der gleichen Stelle wie im Vorjahr. Im Abstand von ein bis zwei Tagen legt die Kranichfrau zwei Eier. Allerdings beginnt die dreißigtägige Brutzeit bereits nach dem ersten Ei, sodaß die Jungen im entsprechenden Abstand schlüpfen. Da beide Altvögel sich sowohl um das Gelege als auch um die Küken kümmern, bebrütet einer noch das Ei, während der andere bereits das muntere Junge bewacht. Junge Kraniche verlassen das Nest schon am ersten Tag und werden von den Eltern geführt und bewacht. Bei Gefahr können sie schon recht schnell fortlaufen. Innerhalb von vier Wochen tragen die Küken zwei dunkelbraune Dunenkleider. Mit etwa sechs Wochen sind sie voll befiedert und können im Alter von neun bis zehn Wochen fliegen. Bei den ziehenden Arten sammeln sich Junge und Alte auf Versammlungsplätzen, bevor sie zu ihren Wanderungen aufbrechen.

KRONENKRANICH

Einehe zusammenbleiben, tanzen zwar das ganze Jahr über – aus purer Lebenslust, wie sogar manche nüchternen Verhaltensforscher sagen – aber wahrscheinlich dienen diese Tänze zur Einstimmung auf die Paarung und den Brutbeginn.

Mit ihren langen Beinen erinnern Kraniche zwar an Stelzvögel, sind mit diesen aber nicht verwandt. Zusammen mit Rallen, Trappen und Seriemas bilden sie die eigene Ordnung der Kranichvögel, die mit dreizehn Arten in vielen Teilen der Welt verbreitet ist. Die kleinste Art ist der zierliche, nur 90 cm lange Jungfernkranich, während Sarus- und Klunkerkranich 1,5 m Gesamtlänge erreichen. Die Geschlechter gleichen sich in der Gefiederfärbung, doch sind die Weibchen etwas kleiner.

Die Kraniche, deren Brutgebiete im hohen Norden liegen, treffen dort manchmal schon bei hohem Schnee und tiefen Temperaturen ein. Trotzdem beginnen sie bald mit der Balz, lassen ihre lauten Rufe ertönen und vollführen ihre herrlichen Tänze. Kranichpaare, die in lebenslanger

Afrika, südlich der Sahara mit Ausnahme der Urwälder im Kongobecken, ist die Heimat der 95 cm langen, farbigen Kronenkraniche, die wegen des Federkrönchens auf dem Hinterkopf auch Pfauenkraniche genannt werden und eine eigene Unterfamilie bilden. Sie leben, oft in großen Verbänden, in offenen Feuchtlandschaften und Grasländern und ernähren sich vorwiegend von Insekten, die sie durch heftiges Trampeln auf den Boden aufscheuchen.

Besonders schön sind die Tänze der Kronenkraniche, wenn die Paare mit

ausgebreiteten Flügeln voreinander auf- und abhüpfen oder einander umkreisen.

Ihr umfangreiches Nest errichten sie aus Gräsern und Schilfhalmen an geschützten Stellen in Sümpfen. Als einzige der Familie bauen sie gelegentlich sogar auf Bäumen. Die zwei, seltener drei bläulichweißen Eier werden im Abstand von 48 Stunden gelegt und bereits vom ersten Ei an von Männchen und Weibchen gemeinsam bebrütet.

SMARAGDSITTICH

Wichtigstes und eindeutigstes Kennzeichen aller Angehörigen der Papageienordnung ist der Krummschnabel, den bis auf den Kea oder Nestorpapagei, dessen Schnabel etwas anders geformt ist, alle 326 Papageienarten tragen. Beine und Füße sind kräftig und zum Laufen und Klettern geeignet. Bei der Nahrungsaufnahme dienen die Füße oft als „Hände", mit denen das Futter festgehalten wird. Dagegen sind längst nicht alle Papageien groß, bunt und farbenprächtig und bei weitem nicht alle leben in tropischen Urwäldern. Sogar in Europa lebten einst Papageien, wahrscheinlich Verwandte des afrikanischen Graupapageis, aber sie starben bereits vor etwa 25 Millionen Jahren aus.

Die kleinste Art ist der nur 10 cm große Spechtpapagei aus dem australischen Raum, die größte der bis 100 cm lange Hyazinthara. Eine eigene Gattungsgruppe bilden die Keilschwanzsittiche aus Nord- und Südamerika mit – je nach Systematik – zwischen 65 und 85 völlig unterschiedlichen Arten.
Gemeinsam ist allen der seitlich abgestufte Keilschwanz mit den besonders langen, mittleren Steuerfedern. Die meisten Arten haben nackte Augenringe oder wie die Aras unbefiederte Kopfseiten. Trotz ihrer durchdringend lauten Stimme und obwohl sie mit ihren kurzen und kräftigen Schnäbeln nicht nur in der Freiheit in Pflanzungen und Obstplantagen schwere Schäden anrichten, sondern in Volieren

und Wohnungen Möbel und andere Einrichtungsgegenstände zerstören, werden sie gerne als Heim- und Haustiere gehalten.
Fast alle Papageienvögel sind sehr anspruchsvoll in der Wahl ihres Partners. Nur bei absolut harmonischen Paaren wird der Nachwuchs ohne Probleme aufgezogen. Keilschwanzsittiche brüten in Fels- oder Baumhöhlen, wie der Samaragdsittich (Bild). In der oft mit Federn oder anderem weichen Material ausgepolsterten Höhle kann es neben der eigentlichen Brut- oder Wohnkammer noch Toilettenkammern für die Jungen geben.

KUCKUCK

Der europäische Kuckuck ist – wie allgemein bekannt sein dürfte – ein sogenannter Brutparasit, d.h. er legt seine Eier in das Nest eines Wirtsvogels – und zwar nahezu immer in das Nest jener Art, in dem er geboren und großgezogen wurde. Dazu zählen vor allem Rohrsänger, Bachstelzen, Grasmücken, Rotschwänze und Neuntöter (eine Würgerart) sowie weitere einhundert Arten, die allerdings seltener „heimgesucht" werden.

Das Kuckucksweibchen beobachtet die Umgebung genau und schaut, wo ein in Frage kommender Wirtsvogel sein Nest hat. Wenn dieser für kürzere oder längere Zeit sein noch unvollständiges Gelege verläßt, nähert sich der Kuckuck, entfernt oft ein Ei aus dem Nest und legt sein eigenes hinein. Dieses gleicht in Größe, Form und Zeichnung denen des Wirtsvogels sehr genau – und dieser merkt nicht, daß er buchstäblich ein fremdes Ei im Nest hat. Auf diese Weise legt der Kuckuck während einer Brutsaison zehn bis zwanzig Eier in andere Nester. Aus dem Kuckucksei schlüpft nach elf bis zwölf Tagen ein noch blindes, nacktes Junges, das gleich eine große Aktivität entwickelt: Alle Gegenstände, die es berührt, versucht es, sofort aus dem Nest zu befördern. Und das sind in den meisten Fällen die Eier oder Jungen des Wirtsvogels. Sie werden auf den Rücken

genommen und kurzerhand aus dem Nest geworfen!

Letztendlich bleibt nur der Kuckuck übrig – und wird von den „Stiefeltern" mustergültig aufgezogen, auch wenn er kurz vor dem Flüggewerden um ein vielfaches größer ist als seine Ernährer. Diese bringen ihm noch zwei bis drei Wochen lang den ganzen Tag Nahrung, bis er selbständig geworden ist und auf Insektenjagd geht.

SPERBER

Eine Eigenart der gesamten Greifvogelordnung ist, daß die Weibchen mindestens gleich groß, oft sogar doppelt so groß und schwer sind wie die Männchen. Besonders auffallend ist diese Tatsache bei unserem einheimischen Sperber. Die Männchen werden bis zu 37,5 cm lang und haben eine Flügelspannweite bis zu 65 cm, während diese bei den Weibchen bis zu 77 cm betragen kann. Sperberweibchen werden oft mit ihren größeren Verwandten aus der gleichen Unterfamilie, den Habichten, verwechselt.

Sperber leben in den Waldgebieten Europas und Asiens bis zur nördlichen Baumgrenze. Je nach den klimatischen Verhältnissen bleiben sie das ganze Jahr über in ihrem Brutgebiet, ziehen als Strichvögel umher oder überwintern in Südwesteuropa, Nordafrika oder Südasien.

Wie die Habichte sind die Sperber mit ihren kurzen, kräftigen Flügeln und dem langen Stoß überaus wendige und auf kurzen Strecken schnelle Flieger, die ihre Beute, vorwiegend Kleinvögel, im Flug schlagen. Sperber sind, neben Mäusebussard und Turmfalke, unsere häufigsten Greifvögel, werden aber selten gesehen, da sie außerhalb der Brut als stille Einzelgänger leben und sich nur selten im freien Land zeigen.

Ihre Horste errichten Sperber gerne in Fichtengehölzen. Ab Mitte Mai legt das Weibchen vier bis sechs Eier, die es alleine ausbrütet. Das Männchen mit seinem Gewicht von höchstens 130 Gramm ist zu klein, um das Gelege zu bedecken. Es versorgt die künftige Mutter und später auch die Jungen mit Nahrung. Erst Ende Juni, wenn junge Vögel im Überfluß vorhanden sind, schlüpfen die Jungen.

Wie einige andere Greife respektiert der Sperber sein „Horstfeld". Ein bestimmter Umkreis um das Nest ist ausschließlich Handlungen vorbehalten, die direkt mit der Brut und der Jungenaufzucht in Verbindung stehen, also etwa die Übergabe und das Zerreißen der Beute. Kleinvögel, die in diesem Horstfeld umherhüpfen oder sogar brüten, werden nicht angegriffen. Mit 24 bis 30 Tagen sind die Jungen flügge. Sie halten sich noch zwei bis drei Wochen im und am Horst auf und verlassen dann das Revier.

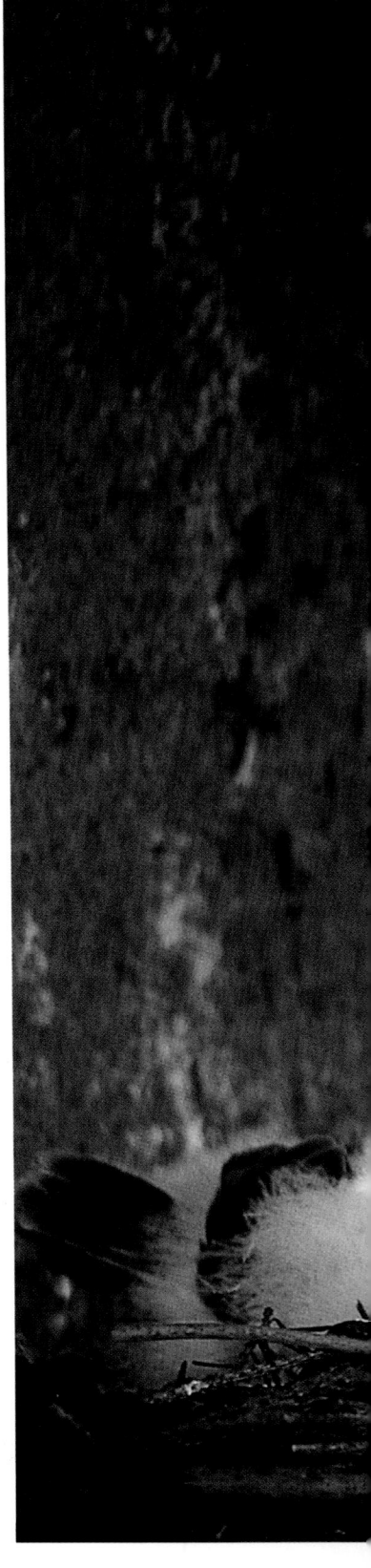

SCHLEIEREULE UND ZWERGOHREULE

Die beiden im Bild gezeigten Arten, die Schleiereule und die Zwergohreule, sind wahre Weltbürger. Erstere kommt in fast zahllosen Unterarten auf allen Kontinenten der Erde vor, letztere in Eurasien und Afrika. Während die Männchen ein geeignetes Revier besetzen und dieses oft über Jahre hinweg bewohnen und gegen Artgenossen verteidigen, ist das Weibchen für die Wahl des Nistplatzes zuständig. Die Schleiereule nistet mit Vorliebe auf Dachböden, in den Glockenstühlen alter Kirchen, in Schlössern und in wenig genutzten Scheunen. Die Zwergohreule zieht Baumhöhlen vor, nistet aber auch in alten Gemäuern und in Felslöchern. Nistmaterial wird keines eingetragen. Die drei bis sieben Eier werden vom Weibchen ausgebrütet, was bei der Schleiereule bis zu fünf Wochen, bei der Zwergohreule drei bis dreieinhalb Wochen dauert. In dieser Zeit wird das Weibchen vom Männchen mit Futter versorgt. Eulen beginnen ihr Brutgeschäft oft mit der Ablage des ersten Eies, so daß die Jungen nicht gleichzeitig schlüpfen und unterschiedlich weit entwickelt sind. Zu einem späteren Zeitpunkt, wenn die ältesten Küken fünf bis sechs Wochen alt sind, werden die kleinsten von ihren großen Geschwistern oft gefüttert! Das Futter selbst bringen die Eltern zum Nistplatz. Am Anfang wird es von ihnen zerteilt und stückchenweise verfüttert. Später legen sie die Nahrung unzerkleinert vor die Jungen, und diese schlingen sie hinunter. Unverdauliche Teile wie Knochen, Haare und Federn werden in Form von Gewöllen wieder herausgewürgt und bedecken mit der Zeit den Boden zentimeterhoch. Nach acht bis neun Wochen bei der Schleiereule und nach etwa sechs Wochen bei der Zwergohreule verlassen die Jungen den Nistplatz, werden noch einige Tage von den Altvögeln gefüttert und müssen dann selbst für sich sorgen.

STEINKAUZ

Der kleine, nur 20 cm lange, kurzschwänzige Steinkauz ist sowohl das Lieblingstier der Athene, der griechischen Göttin der Weisheit, als auch der „Totenvogel", dessen vor allem in den Dämmerungsstunden ertönender Ruf den Seelen der Sterbenden gelten soll und als „Komm mit, komm mit" gedeutet wird.

Dabei ist der Steinkauz alles andere als unheimlich. In offenen, mit alten Bäumen bestandenen Landschaften kann man ihn oft schon tagsüber sehen, wie er von seiner Warte aus nach Insekten und Kleinsäugern Ausschau hält. Wird er erschreckt, richtet er sich hoch auf, duckt sich im nächsten Moment, richtet sich wieder auf und fliegt schließlich in wellenförmigem Flug davon. Das Verbreitungsgebiet erstreckt sich über Mittel- und Südeuropa bis nach Nordafrika und in Asien bis nach China.

Steinkäuze leben wahrscheinlich in Dauerehe. Zu Beginn des Frühlings sucht das Weibchen eine Nisthöhle in einem hohlen Baum, am liebsten in alten Obstbäumen oder Kropfweiden. In baumlosen Regionen nimmt es Kaninchenhöhlen, Felsspalten oder Mauerlöcher. Das Gelege besteht aus drei bis sechs Eiern, die in zweitägigem Abstand gelegt werden. Die Brut beginnt bereits nach dem ersten Ei. Das Weibchen brütet alleine knapp einen Monat lang, wird aber vom Männchen mit Nahrung versorgt. Die weißbedunten Jungen sind unterschiedlich groß. In nahrungsknappen Zeiten kann es vorkommen, daß die zuletzt geschlüpften Küken verhungern oder sogar von den Altvögeln getötet und an die älteren Geschwister verfüttert werden.

Mit etwa vier Wochen haben die jungen Käuze ihr Dunenkleid schon fast vollständig gegen das den Altvögeln sehr ähnliche Jugendkleid ausgetauscht und verlassen das Nest. Eine Woche später können sie fliegen und sind schon im darauffolgenden Jahr geschlechtsreif. Wegen der fortschreitenden Kultivierung unserer Landschaften, vor allem wegen des Wechsels von alten, hochstämmigen Obstkulturen zu schnell- und kleinwüchsigen Bäume, werden die Lebensräume und die Nistmöglichkeiten für den Steinkauz immer weniger. Er steht bei uns auf der Roten Liste der stark gefährdeten Arten.

WALDKAUZ UND WALDOHREULE

Die meisten Vögel sind ausgesprochene Tagtiere, die allenfalls noch in den Dämmerungsstunden rege sind, aber die Nächte ruhend auf Bäumen oder an anderen sicheren Orten verbringen. Die Eulen sind nachtaktiv, und deshalb wird ihnen manchmal von abergläubig veranlagten Menschen Dunkles und Unheimliches zugeschrieben.

Alle Angehörigen der Eulenordnung sind mit ihren großen Köpfen, den nach vorne gerichteten Augen und dem weichen Gefieder, das den lautlosen Flug ermöglicht, sofort als solche zu erkennen. Durch den besonderen Bau der sehr großen Augen mit sehr vielen lichtempfindlichen Zellen auf der Netzhaut sind Eulen in der Lage, auch bei schlechten Lichtverhältnissen noch zu sehen. Bei völliger Dunkelheit aber sind sie genauso hilflos wie andere Tiere oder der Mensch. Entgegen einer weit verbreiteten Ansicht sind sie aber auch bei Tageslicht nicht blind. Da die Eulenaugen unbeweglich in der Augenhöhle liegen, können die Vögel ihren Kopf bis zu 270 Grad wenden.

Außer mit den auf das Nachtleben spezialisier-

ten Augen orientieren sich Eulen auch mit dem ausgezeichneten Gehör. Das Rascheln einer Maus auf dem Waldboden genügt ihnen, um Richtung und Entfernung feststellen zu können, und ehe der kleine Nager weiß, was ihm passiert, fliegt die Eule schon auf lautlosen Schwingen heran.

Eulenküken sind beim Schlüpfen blind und taub. Augen und Ohren öffnen sich erst etwa am achten Tag. Wenn die Mutter den blinden Küken Nahrung übergibt, reagieren diese auf Berührung der Schnabelborsten und tasten, bis sie den vorgehaltenen Nahrungsbrocken mit dem Schnabel aufnehmen können. Viele Jungeulen wechseln das erste, weiße Dunenkleid gegen ein zweites, geflecktes, bevor ihnen ihr eigentliches Gefieder wächst. In den ersten Lebenstagen bleibt die Mutter ständig bei den Kleinen und wärmt sie, während der Vater die Familie mit Nahrung versorgt.

Jungeulen verlassen das Nest, bevor sie richtig fliegen können. So scheinbar hilflos dasitzende Küken werden aber von den Eltern weiter mit Nahrung versorgt.

SCHNEE-EULE

manchen Jahren so explosionsartig, daß sie scharenweise auswandern und ein Massensterben einsetzt. In diesen „Lemmingjahren" ist der Tisch für die Schnee-Eule überreich gedeckt. Das Weibchen, das seine flache Brutmulde auf einer kleinen Erhebung alleine ausscharrt, legt dann

Die beeindruckende, bis zu 66 cm große Schnee-Eule ist die einzige Eulenart, die sich die arktischen Tundren Eurasiens und Nordamerikas zum Lebensraum erkoren hat. Erwachsene Männchen sind reinweiß, die meist größeren Weibchen und die noch nicht geschlechtsreifen Jungvögel tragen ein schwarz gebändertes Gefieder. Im fast dämmerungslosen arktischen Sommer ernährt sich die Schnee-Eule hauptsächlich von Lemmingen und anderen Kleinnagern, erbeutet aber auch Schneehasen und andere Vögel.
In ihrem Brutverhalten hat sie sich den Lemmingbeständen angepaßt. Diese vermehren sich aus bisher unerklärlichen Gründen in

statt der üblichen drei bis sechs zehn bis sogar fünfzehn weiße Eier. Während der annähernd fünf Brutwochen versorgt das Männchen sein Weibchen mit Futter. Auch in der ersten Zeit nach dem Schlüpfen schleppt es für die Mutter und die weißbedunten Küken ständig Lemminge heran. Erst wenn den Kleinen nach etwa einer Woche das zweite, graubraune Dunenkleid wächst, werden bei günstiger Witterung die Küken nicht mehr gehudert, und auch das Weibchen hilft bei der Nahrungsbeschaffung.

In guten Jahren wachsen die meisten Nestlinge heran und sind mit acht bis neun Wochen flügge, werden aber noch weiter von den Eltern gefüttert. Mit Einsetzen des harten, dunklen arktischen Winters wandern viele Jungvögel nach Süden und erscheinen gelegentlich sogar bei uns in Mitteleuropa. Meist folgen solchen „Schlemmerjahren" schlechtere Zeiten, in denen die Lemminge immer mehr abnehmen, bis nach drei oder vier Jahren ein Tiefstand der Bestände erreicht ist. In Anpassung an das Nahrungsangebot legt das Eulenweibchen kleinere Gelege. In ganz mageren Zeiten findet überhaupt keine Brut statt.

KOLIBRI

Innerhalb des Vogelreiches bilden die Kolibris eine eigene Ordnung mit nur einer Familie, aber 321 Arten. Trotz des Artenreichtums und der Fülle an Farben und Formen, an verschiedenen Lebensräumen und Größenunterschieden ist jeder Kolbri sofort als solcher zu erkennen und kaum mit einer anderen Vogelart zu verwechseln. Es handelt sich um kleine bis sehr kleine Vögel; die größte Art, der Riesenkolibri, ist 25 cm lang und wiegt 20 g, zu den kleinsten Arten gehört die Hummelelfe mit 6 cm Länge und einem Gewicht von 2 g.

Sie ernähren sich von Blütennektar, den sie mit ihren langen, dünnen, je nach bevorzugter Blütenart aufwärts oder abwärts gebogenen oder geraden Schnäbeln im Schwirrflug aus den Blüten aufnehmen. Daneben fressen sie kleine Insekten, die sie aus den Blütenkelchen sammeln oder im Flug fangen.

Kolibris gibt es nur in der Neuen Welt, wo sie vom Norden Alaskas bis nach Südpatagonien die verschiedensten Lebensräume bewohnen, vom Hochgebirge, wie der Andenkolibri, (Bild) bis in die feucht-heißen Flußniederungen des Amazonasbeckens. Die Arten, die im hohen Norden oder im tiefen Süden brüten, legen alljährlich weite Wanderungen zwischen den Brut- und Über-winterungsgebieten zurück.

Je nach Lebensraum brü-ten Kolibris ein- bis drei-mal im Jahr. Bei den kunstvollen Balzflügen zeigen vor allem die Männchen ihr schillern-des Prachtgefieder. Die winzigen Napfnester aus feinstem Material, Spinn-weben, Flechten, Moos und Pflanzenwolle, wer-den in geringer Höhe an einem Baum, Strauch oder Halm befestigt. Das Weibchen legt im Ab-stand von 48 Stunden zwei Eier, die es alleine 14 bis 19 Tage lang be-brütet. Da Kolibris einen sehr schnellen Stoffwech-sel haben und größere Mengen an Nahrung benötigen, verläßt das Weibchen mehr als hun-dertmal pro Tag sein Ge-lege, um Nahrung zu su-chen.

Die typischen Nesthocker-jungen bleiben über drei Wochen im Nest. Pausenlos muß das Weib-chen Kleininsekten heran-bringen, die es den Jungen tief in den Schna-bel stopft wie das Lang-schwanz-Eremit Weibchen auf dem Bild.

SCHWARZSPECHT

Der Schwarzspecht ist unser mit Abstand größter Specht; er erreicht eine Länge von 45 cm und damit etwa gleich viel wie die Rabenkrähe. Sein Lebensraum sind die ausgedehnten Misch- und Nadelwälder Eurasiens. In Großbritannien, auf der Iberischen Halbinsel und in Italien fehlt er jedoch. Er bewohnt paarweise recht ausgedehnte Reviere, die zwischen etwa 500 und 1 500 ha groß sind und einen alten Baumbestand aufweisen, in dem sich genügend Nist- und Schlafhöhlen anlegen lassen. Diese finden sich sowohl in Nadel- wie in Laubbäumen 10 bis 15, seltener bis 25 m über dem Boden. Spechtpaare bauen die Höhlen gemeinsam. Sie benötigen dazu zwei bis vier Wochen und entfernen dabei bis zu 10 000 Späne! Eine Bruthöhle ist 40 bis 50 cm hoch und bis zu 25 cm im Durchmesser, während das Einflugloch etwa 10 mal 15 cm mißt. Die Höhle wird nie ausgepolstert; die Spechte belassen bestenfalls einige Späne auf ihrem Boden. Das Weibchen legt vier bis sechs reinweiße Eier, die lediglich zwölf bis vierzehn Tage lang von beiden Eltern bebrütet werden, nachts sitzt allerdings regelmäßig das Männchen auf dem Gelege. Während der ersten Lebenswoche der Jungen bleibt immer ein Elternteil im Nest und wärmt die noch nackten, blinden Spechte. Während der folgenden Zeit werden die Jungen nur noch nachts gehudert, denn ihr Federkleid ist kräftig gewachsen. Wenn sie drei Wochen alt geworden sind, erscheinen sie am Flugloch und betteln die mit Futter anfliegenden Alttiere – auf dem Bild ist es das Männchen – lautstark an. Wenn sie vier Wochen alt geworden sind, verlassen sie die Bruthöhle und werden vom Männchen allein noch einige Wochen lang gefüttert, bis sie selbständig sind und ihre Insektennahrung aus eigener Kraft aus morschen Bäumen und unter Rinden hervorholen.

LERCHE

Obwohl Lerchen vorzüglliche und ausdauernde Flieger sind, legen sie ihr Nest vorwiegend auf dem Boden an. Das hängt mit ihrem Lebensraum – baum- und straucharme Landschaften wie

Halbwüsten, Steppen, Savannen, Acker- und Wiesenland – zusammen. Das Männchen besetzt im Frühling ein Revier und kennzeichnet es mit lauten, fast ununterbrochen vorgetragenem Gesang. Jeder Rivale wird sich hüten, sich im markierten Gebiet niederzulassen. Das Weibchen dreht eine faustgroße Mulde in die Erde und polstert sie mit Halmen, Fasern, Haaren und Federn aus. Dann legt es drei bis fünf Eier, aus denen nach einer recht kurzen Brutdauer, um die fünfzehn Tage, die blinden und hilflosen Jungen schlüpfen (Bild rechts). Sie tragen haarähnliche Federn – zum einen als Kälteschutz, zum anderen zur Tarnung. Das Nest und die Jungen sind in der weiten Landschaft kaum zu entdecken. Die Jungvögel entwickeln sich sehr schnell; Vater und Mutter bringen vom frühen Morgen bis zum Anbruch der Dämmerung unermüdlich Futter, hauptsächlich Insekten, heran, und schon zehn Tage nach dem Schlüpfen verlassen sie das Nest. Etwa zwei Wochen lang werden sie von ihren Eltern noch gefüttert. Dann müssen sie selbst für sich sorgen, Insekten jagen, Sämereien suchen und sich vor Feinden, vor allem Greifvögeln, hüten. Das Elternpaar schreitet, kaum sind die Jungen selbständig

geworden, zu einer zweiten und in guten Jahren sogar zu einer dritten Brut. Für jede Brut wird ein neues Nest gebaut, das sich jedoch im ursprünglichen Revier befindet. Im Herbst, wenn die Tage kühler und kürzer geworden sind, ziehen die jungen und die alten Lerchen süd- und südwestwärts und verbringen die kalte Jahreszeit im Mittelmeerraum oder gar im östlichen und westlichen Afrika. Im nächsten Frühling, oft erstaunlich früh im März, kehren sie in ihr Brutgebiet zurück – und der Kreis hat sich geschlossen.

ZAUNKÖNIG

Wie eine Maus schlüpft der Zaunkönig durch dichtestes Unterholz, und meist bekommt man ihn kaum zu Gesicht. Hingegen ist im Frühling und Sommer seine laute, schmetternde Stimme unüberhörbar! Man traut sie diesem winzigen Vogel gar nicht zu. Er ist jedoch bei weitem nicht so zerbrechlich, wie er aufgrund seines zwergenhaften Wuchses wirken mag. Mit Ausnahme des nördlichen Europas hat er unseren ganzen Erdteil erobert und kommt zudem auch in Nordamerika, in Asien bis Japan und in Nordafrika vor. Bezüglich seines Lebensraums stellt er denkbar geringe Ansprüche – sofern dieser nicht zu trocken ist und deckungsreiches Unterholz aufweist. Dann geht er im Gebirge bis auf über 2 000 m hinaus und brütet noch in buschlosen, aber farnbestandenen Biotopen. Sein Nest baut er meist in Bodennähe oder auf dem Boden selbst. Es ist kugelrund, mißt etwa 14 cm im Durchmesser und hat ein 3 cm kleines Schlupfloch. Es besteht außen aus Moos, Halmen und Laub und wird mit Haaren, Wolle, Federn und feinsten Pflanzenteilen ausgepolstert. Beide Partner beteiligen sich am Nestbau und an der Aufzucht der Jungen – jedoch nicht am Brutgeschäft. Dieses bleibt dem Weibchen vorbehalten, das in dieser Zeit unregelmäßig vom Männchen gefüttert wird. Die vier bis sieben Jungen wachsen schnell heran; wenn sie etwas größer geworden sind, erscheinen sie am Schlupfloch und betteln die mit Insektenfutter anfliegenden Eltern an. Nach knapp drei Wochen fliegen sie aus und werden dann noch einmal 15 bis 18 Tage lang gefüttert. In der ersten Zeit nach dem Flüggewerden übernachten die Jungen oft noch im Brutnest und bleiben auch nach der Loslösung von den Eltern noch längere Zeit zusammen.

398

AMSEL UND SINGDROSSEL

Amsel (früher auch Schwarzdrossel genannt) und Singdrossel gehören einer sehr artenreichen Familie an, die in der ganzen Welt anzutreffen ist und vor allem hervorragende Sänger in ihren Reihen hat. Der Gesang der Amsel z. B. gilt unter Ornithologen als einer der schönsten im ganzen Vogelreich. Jener der Singdrossel ist ebenfalls wohltönend, aber bei weitem nicht so vielseitig und voll moduliert wie der Amselgesang. Während die Amsel zum Kulturfolger geworden ist und selbst in Großstädten brütet, ist die Singdrossel in ihrem angestammten Biotop, Nadel- und Mischwälder mit dichtem Unterholz, geblieben.

Beide Drosselarten bauen starke, muldenförmige Nester aus Zweigen, Pflanzenstengeln, Moos, Halmen und Wurzeln. Während die Amsel ihr Nest mit feinsten Pflanzen auspolstert, besteht die Mulde bei der Singdrossel aus Lehm oder feuchter Erde, die vor

dem Brutbeginn hart wird. Das Nest wird vom Weibchen allein in vier bis sechs Tagen gebaut und das erste Ei ein bis zehn Tage nach Fertigstellung gelegt. Ein Vollgelege besteht aus vier bis fünf, selten sechs, Eiern, die vom Weibchen zwölf bis fünfzehn Tage lang bebrütet werden.

Männchen und Weibchen füttern die Jungen gemeinsam mit Würmern, Ameisen und anderen Insekten, Spinnen und den Larven vieler Insekten. Später, im Herbst, ernähren sich Amsel und Singdrossel vorwiegend von Früchten und Beeren. Die Jungen bleiben vierzehn bis neunzehn

Tage lang im Nest und verlassen es dann weitgehend flugfähig. Sie werden von den Eltern noch einige Tage lang, maximal aber zwei Wochen, gefüttert und sind dann selbständig. Während Amseln in einem Jahr bis zu vier Bruten hochziehen, belassen es Singdrosseln bei höchstens zwei.

ROTKEHLCHEN

Das einheimische Rotkehlchen ist einer der wenigen Vögel, der auch im Winter ab und zu singt. Sein perlender, leicht melancholischer Gesang ist unverwechselbar. Interessant ist, daß es sich dabei überwiegend um Wintergäste handelt, die aus dem Norden zu uns kommen, während die mitteleuropäischen Rotkehlchen in den Mittelmeerraum ziehen und erst im März wieder in ihre angestammten Reviere zurückkehren. Dort bewohnen sie unterholzreiche Wälder, Parkanlagen und Gärten. Die Paare leben in einer sogenannten Saisonehe und ziehen pro Jahr ein bis zwei Bruten auf. Das Weibchen baut das kugelige Nest aus Moos, feinen Wurzeln, trockenem Gras und ähnlichem Material ohne Hilfe des Männchens und benötigt dazu vier, fünf Tage. Dann beginnt es gleich mit der Eiablage. Ein volles Gelege enthält fünf bis sechs Eier, die vom Weibchen allein in zwölf bis fünfzehn Tagen ausgebrütet werden. Das Männchen hält sich meist in der Nähe des Nestes auf und füttert seine Partnerin während der Brutzeit regelmäßig. Wenn die Jungen geschlüpft sind, bringen beide Elternteile vom Anbruch des Tages bis zur Abenddämmerung Insekten, Würmer und Asseln ans Nest, und schon nach zwei Wochen verlassen die Jungen das Nest. Sie sind dann noch unscheinbar braun gefärbt und werden von den Alttieren weitere zwei Wochen mit Nahrung versorgt. In dieser Zeit beginnen sie allerdings bereits, selbst auf Käfer, Raupen und Spinnen Jagd zu machen. Die Sterblichkeit der Jungen ist sehr hoch. Im ersten Lebensjahr sterben drei von vier Jungvögeln, und nur wenige werden älter als vier Jahre. Für die zweite Brut wird fast immer ein neues Nest gebaut – manchmal direkt in das alte hinein. Je später im Jahr gebrütet wird – in Mitteleuropa bis Anfang August –, desto geringer ist die Wahrscheinlichkeit, daß die Jungen erfolgreich aufgezogen werden.

DOMPFAFF ODER GIMPEL

Männchen trägt (auch außerhalb der Brutzeit) ein leuchtend rotes, das Weibchen ein graubraunes oder blaßrosa Gefieder. Gimpel benötigen lichte Waldgebiete, Parkanlagen, Gärten, dicht bepflanzte Friedhöfe oder Jungforste. Im Winter zeigen sie sich oft und regelmäßig an Futterhäuschen.

Sie ernähren sich überwiegend von verschiedensten Pflanzensamen und im Frühling von Baumknospen. Selbst die Jungen werden mehrheitlich vegetarisch ernährt. Hin und wieder fangen sie einige Käfer und Fluginsekten, doch scheint das nicht die Regel zu sein. Die Gimpel schließen Dauerehen und besetzen früh im Jahr Brutreviere, wobei Nadelwälder besonders beliebt sind. Auf den äußersten Zweigen von Tannen und Fichten wird ein Reisignest errichtet und mit kleinen Wurzeln, Grashalmen und Tierhaaren ausgepolstert. Das Männchen hilft, Nistmaterial herbeizutragen, überläßt es aber dem Weibchen, das Nest zu bauen. Vier bis sechs Eier werden vom Weib-

chen zwei Wochen lang bebrütet. In dieser Zeit bringt ihm das Männchen oft Futter ans Nest. Die Jungen werden von beiden Partnern gemeinsam gewärmt, gefüttert und nach dem Ausfliegen noch zwei bis drei Wochen lang geführt. In dieser Zeit beschäftigt sich das Weibchen aber häufig damit, ein neues Nest zu bauen und für das zweite Gelege vorzubereiten, das oft noch recht spät im Jahr, bis Anfang September, gezeitigt wird. Gimpel sind robuste Vögel, und die Sterblichkeit ist beim Nachwuchs deutlich geringer als bei kleinen insektenfressenden Arten. Sie können auch in Freiheit ein erstaunlich hohes Alter erreichen; der älteste Vogel zählte gemäß Ringfund über siebzehn Jahre.

Nur bei wenigen einheimischen Vögeln ist der Unterschied zwischen den beiden Geschlechtern so augenfällig wie beim Dompfaff: Das

FELDSPERLING

Der Haussperling ist wohl einer der bekanntesten Vögel unserer Heimat. Seinen nächsten Verwandten, den Feldsperling, kennen aber nur die wenigsten. Er ist kleiner und schlanker als sein weit verbreiteter Vetter, hat einen kastanienbraunen Scheitel und Nacken, ein helles Halsband und einen schwarzen Wangenfleck. Dort, wo beide Arten auftreten, dominiert der stärkere, robuste Haussperling, und der Feldsperling muß ihm weichen. Sein Lebensraum sind, wie der Name sagt, eher die ländlichen Gebiete mit gutem Buschbestand und lichtem Gehölz, wo sich genügend Nistgelegenheiten finden. Der Feldsperling zieht als Brutstätte eine Baumhöhle allen anderen Nistplätzen vor. Oft wird sie von den monogam lebenden Paaren schon im Herbst bezogen, als Schlafplatz benützt und gegen Artgenossen, aber auch gegen andere Vögel verteidigt. Wie viele Sperlingsvögel brüten auch Feldsperlinge gern in Gesellschaft von Paaren der gleichen Spezies – vorausgesetzt, ein gewisser Individualabstand wird eingehalten. Das Nest besteht aus trockenem Gras, Pflanzenstengeln, Wurzeln und Blättern und wird mit Federn, Tierwolle und -haaren ausgepolstert und ist „ordentlicher" gebaut als jenes der Haussperlinge. Das Weibchen legt vier bis sieben Eier, die von beiden Geschlechtern zwölf bis vierzehn Tage lang bebrütet werden.

Männchen und Weibchen teilen sich auch die anstrengende Arbeit der Jungenaufzucht, die vom frühen Morgen bis zum späten Abend mit tierischer Nahrung, hauptsächlich Insekten, versorgt werden müssen. Das tun sie erst knapp drei Wochen lang für die Kinder im Nest und anschließend noch einmal etwa zehn Tage lang für die flüggen Jungen, die in der ersten Zeit nach dem Ausfliegen leicht an den gelben Schnabelwinkeln zu erkennen sind.

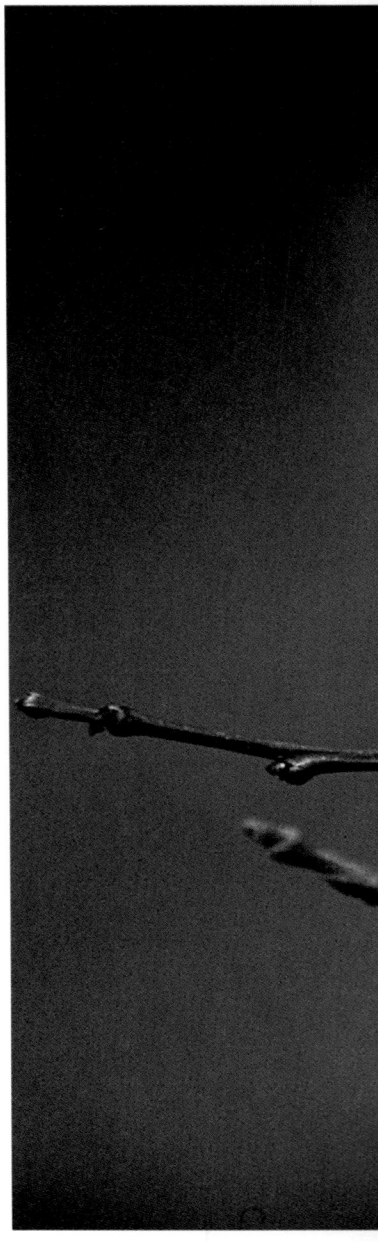

WEBERVÖGEL

verknoten und miteinander verbinden, bis ein rundliches Nest mit oberem Eingang oder längerer Anflugröhre entsteht. Bei vielen Arten webt alleine das Männchen.

Da bei Webervögeln oft Vielehe herrscht, das heißt, ein Männchen begattet mehrere Weibchen, hat ein Webervogelmann während der Brutzeit eine ganze Menge zu tun. Zwar kümmert er sich weder um Brut noch um Jungenaufzucht, aber der „Häuserbau" nimmt ihn so stark in Anspruch wie das Brutgeschäft das Weibchen. Dieses sucht sich das Männchen bzw. das Nest aus. Während es mit dem Eierlegen beginnt, errichtet das Männchen bereits das nächste Nest.

Die große Webervogelfamilie bewohnt mit 140 bis 150 Arten vorwiegend den afrikanischen Kontinent südlich der Sahara. Einige leben auf Madagaskar und den benachbarten Inseln sowie in Südasien.

Unsere Haus- und Feldsperlinge, die ebenfalls zu den Webervögeln gehören, wurden durch den Menschen nach Amerika und Australien gebracht. Die meisten Arten leben in kleinen, großen oder sogar sehr zahlreichen Schwärmen in den Grasfluren der Steppen und Savannen, manche bevorzugen Büsche und Bäume.

Sie ernähren sich von Körnern, überwiegend Grassamen, einige von Insekten, viele wechseln jahreszeitlich ab.

Während unsere Sperlinge oft recht unordentliche Nester bauen, nisten andere in ausgepolsterten Höhlen in Bäumen, Felsspalten oder Erdlöchern. Die Webervögel dagegen tragen ihren Namen nach der Art des Nestbaus, sie weben ihre Nester tatsächlich, wobei sie Halme und Gräser äußerst kunstvoll zusammenfügen, ineinander

Eine besondere Form des Koloniebrütens haben die Siedelweber aus dem südlichen und südöstlichen Afrika entwickelt. Ihre „Appartementhäu-ser" in Baumkronen oder auf Telegrafenstangen, in denen hundert Paare brüten können und die oft jahrelang benutzt wer-den, gehören zu den auf-fälligsten von Vögeln errichteten Bauten. Im Laufe der Jahre können sie so groß und schwer werden, daß der tragende Baum zusammenbricht.

BUCHFINK

Zur Finkenfamilie gehören die Unterfamilien Buch- oder Edelfinken und Stieglitzverwandte. Sie unterscheiden sich voneinander vor allem dadurch, daß die erstgenannten keinen Kropf haben und ihre Jungen ausschließlich mit wirbellosen Tieren, in erster Linie mit Raupen, aufziehen.

Das Verbreitungsgebiet des Buchfinks erstreckt sich von Nordafrika über Südwest- und Mitteleuropa und dehnt sich immer mehr nach Osten aus. Inzwischen ist er auch in Westsibirien heimisch. Er lebt in Laub- und Nadelwäldern, in Gärten und Parklandschaften vom Flachland bis in die Gebirge. Als Kulturfolger wird er immer mehr auch in den Städten heimisch.

Die Hauptnahrung der erwachsenen Vögel besteht aus Körnern, Samen und Früchten, aber auch Insekten und sogar Schnecken werden nicht verschmäht.

In einigen Gegenden seines Verbreitungsgebietes ist der Buchfink Zugvogel, der im Winter nach Süden zieht. Allerdings unterscheiden sich stellenweise die Zuggewohnheiten der Geschlechter. Ein schwedischer Systematiker gab dem Buchfink den lateinischen Beinamen coelebs, was soviel wie „ehelos" heißt. In Schweden, Deutschland und anderen Regionen Mitteleuropas ziehen nämlich nur die Weibchen weg, während die Männchen das ganze Jahr über dort bleiben.

Buchfinkenmännchen markieren ihre Reviere mit dem weithin hörbaren Gesang, der im typischen Buchfinkenschlag endet. Dabei singen längst nicht alle Männchen gleich, denn junge lernen Gesang und Schlag von erwachsenen Männchen aus der Umgebung. Es gibt zum Teil starke lokale Unterschiede, richtige „Dialekte".

Buchfinken bauen ihre napfförmigen Nester aus Flechten, Moos und Spinnweben gerne in Astgabeln oder nahe am Baumstamm. Die drei bis sechs Eier werden von beiden Eltern bebrütet, ebenso beteiligen sich beide an der Fütterung der Jungen. Bei einigermaßen günstiger Witterung werden zwei Bruten im Jahr aufgezogen.

RAUCHSCHWALBE

Mit ihrem schnurrenden Zwitschern sind die Rauchschwalben die bekanntesten Frühlingsboten. Als solche werden sie in unzähligen Liedern, Gedichten und Märchen besungen und erwähnt. Unsere einheimische Rauchschwalbe zieht meist gegen Mitte September in ihre afrikanischen Überwinterungsgebiete, sobald die Insekten, hauptsächlich aber Fliegen und Mücken, die im Flug gefangen werden, bei uns knapp werden. Südliche Populationen überwintern dagegen teilweise in ihren Brutgebieten oder ziehen als Strichvögel umher.

Rauchschwalben sind typische Kulturfolger, die die Annehmlichkeiten der Nähe des Menschen für sich nutzbar machen. Sie nisten besonders gerne in herkömmlichen Viehställen, in denen keine übertriebenen Hygienebedingungen wie bei der Massentierhaltung herrschen. Gelegentlich findet man ihre Nester in Form einer Viertelkugel auch unter tief herabgezogenen Dächern oder Brücken.

Beide Partner bauen das Nest aus Grashalmen und Schilfstückchen, die durch Speichel miteinander verklebt werden. Das Weibchen legt vier bis fünf auf weißem Grund gefleckte Eier, die etwa 14 Tage lang vorwiegend von ihr bebrütet werden. Sobald die Jungen geschlüpft sind, entfernen die Eltern die Eischalen aus dem Nest. Dem Kot der Jungen dagegen, der bei vielen Nesthockerarten von einer festen Hülle umgeben ist, fehlt diese Hülle. Die Kleinen entleeren bereits kurz nach dem Schlüpfen den Darm aus dem Einflugloch heraus.

Nach etwa drei Wochen sind die Jungen flügge und verlassen erstmals das Nest, kehren aber in den ersten Tagen immer wieder dorthin zurück. Von den Eltern werden sie sowohl im Nest als auch in der Luft gefüttert. Je nach Witterung brüten sowohl Rauch- als auch Mehlschwalben bei uns dreimal im Jahr, wobei meist die gleichen Nester wiederbenutzt werden. Folgt nach der dritten Brut ein früher Kälteeinbruch, dann können die zuletzt geschlüpften Jungvögel die Alpenkette noch nicht überqueren und verhungern oder erfrieren.

414

STAR

Ursprünglich war die Starenfamilie mit 111 Arten nur in der Alten Welt, Europa, Asien und Afrika verbreitet. Um 1900 wurden einhundert Tiere des europäischen Gemeinen Stars nach Amerika gebracht. Sie betätigten sich dort zwar, wie vorgesehen, als hervorragende Insektenvertilger, haben sich aber inzwischen so vermehrt, daß sie in Obstkulturen schwere Schäden verursachen.

Der Gemeine Star wird bis zu 22 cm lang und ist in mehreren Unterarten über ganz Eurasien verbreitet, geht jedoch nur ausnahmsweise in Höhen über 1 000 Meter hinauf.

Im Sommer trägt er ein schwarzes, grün bis purpurfarben glänzendes Federkleid, im Winter zeigt das Schwarz helle Tupfen. In klimatisch günstigen Gegenden sind sie das ganze Jahr über anzutreffen, in Regionen mit strengen Wintern sind sie Strich- oder Zugvögel, die bis nach Afrika wandern.

Stare leben gesellig, oft in großen Schwärmen. Nur zur Brutzeit sondern sich die Paare ab und suchen nach einer Nistgelegenheit in natürlichen Baumhöhlen oder künstlichen Nistkästen in lichten Laubwäldern, Eichen- oder Auenwäldern. Not-falls begnügen sie sich auch mit Felsspalten oder Mauernischen, Dachluken oder Steinhaufen. In diese natürliche oder künstliche Höhle wird ein muldenförmiges Nest aus Blättern, Gras, Pflanzenhalmen, Wurzelfasern, Wolle, Haaren und Federn gebaut. Dabei beschränkt sich der Bau auf das Herantragen und die grobe Formung der Mulde, die Bauausführung läßt eher zu wünschen übrig.

Das Gelege besteht aus vier bis sechs hellblauen, ungefleckten Eiern. Bei der vierzehntägigen Bebrütung lösen sich die Eltern ab, beide füttern auch die Jungen mit Insekten, Ameisenpuppen, Würmern und Rauben. Die erwachsenen Stare lieben Mischkost aus tierischem Eiweiß und Früchten, Beeren und Sämereien. Die Jungen bleiben 21 Tage im Nest. Da die Eltern zwar die Eischalen, aber nicht den Kot der Jungvögel aus dem Nest schaffen, geht oft die Hälfte der Jungvögel zugrunde.

Stare sind wahre Sprachkünstler, die in ihren Gesang die Geräusche quietschender Türen, Hundegebell, Signalpfeifen und andere Vogelstimmen einflechten können.

Kohlmeise bis zu 15 Eier, manchmal zwei- bis sogar dreimal pro Jahr. Das Weibchen brütet allein, durchschnittlich 14 Tage lang, an der Aufzucht beteiligen sich beide Eltern. Zählungen ergaben, daß ein Kohlmeisenpaar mit acht Jun-

BLAU- UND KOHLMEISE

Die Familie der eigentlichen Meisen besteht aus drei Gattungen mit etwa 45 Arten. Es sind kleine, zierliche, lebhafte Vögel, oft auffallend gefärbt, mit dünnen Beinen und dem feinen Schnabel der Insektenesser. Kohl- und Blaumeise (Bilder) sowie Hauben-, Sumpf-, Tannen- und Weidenmeise sind mit Ausnahme der Polargebiete in ganz Europa bis nach Nordafrika verbreitet.

Viele Kohl- und Blaumeisen bleiben auch außerhalb der Brutzeit und in den Wintermonaten bei uns und kommen gerne an die von Menschen eingerichteten Futterstellen. Die Nahrung der Meisen besteht vorwiegend aus Insekten in allen Entwicklungsstadien, Sämereien und Beeren.
Echte Meisen sind Höhlenbrüter, die bereits vorhandene Baumhöhlen

oder Nistkästen aufsuchen, in denen sie umfangreiche Nester anlegen und sie mit Tier- und Pflanzenwolle, Haaren und Federn auspolstern. Das Weibchen baut das Nest und sucht Polstermaterial. Es wird dabei vom Männchen begleitet, das aber kein Material einbringt.
Von unseren Singvögeln produzieren Meisen die größten Gelege, die

gen täglich 350 bis 390 Mal Futter zum Nest brachte, in den Morgen- und Abendstunden häufiger als über die Mittagszeit. Für ihre gerade geschlüpften Jungen fängt die Kohlmeise große Schmetterlings- raupen, beißt ihnen den Kopf ab und verfüttert den dicken Brocken stückchenweise in die sperrenden Schnäbel. Die Altvögel bringen die von den Jungen unmittelbar nach der Nahrungsaufnahme abgegebenen Kotballen weg. Dazu richtet sich der Jungvogel auf Schnabel und Füßen auf und schiebt sein Hinterteil, das von einem Kranz weißer Federn umgeben ist, in die Höhe. Der Altvogel erkennt dieses Zeichen und nimmt den umhäuteten Kotballen sofort mit dem Schnabel ab, bevor er zwischen die Jungen rollen kann.

Nach dem Ausfliegen bleiben die Familien noch etwa zwei Wochen zusammen, wobei die Jungen von den Alten noch weiter gefüttert werden.

RELIKTE
DER URZEIT

KAIMAN

Während der Mississippi-Alligator in den Seen, Flüssen und Sümpfen der südöstlichen USA lebt, liegt das Hauptverbreitungsgebiet der Kaimane vor allem im Amazonas- und Orinok-Becken. Die verschiedenen Kaiman-Arten werden zwischen 1,25 und 6 m lang. Sie ernähren sich von Fischen, Amphibien, Reptilien, Vögeln und Säugetieren. Fische erjagen sie im Wasser, landbewohnenden Wirbeltieren lauern sie gerne an Tränken auf.

Wie alle Krokodilarten so betreiben auch die Kaimane intensive Brutpflege. Das Weibchen legt die bis zu 70 weißen, hartschaligen, bis zu hühnereigroßen Eier mit poröser Oberfläche entweder in einen selbstgebauten Nisthügel aus Schlamm und Pflanzenteilen oder in eine feuchte Erdmulde in der Nähe des Wassers. Sie bewacht das Gelege und verteidigt es gegen Nisträuber, etwa große Echsen oder andere Krokodile.

Mit Ausnahme einer einzigen Art, des China-Alligators, leben alle Angehörigen der Familie der Alligatoren in der Neuen Welt, im südlichen Nord- sowie in Mittel- und Südamerika. Die vier Gattungen mit insgesamt sieben Arten unterscheiden sich von den Echten Krokodilen durch ihr Verbreitungsgebiet und Besonderheiten in der Zahnstellung und Kieferbildung.

Bereits kurz vor dem Schlüpfen lassen die Jungen ein deutliches Quäken hören. Oft entfernt dann die Mutter das auf das Gelege geschichtete Material, das mittlerweile so hart geworden ist, daß die kleinen Kaimane es aus eigener Kraft nicht durchdringen könnten. Mühsam sprengen sie die harte Eischale mit der sogenannten Eischwiele, einem Hornhöcker an der Schnauzenspitze.

Die Kleinen bleiben einige Zeit mit der Mutter zusammen und folgen ihr im Wasser und an Land. Anfangs ernähren sie sich von Wasserinsekten und Larven, Kleinkrebsen und Schnecken. Mit zunehmender Größe erbeuten sie Kröten und Frösche, Kleinvögel, Fische und Nagetiere.

Jungkaimane haben zahlreiche Feinde, unter anderem Artgenossen, Raubfische, aber auch große Echsen und Greifvögel. Alle Krokodilarten sind gefährdet oder bedroht. In vielen Regionen wurden sie als Nahrungskonkurrenten oder Lederlieferanten von Menschen ausgerottet oder stark dezimiert.

neun Monaten schlüpfen die Jungen und müssen sich erst einmal zur Erdoberfläche hochkämpfen. Sie bleiben nicht auf dem Boden, sondern klettern unverzüglich auf einen Strauch oder Baum und verharren längere Zeit völlig unbeweglich. Wenn sie auf Nahrungs-

CHAMÄLEON

Die meisten Chamäleonarten leben in tropischen und subtropischen Gebieten Afrikas. Einige wenige Formen kommen auch auf der Arabischen Halbinsel und in Indien vor und das Europäische Chamäleon in Südspanien, auf einigen Mittelmeerinseln und in Griechenland. Chamäleons sind – bis auf eine Art, die in der Wüste lebt – Strauch- und Baumbewohner und für ihre Fähigkeit der farblichen Anpassung an ihre Umgebung berühmt.

Beim Europäischen Chamäleon fällt die Paarungszeit in den Spätsommer und Frühherbst, wobei sich oft mehrere Männchen sehr heftig um ein Weibchen streiten und sich gegenseitig beißen. Das Weibchen legt bis zu dreißig Eier in Erdgruben, die es selbst ausheht und nach der Eiablage wieder zudeckt. Nach acht bis

420

suche gehen, geschieht das im Zeitlupentempo und mit ganz langsamen Bewegungen. Haben sie ein Insekt erspäht, das für sie die richtige Größe hat, nähern sie sich ihm bis auf „Schußweite", schnellen dann ihre lange Zunge – die so lang wie der ganze Körper sein kann – heraus, und die Beute sitzt an der Zungenspitze, die mit einer klebrigen Substanz überzogen ist, fest. Fast alle Chamäleonarten legen Eier; einige wenige jedoch, wie das Zwergchamäleon, bringen lebende Junge zur Welt, die sich lediglich aus einem dünnen, durchsichtigen Häutchen – ähnlich der Fruchtblase bei den Säugetieren – befreien müssen und anschließend gleich ein Versteck suchen, um sich vor möglichen Feinden in Sicherheit zu bringen.

BARTAGAME

Australien, der heiße, trockene Kontinent, ist das Land der Reptilien. Die klimatischen Bedingungen des Erdteils mit dem Fehlen eines eigentlichen Winters – sieht man von den gut 2 000 m hohen Gebirgszügen im Südosten ab – haben die Entwicklung einer überaus artenreichen Schlangen- und Echsenfauna ermöglicht und gefördert. Kriechtiere sind wechselwarme Tiere, deren Körpertemperatur von der Außentemperatur abhängt; ist diese hoch, sind die Reptile sehr aktiv und „lebendig", ist sie tief, verlangsamen sich sämtliche Körperfunktionen bis hin zur Kältestarre. In Australiens Wüsten, wo die Bartagame zu Hause ist, können die Nächte zwar kühl oder gar kalt sein, aber kaum geht die Sonne auf, steigt die Quecksilbersäule an und erreicht im Sommer Temperaturen von 40° C und mehr im Schatten.

Im Südfrühling, September/Oktober, findet die Agamenbalz statt. Dabei wirbt – anders als bei den meisten Tieren – das

Weibchen um das Männchen. Nach der Paarung gehen beide Bartagamen wieder ihrer Wege. Das Weibchen sucht sich eine sandige Stelle, etwa im Schatten eines Busches oder in der Nähe von Felsen. Dann gräbt es sich vollständig in den Boden ein und legt zehn bis zwanzig und mehr weiße, weichschalige Eier, die es sich selbst überläßt.

Nach rund zwei Monaten schlüpfen die jungen Agamen aus und drängen zur Oberfläche. Das geschieht vorwiegend nachts, denn auf sie lauern zahlreiche Feinde, vor allem Greifvögel, Reiher, Störche und andere. Mit Vorliebe suchen sie das Gewirr von Geröllfeldern und Felslandschaften auf. Dort finden sie zahlreiche Versteckmöglichkeiten und können relativ ungefährdet auf Nahrungssuche gehen. In den ersten Lebenswochen fangen sie vorwiegend Insekten, von der Fliege bis zur Heuschrecke und vom Laufkäfer bis zum Falter. Nach wenigen Wochen häuten sie sich zum ersten Mal, und mit einem Jahr sind sie bereits erwachsen.

ZAUN- UND BERGEIDECHSE

Die mehr als 180 Arten der Familie der Echten Eidechsen leben nur in der Alten Welt, also in Europa, Afrika und Asien, mit Ausnahme von Australien, Neuguinea und Madagaskar. Als wechselwarme, wärmeliebende Tiere haben sie ihr größtes Verbreitungsgebiet im Mittelmeerraum und in Südafrika, sind jedoch in den heißen tropischen Regionen weniger vertreten. Sie ernähren sich von Insekten.

In die Familie gehören kleine bis mittelgroße, zwölf bis maximal 90 cm lange, schlanke Tiere mit gut ausgebildeten Gliedmaßen und langem Schwanz. Die Rückenschuppen sind, anders als etwa bei den Krokodilen, auf dem Rücken feiner als auf dem Bauch. Die Kopfplatte ist meist verknöchert, und viele Arten zeigen eine durch vergrößerte Schuppen gebildete Kehlfalte.

Viele Echsen können bei Gefahr einen Teil ihres Schwanzes abwerfen. Das heftig zuckende Teilstück bleibt liegen und lenkt den Feind ab, während die Echse sich in Sicherheit bringen kann. Der Schwanz kann nachwachsen, bildet aber keine Wirbel mehr.

Die Zuordnung zu den Arten ist zum Teil recht schwierig, da sich die Verbreitungsgebiete überlappen und die Färbungen der Tiere sehr variabel sind.

Unsere Zauneidechse (Bild rechts) ist graubraun mit schwarzen Flecken, hat aber oft einen rostroten oder braunen Rückenstreifen. Die Männchen tragen zur Paarungszeit grüne Flanken und eine grüne Kehle, manchmal sind auch die Weibchen grünlich gefärbt.

Das Zauneidechsenweibchen legt – je nach Verbreitungsgebiet – ein- bis zweimal im Jahr 4 bis 15 Eier in ein selbstgescharrtes Erdloch. Die weiche, poröse Schale kann viel Feuchtigkeit aufnehmen, wodurch sich das Eivolumen vergrößert. Nach sieben bis zehn Wochen schlüpfen die Jungen.

Die Bergeidechse kann tiefere Temperaturen er-

tragen, sie kommt im Gebirge bis auf 3 000 m Höhe und im hohen Norden Europas vor. Nach der Paarungszeit, zwischen April und Juni, bringt das Weibchen nach etwa drei Monaten drei bis zehn Junge zur Welt. Die kleinen Eidechsen sind von einer dünnen Eihaut umgeben, die noch während der Geburt aufreißt. Bergeidechsen sind also nicht lebendgebärend, wie etwa die Säugetiere. Vielmehr reifen die Eier im mütterlichen Körper heran, so daß die Jungen bei der Geburt so weit entwickelt sind, daß sie sofort aus dem Ei schlüpfen können.

RIESENSCHLANGEN

Riesenschlangen haben keine Giftzähne, sondern töten ihre Beute durch ihre ungeheure Körperkraft. Sie packen ihr Opfer mit messerscharfen Zähnen und halten es fest, umschlingen es ein-, zwei- oder mehrmals und erdrücken es.

Von den insgesamt etwa 65 Arten können lediglich vier dem Menschen gefährlich werden: die in der Alten Welt lebenden Felsen-, Tiger- und Netzpythons sowie die Anakonda, eine Boa-Art aus dem nördlichen Südamerika.

Alle Pythonarten legen Eier. Dabei erweisen sich die Weibchen als wahre Hungerkünstler, denn von der Paarung bis zum Ausschlüpfen der Jungen nehmen sie keine Nahrung mehr zu sich. Die frisch geleg-

ten, hellen, weichen Eier kleben nach wenigen Minuten zusammen und werden pergamentartig, was die Verdunstung erheblich vermindert. Die Eier brauchen Wärme und Feuchtigkeit. Um beides zu erhalten, wickelt das Pythonweibchen das Gelege regelrecht ein, legt den Kopf auf die Körperschlingen und schützt so die Eier. Eigenartigerweise können die „kaltblütigen" Tiere ihr Gelege regelrecht erwärmen. Messungen haben gezeigt, daß die Temperatur im Inneren eines solchen Körpernestes bis zu sieben Grad wärmer ist als die Außentemperatur. Zwei Monate oder länger verharrt die Pythonmutter in dieser Stellung, bis die Jungen schlüpfen. Erst dann häutet sie sich und geht auf Nahrungssuche. Im Gegensatz zu den Pythons zeigen sich die Boas „fortschrittlicher", indem sie lebende Junge zur Welt bringen. Im Mutterleib bilden sich keine festen Eihüllen, sondern nur dünne Häutchen, die die Jungen schon vor oder während der Geburt zerreißen. Die Mutter ist also nicht darauf angewiesen, lange an einem Ort zu verharren, und die Jungen können sofort nach der Geburt Verstecke aufsuchen.

HUNDSKOPFBOA UND SPITZKOPFNATTER

Überlebensstrategien gehören zum Verhaltensmuster jeder Tierart, auch der Schlangen. Besonders wichtig sind dabei jene, die mit der Fortpflanzung zusammenhängen, denn sie sichern das Weiterbestehen jedes lebenden Organismus. Schlangen beaufsichtigen oder bewachen ihre Eier bzw. Jungen nicht – sieht man von einigen Pythonarten ab. Deswegen hat die Natur für sie bestmöglichst vorgesorgt. So werden z. B. die Eier von der Sonnenwärme ausgebrütet, so daß sich die Schlangenmutter gleich nach der Eiablage wieder entfernen kann. Die Jungen, die – je nach Witterung – nach zwei, aber auch erst nach vier Monaten schlüpfen, sind sofort selbständig, wenn sie die Eischale durchstoßen haben. Manche Arten, vor allem in den kühleren Breiten, bringen lebende Junge zur Welt, denn die Erd- und Umgebungstemperatur reicht z. B. in den Bergen kaum, damit die Jungen in den Eiern heranwachsen könnten. Also bleiben sie so lange im Mutterleib, bis sie voll entwickelt sind – und sind deshalb

gleich nach der Geburt in der Lage, sich ihre eigenen Wege zu suchen. Entscheidend für das Überleben der jungen Schlangen ist, daß sie von ihren Feinden nicht gefunden werden. Eine gute Tarnfarbe und -zeichnung sind deshalb besonders wichtig. Bei der Spitzkopfnatter, die im Blättergewirr von Urwäldern lebt, ist die grüne Farbe sowohl der Alt- wie der Jungtiere der Umgebung so hervorragend angepaßt, daß man die Schlange in Freiheit kaum jemals zu sehen bekommt – selbst dann nicht, wenn man nur einen Meter vor ihr steht! Junge Hundskopfboas sind anders gefärbt als die erwachsenen. Ihre Haut ist kräftig rotbraun; der Körper verschmilzt mit dem Baumstamm und den dicken Ästen, auf denen sich die kleinen Hundskopfboas aufhalten, vollkommen. Die Alttiere hingegen, die sich in höheren Blätterregionen aufhalten, zeigen eine giftgrüne Körperfarbe, die mit dem satten Grün der Umgebung übereinstimmt.

RINGELNATTER

Die bekannteste und verbreitetste einheimische Schlange, die Ringelnatter, ist völlig ungiftig und harmlos. Sie lebt in unmittelbarer Umgebung von Teichen, Bächen und Sümpfen und schwimmt vorzüglich. Damit gehört sie zur Unterfamilie der Wassernattern, die über weite Gebiete der Erde verbreitet sind.

Im Frühling, gleich nach dem Erwachen aus der Winterruhe – die Ringelnattern verkriechen sich im Herbst in Kompost- und Abfallhaufen, Felsspalten und in alte, vermoderte Bäume – finden sich Männchen und Weibchen und feiern Hochzeit. Bald danach legt das Weibchen zehn bis fünfzig, manchmal noch mehr, längliche und

weichschalige Eier in ein geeignetes Versteck, etwa unter feuchtes Moos, in Röhrichthaufen oder den weichen Mulm einer Kopfweide. Die Umgebungswärme brütet die Eier in den folgenden Wochen aus, und die kleinen Ringelnattern, die bei der Geburt dünn wie ein Bleistift und etwa 15 cm lang sind, schlüpfen fast gleichzei-

tig aus. Sie arbeiten sich mit einer Art Eizahn, der bald nach dem Schlüpfen verschwindet, durch die zähe, pergamentartige Hülle und suchen unverzüglich ein Versteck auf. Schon wenige Tage später gehen sie ins Wasser auf Futtersuche. Junge Ringelnattern machen Jagd auf kleine Kaulquappen und Molche. Wenn sie etwas größer geworden

sind, erbeuten sie auch kleine Frösche und Fische, die sie geschickt in die Enge treiben, packen und unzerkleinert hinunterschlingen. Ringelnattern haben ihrerseits zahlreiche Feinde, vor allem Greifvögel, Reiher, Marder, Iltisse, Igel und Hechte. Von vierzig bis fünfzig Jungnattern erreichen deshalb selten mehr als drei bis fünf das

Erwachsenenalter. Die starke Vermehrung hilft der Schlange jedoch, die großen Verluste zu kompensieren und die Art zu erhalten.

SCHILDKRÖTE

Innerhalb der Kriechtiere bilden die Schildkröten eine eigene Ordnung, deren Angehörige alle am charakteristischen Rückenpanzer zu erkennen sind. Obwohl Schildkröten eher langsame und schwerfällige Tiere sind, hat sich gerade dieser Panzer als Überlebenshilfe bewährt, denn die urtümlichen Kriechtiere existieren bereits seit 200 Millionen Jahren auf der Erde.

Der knöcherne Rücken- und Bauchpanzer ist Teil des Skeletts und meist mit Hornplatten bedeckt, seltener mit einer lederartigen Haut überzogen. Die Knochenplatten des Panzern sind mit den Dornfortsätzen der Wirbelsäule fest verwachsen. Keine Schildkröte kann „aus der Haut" fahren, sondern zieht Hals und Kopf, Beine und Schwanz bei Gefahr in ihren Panzer zurück. Nach grober Einteilung werden Wasser- und Landschildkröten unterschieden.

Erstere leben mit den verschiedenen Arten sowohl im Süß- wie auch im Salzwasser. Einige Meeresschildkröten wandern alljährlich über große Strecken.

Die beeindruckendsten Gestalten unter den Landschildkröten sind die Riesenschildkröten, die in zwei weit voneinander entfernten Populationen leben. Mit einer Panzerlänge bis zu 1,2 m ist die Seychellen-Riesenschildkröte die größte lebende Art. Noch bis ins letzte Jahrhundert kam sie auf zahlreichen Inseln des Indischen

432

Ozeans vor und lebt heute hauptsächlich noch auf der Seychellen-Insel Aldabra.

Die 10 cm kleinere Galapagos-Riesenschildkröte war noch im letzten Jahrhundert in mehreren Unterarten auf den Eilanden des gleichnamigen Archipels vor der südamerikanischen Küste sehr häufig zu finden. Die Matrosen der Walfängerschiffe, die die Tiere als lebende Fleischkonserven mit auf See nahmen, berichteten, daß sie, von Panzer zu Panzer springend, weite Strecken auf den Inseln zurücklegen konnten, ohne jemals den Boden zu betreten.

Einige Unterarten wurden zusätzlich durch verwilderte Haustiere ausgerottet, andere sind stark bedroht.

Alle Schildkrötenarten vermehren sich durch Eierlegen, wobei die Eier durch die Bodenwärme ausgebrütet werden.

olivbraunen, gelblich oder grünlich gefleckten, flachen Rückenpanzer. Sie lebt gerne gesellig in Landnähe oder sogar im Brackwasser von Flußmündungen und ernährt sich ausschließlich von Tang und anderen Meerespflanzen. Bei Störungen taucht sie sofort unter. Da sowohl ihr Fleisch als auch ihre Eier als Delikatesse gelten, wird sie stark verfolgt.

Auf einigen tropischen

SUPPENSCHILDKRÖTE

Die Familie der Meeresschildkröten umfaßt vier Gattungen mit vier Arten. Sie bewohnen alle tropischen und subtropischen Meere. Verirrte Tiere tauchen gelegentlich an den Küsten Europas und Nordamerikas auf. Mit ihren flachen, fast herzförmigen Panzern und den zu flachen Ruderflossen umgeformten Vorderbeinen sind sie hervorragend an das Wasserleben angepaßt. Sie schwimmen oft weite Strecken durchs offene Meer und suchen festes Land beziehungsweise Inseln nur zur Eiablage auf. Gelegentlich sieht man sie jedoch auf sandigen Uferstreifen oder Sandbänken ausgedehnte Sonnenbäder nehmen. Die bis zu 1 m lange und ungefähr 200 kg schwere Suppenschildkröte hat einen

Inseln wie Kalimantan und anderen Eilanden des Sunda-Archipels liegen die bevorzugten Eiablageplätze der Suppenschildkröten. Unter unglaublichen Anstrengungen steigen die Weibchen nachts an Land und schieben ihr Gewicht auf dem Sandstrand über die Gezeitenzone hinaus. Alle paar Schritte bleiben sie stehen, stöhnen fürchterlich und schieben sich weiter. Mit steifen Beinen, die sonst nur der fast mühelosen Fortbewegung im Wasser dienen, heben sie eine Grube aus, legen ihre 50 bis 200 Eier hinein, scharren sie wieder zu und „eilen" zurück in ihr Lebenselement.

Leider werden die Schildkrötengelege immer noch von Mensch und Tier geplündert. Die Eier werden von der Sonnenwärme ausgebrütet, und die kleinen Schildkröten schlüpfen je nach Witterung und Temperatur nach etwa 100 Tagen. Sie messen lediglich 4 bis 5 cm und müssen sich 50 bis 60 cm durch den Sand graben, bevor sie das Tageslicht sehen. Sofort versuchen sie, mit den kleinen Beinen krabbelnd und schlagend als ersten sicheren Hort das Meer zu erreichen, wobei viele von ihnen von Möwen und anderen Seevögeln verspeist werden. Von 100 Jungen werden nur zwei erwachsen und fortpflanzungsfähig.

Erst nach Jahren, wenn sie die Geschlechtsreife erreicht haben, kehren die Weibchen wieder an den Strand zurück, an dem sie das Licht der Welt erblickt haben, um hier ihre Eier abzulegen.

LAUBFROSCH

Der hübsche, bis zu 4 cm lange, oft grünlich, aber auch graubraun oder gelblich gefärbte Laubfrosch mit den großen Augen und dem runden Kopf ist zwar nicht der häufigste, aber der bekannteste und beliebteste unserer einheimischen Froschlurche. Dieser Be-liebtheit „verdankte" er es, daß er bis vor wenigen Jahren gerne als so-genannter Wetterfrosch in kleinen Gläsern mit Leiterchen gehalten wur-de. Die bedauernswerten Tiere zeigten alles andere als das Wetter an und quälten sich oft monate-lang in den engen Ge-fängnissen. Die Haltung von Laubfröschen ist heu-te verboten.

Der Laubfrosch ist ein wärmeliebendes Tier, das erst zwischen April und Juni, wenn die Sonne Er-de und Wasser erwärmt hat, aus seinem Winter-schlafplatz unter Laub, Baumwurzeln und Stei-nen herauskommt und sich zu den Laichplätzen begibt. An Weihern mit Schilf- und Röhrichtbe-ständen, manchmal sogar an grasbewachsenen Pfützen oder stillen Flußarmen, ertönt dann allabendlich das Frosch-konzert. Es sind nur die Männchen, die mit-

tels ihrer Schallblase ihre laute Stimme hören lassen und damit die paarungsbereiten Weibchen anlocken wollen. Während die Männchen Abend für Abend ihre Reviere besetzen und lauthals quaken, kommt jedes Weibchen nur einmal zum Stelldichein.

Nach der Paarung legt es seine 700 bis 1 100 Eier in kleinen Klümpchen ab und befestigt sie mit den Hinterfüßen an Pflanzen. Die frisch geschlüpften Kaulquappen tragen einen hohen, durchsichtigen Flossensaum und werden im Laufe ihrer Entwicklung olivgrün.

Sie bewegen sich anfangs mit schlängelnden Bewegungen des Schwanzes und später mit Hilfe der allmählich wachsenden Vorder- und Hintergliedmaßen.
Im Juli oder August haben sie ihre Metamorphose beendet und verlassen als winzige

Fröschlein das Wasser. Erst mit zwei Jahren sind sie geschlechtsreif und kommen, wenn sie so lange überlebt haben, zum abendlichen Froschkonzert an den See.

schätzten „Froschschenkel" stark verfolgt wird. Grasfrösche sind erstaunlich unempfindlich gegen tiefe Temperaturen, sie konnten ihr Verbreitungsgebiet bis zum Polarkreis ausdehnen und sind im Gebirge sogar bis in die Höhe von 2 800 m zu finden. Entsprechend früh im Jahr kommen sie aus ihren Überwinterungsplätzen auf dem Grunde eines Teiches, aus ei-

GRASFROSCH

Im Gegensatz zum Laubfrosch zeigt der bis zu 10 cm lange Grasfrosch meist eine bräunliche Grundtönung, die vor allem während der Paarungszeit gelbliche und rötliche Flecken aufweist. Er ist, neben der Erdkröte, unser häufigster Froschlurch, obwohl er in einigen Regionen als Lieferant der in Feinschmeckerkreisen ge-

ner Baum- oder Felsenhöhle oder unter Steinen hervor, oft schon Ende Februar oder Anfang März.

Die männlichen Grasfrösche haben keine nach außen dehnbaren Schallblasen wie die Laubfrösche, sondern können nur relativ leise schnurren oder knurren, sogar unter Wasser. In Massen sammeln sie sich an den Ufern kleiner Teiche und Tümpel, an feuchten Gräben und großen Pfützen.

Nach einigen Tagen kommen auch die Weibchen, und schon beginnt die Hochzeit. Je nach Größe und Ernährungszustand legt das Weibchen 1 000 bis 4 000 Eier in zwei Ballen auf den Grund des Gewässers oder an Wasserpflanzen. Oft bedeckt der Laich vieler Weibchen Flächen von mehreren Quadratmetern.

Die Kaulquappen des Grasfrosches sind die ersten im Jahr, die die Gewässer beleben. Sie nutzen ihre frühe Entwicklung aus, indem sie den Laich anderer Lurche fressen. Bei günstiger Witterung kann die Umwandlung zum Frosch in eineinhalb, meist aber in zwei bis vier Monaten vollzogen sein. Die Larven wachsen bis zu einer Größe von mehr als 4 cm heran, während der frisch verwandelte Frosch nur 1 bis 1,5 cm mißt.

Wenn die Jungfrösche nach zwei bis vier Jahren fortpflanzungsfähig sind, suchen sie das Gewässer auf, in dem sie selbst geschlüpft sind und ihre Entwicklung zum Frosch durchgemacht haben. Diese Ortstreue kann leider dazu führen, daß ganze Grasfroschpopulationen aussterben, wenn beispielsweise ein Gewässer vergiftet oder zerstört wurde.

GIFTFROSCH

Die sogenannten Färber- oder Pfeilgiftfrösche aus Mittel- und Südamerika sind besonders auffallend bunt gefärbte, kleine Froschlurche. Die teilweise richtig knalligen Farben signalisieren eventuellen Feinden: „Paß auf, ich bin giftig!" Und gefährlich sind sie in der Tat.

Die süd- und mittelamerikanischen Indios benutzen das Hautgift der Frösche zum Vergiften ihrer Pfeile. Es ist ein Nervengift, das sehr schnell zur Lähmung und zum Tod führt.

Froschlurche sind die ersten Tiere, die das Wasser als ausschließlichen Lebensraum verlassen konnten. Trotzdem ist die Entwicklung der Jungen noch vom Vorhandensein des nassen Elements abhängig. Da Wasser im mittleren und südlichen Amerika teils im Überfluß vorhanden, teils Mangelware ist, haben sich die Farbfrösche etwas „einfallen" lassen, damit die Entwicklung ihres Nachwuchses erfolgreich verläuft.

Die Weibchen legen ihre Eier in feuchte Höhlen unter Steinen oder wassergefüllte Bromelienblätter. Das Männchen wacht bei dem Laich, bis die Jungen schlüpfen. Die winzigen Kaulquappen klettern auf Vaters Rücken und werden dort von einem zähen Schleim festgehalten. So werden sie „per Taxi" zur nächsten Wasserstelle gebracht, wo ihre weitere Entwicklung zum fertigen Fröschlein stattfinden kann.

Dauert der Transport zu lange, können sich die Kleinen eine Zeitlang vom mitgebrachten Dottervorrat ernähren, bis der Froschvater die Jungen endlich an der nächstbesten Wasserstelle absetzen kann. Droht das heimatliche Naß allerdings zu versiegen, entbrennt unter den Kaulquappen ein mörderischer, kannibalischer Kampf. Die Stärksten fressen die schwächeren Geschwister einfach auf, um selbst überleben und um die Entwicklung von der Kaulquappe zum fertigen und nach einiger Zeit auch fortpflanzungsfähigen Färberfrosch vollziehen zu können.

MOLCH

Wir wissen, daß die Entwicklung der Wirbeltiere vor Millionen von Jahren in den Meeren der Urzeit begann. Erst die Lurche des Erdaltertums verließen als erste vierfüßige Wirbeltiere zumindest zeitweise das nasse Element und fingen an, die Erde zu besiedeln.

Die direkten Nachkommen dieser urweltlichen Geschöpfe finden wir heute in der Ordnung der Schwanzlurche, in der Familie der Echten Salamander und Molche. Letztere werden wegen ihrer eidechsenähnlichen Gestalt oft als „Wassereidechsen" bezeichnet, sind aber mit den Echsen nicht verwandt.

Obwohl Molche wechselwarme Tiere sind, deren Körpertemperatur von der Außentemperatur abhängig ist, leben viele Arten in den gemäßigten Breiten Europas und bevorzugen Temperaturen zwischen 10° und 20° C. Sie führen ein heimliches Leben, versteckt zwischen feuchtem Laub und Moos, unter Baumstämmen oder Steinen, immer in der Nähe von Gewässern.

Unsere Echten Wassermolche wechseln im Laufe des Jahres zwischen dem Leben auf dem Trockenen vom Spätsommer bis zum Beginn des Frühlings und dem Leben im Wasser während des Frühlings und Frühsommers, zur Fortpflanzungszeit.

Gleichzeitig mit dem Wechsel des Elementes verändert sich die Gestalt. Die auf dem Land trockene, fast samtige Haut wird drüsenreich und glitschig. Den Männchen wachsen Hautkämme auf dem Rücken und dem Schwanz, zugleich verfärbt sich der Bauch leuchtend gelb, orange oder rot. Diese Färbung ist bei dem Weibchen weniger ausgeprägt.

Die Paarung findet im Wasser statt. Das Weibchen legt die klebrigen Eier einzeln an Wasserpflanzen, Steinen oder Wurzeln ab. Bereits nach acht bis vierzehn Tagen schlüpfen die Larven, die durch äußere Kiemen atmen. Im Laufe ihrer Metamorphose zum fertigen Molch, die nach etwa vier bis sechs Wochen abgeschlossen ist, wachsen ihnen vier Gliedmaßen. Die kleinen Larven ernähren sich von winzigen Wasserlebewesen, dienen selbst aber vielen Fischen und den Larven des räuberischen Gelbrandkäfers und der Libellen als Nahrung. Die kleinen, nur 14 bis 40 mm langen Jungmolche verbringen die ersten zwei bis fünf Lebensjahre bis zur Erreichung der Geschlechtsreife an Land.

WUNDERBARE UNTERWASSERWELT

FISCHE

gemeinsame Merkmale. Sie leben alle im Wasser, haben Flossen anstelle von Gliedmaßen und eine Schwimmblase, atmen fast alle durch Kiemen, haben meist eine schuppenbedeckte Haut und sind wechselwarm.

Wir unterscheiden Knorpelfische, wie Haie, Rochen, Seedrachen u.a. mit einem nicht oder unvollständig verknöcherten Skelett, und Knochenfische, zu denen die meisten der heute lebenden Fischarten gehören. Entsprechend vielfältig sind das Fortpflanzungsverhalten sowie die Brutpflege für den Nachwuchs.

Mit Ausnahme einiger weniger Arten, wie die lebendgebärenden Zahnkarpfen und einige Haifische, pflanzen sich Fische durch Eierlegen fort, sie laichen. In der Regel gibt das Weibchen eine mehr oder weniger große Menge von Eiern ins Wasser ab, wo sie vom Männchen befruchtet werden. Haie und Rochen legen sehr wenige Eier, der Katzenhai etwa 20, Forellen legen bis zu 3 000, der Kabeljau bis

zu 6 Millionen. Es gibt aber Arten, die noch wesentlich größere Gelege produzieren. Die Tatsache, daß Fischlaich und die ausschlüpfenden Larven für viele Meeresbewohner Lebensgrundlage sind, erklärt die Unzahl der Eier, da nur wenige Tiere eines Geleges fortpflanzungsfähig werden. Einige Arten legen weite Wanderungen zu den Laichplätzen zurück. Lachse wandern aus dem Meer in die Flüsse und Seen zurück, in denen sie geschlüpft sind. Flußaale gehen den umgekehrten Weg ins Meer.

Viele Fischlarven haben beim Schlüpfen einen

Dottersack als Nahrungsreserve für die ersten Tage.

Manche Arten wie die Plattfische unserer Küstengewässer machen vom Schlüpfen bis zum „fertigen" Fisch eine starke Veränderung durch. Diese Metamorphose dauert unterschiedlich lange. Bei kleinen Arten vollzieht sie sich recht schnell. Beim Flußaal dauert es mehr als drei Jahre, bis er als „Glasaal" allmählich seinen Eltern ähnelt.

Ausgesprochene Brutfürsorge finden wir u.a. bei den Stichlingen, bei denen das Männchen ein kunstvolles Nest baut.

Mit etwa 25 000 Arten stellen die Fische die größte Gruppe aller Wirbeltiere. So uneinheitlich sie auch in Gestalt, Färbung, Größe, Verbreitungsgebiet und Ernährungs- und Lebensweise sein mögen, haben sie doch ganz bestimmte

DISKUSFISCH/BUNTBARSCH

Das Weibchen der Maulbrüter nimmt den Laich nach der Befruchtung ins Maul. Nach 11 bis 24 Tagen schlüpfen die 30 bis 100 Jungen. Sie benützen den mütterlichen Mund aber noch bis zu drei Wochen lang als sicheren Schlafplatz und als Zufluchtsort bei Gefahr.

Wunderschöne, farbenprächtige Fische finden wir in der Familie der Buntbarsche, die vorwiegend in den Flüssen und Seen des subtropischen und tropischen Afrikas so-

Bekannt geworden sind die Cichliden wegen ihres ausgeprägten Brutpflegeverhaltens, nach dem mehrere Gruppen unterschieden werden können.

schützt das Weibchen den Laich, pickt abgestorbene Eier heraus und sorgt durch Flossenfächeln für ständige Frischwasserzufuhr. Auch die geschlüpften Jungen

wie in Nord-, Mittel- und Südamerika leben. Während zahlreiche der kleineren Arten zu den Lieblingen stolzer Aquarienbesitzer gehören, spielen größere Arten für die Ernährung der Menschen eine wichtige Rolle.

Bei den „Offenbrütern" laicht das Weibchen bis zu 500 Eier an einem vorher von beiden Partnern sorgfältig gesäuberten Platz. Während das Männchen das Revier kontrolliert und verteidigt, bewacht und be-

werden noch eine Zeitlang betreut.
Bei den Höhlenbrütern verläßt das prächtig gefärbte Männchen sein schlichtes Weibchen kurz nach der Paarung, das sich allein der Brut und der Jungenfürsorge widmet.

446

Ganz anders sieht die Brutpflege bei den prächtigen, bis zu 20 cm langen Diskusfischen aus dem Amazonasbecken aus. Sie laichen wie die Offenbrüter an einem vorher gesäuberten Platz ab. Wenn die Jungen schlüpfen, helfen ihnen die Eltern bei der „Geburt", indem sie die Jungen aus den Eihüllen herauskauen. Die gerade geschlüpften Jungfische werden an ein Blatt gespuckt, wo sie durch einen Klebefaden angeheftet hängenbleiben, bis der Dottervorrat aus dem Ei aufgezehrt ist.

Sobald die kleinen Diskusfische herumschwimmen können, bildet sich auf der Haut der Elterntiere ein fester Hautschleim, der ihnen als weitere Nahrung dient. Abwechselnd „picken" die jungen Diskusfische an Vater oder Mutter herum, bis sie nach einigen Tagen selbständig sind. Junge Diskusfische haben, anders als die „rundlichen" Eltern, eine längliche Gestalt und ähneln erst mit etwa drei Monaten Vater und Mutter.

KORALLEN

Die größten Bauwerke unseres Planeten werden von winzigen Tieren errichtet: Korallenpolypen sind unscheinbare Lebewesen, die lediglich wenige Millimeter lang werden, aber Riffe und Bänke bilden, die z. B. vor der ostaustralischen Küste insgesamt mehr als 2 000 km lang sind und dort eine Fläche von rund 200 000 km² bedecken! Sie benötigen einerseits viel Licht und andererseits Wassertemperaturen, die nicht unter 20° C sinken dürfen. Man findet sie deshalb lediglich innerhalb des Tropen- und Subtropengürtels, wo es rund 3 000 verschiedene Arten gibt. Die größte Unterklasse ist die der Steinkorallen. Sie bilden ein Skelett aus Kalk, das mit demjenigen des Nachbarn zusammenwächst und so mit der Zeit ein Riff bildet, das bis zu 30 m dick sein kann und bis dicht unter die Wasseroberfläche reicht.

Sie pflanzen sich auf zwei Arten fort. Bei der geschlechtlichen Fortpflanzung werden die Eier im Magen des Weibchens befruchtet und wachsen dort zu Larven heran. Diese werden von Zeit zu Zeit in riesigen Mengen ausgestoßen und treiben dann bis zu zwei Monate lang durch das Meer, bis sie sich niederlassen, festsetzen, ein Skelett entwickeln und ein neues Riff bilden.

Die zweite, ungeschlechtliche Art der Fortpflanzung ist die Bildung von Knospen, d. h. es entsteht eine Tochterpolype, und diese teilt sich erneut usw. So kann innerhalb weniger Jahre eine Kolonie entstehen, die aus vielen Millionen Einzeltieren besteht, aber lediglich auf eine einzige Mutterlarve zurückgeht! Auf diese Weise können Riffe pro Jahr zwischen 10 und 20 cm in die Breite und Höhe wachsen.

DAS GEHEIMNIS
DER VERWANDLUNG

SCHMETTERLINGE/
SPINNER

die nur zwei Aufgaben hat: fressen und wachsen. Manche beginnen damit gleich bei der leeren Eischale, dem Chorion. Die Raupen kleiner Schmetterlingsarten werden nur wenige Millimeter lang, die der größten Arten können bis zu 15 cm messen. Je nach Art und Witterungsverhältnissen durchläuft die Raupe nun fünf bis zehn Entwicklungsphasen in mehreren Monaten oder sogar Jahren. Am Ende jeder Phase wird die zu klein gewordene Haut abgestreift,

die Raupe platzt förmlich aus allen Nähten. Haare und „Borsten", Teile der Atmungsorgane und sogar der Kopf mit den Kauwerkzeugen werden „ausgewechselt" gegen ein neues Kleid, das eine Nummer größer ist als das alte, und in das sich die Raupe förmlich „hineinfressen" kann. Die Raupe, die das letzte Reifestadium erreicht, verwandelt sich schließlich bei der letzten Häutung in die Puppe. Die Wachstumsleistung der Raupe ist enorm, vom

Schlüpfen bis zum Verpuppen hat sie das Zehnbis Zwanzigfache an Länge zugenommen und ihr Gewicht zwei- bis dreitausendmal erhöht.

Im Inneren der starren, fast bewegungslosen Puppe geschieht ein wahres Wunder. Die Raupe löst sich fast völlig auf und verwandelt sich in eine formlose Masse, aus der im Laufe von Wochen oder Monaten ein völlig anders aussehendes, neues Lebewesen entsteht: der Schmetterling.

Aber auch dieser gerade neu geborene Falter ist noch längst kein herrlicher Schmetterling. Suchend läuft das Tier mit den winzigen Flügeln auf langen Beinen hin und her, bis es einen erhöhten Platz findet, an dem es sich mit den Beinen festhalten und dabei die Miniaturflügel lose hängen lassen kann. Mit einer fast unmerklichen Bewegung des Körpers pumpt es die Tracheen voll mit Luft, die Körperflüssigkeit füllt die Flügeladern, und die Flügel strecken und dehnen sich bis zu ihrer normalen Größe. Nach ein bis zwei Stunden sind die Flügel steif, und der Schmetterling beginnt sein neues Leben, das in der Eiablage gipfelt, damit ein neuer Zyklus beginnen kann.

Schon ein Schmetterlingsei ist ein wunderbares Gebilde. So klein es ist, schützt es doch das sich entwickelnde Lebewesen vor Erschütterungen, starken Temperaturschwankungen, vor dem Austrocknen und vor Nässe. Es enthält gerade genügend Dotterreserven, damit sich aus der befruchteten Eizelle ein erstes Lebewesen entwickeln kann, die kleine Raupe,

TROPISCHE SCHMETTERLINGE

Mit nahezu 150 000 bekannten Arten sind die Schmetterlinge eine der großen Ordnungen im Insektenreich, die mit Ausnahme der Antarktis auf allen Kontinenten vertreten sind und in fast allen Lebensräumen vorkommen.

Alle Schmetterlinge, ob es sich um die nur wenige Millimeter große Zwergmotte oder um den Eulenfalter aus dem tropischen Südamerika mit 32 cm Flügelspannweite handelt, haben meist breite Flügel, die aus je einem Paar Vorder- und

Hinterflügel bestehen. Die Flügel sind mit winzigen Schuppen bedeckt, die wie Dachziegel in einer Reihe liegen und sich überdecken. Die Schuppen enthalten entweder farbige Pigmente, die den Flügeln oft die wunderschöne Zeichnung verleihen, oder sie sind durchsichtig. In diesem Falle brechen und reflektieren sie das Licht, und es entstehen die herrlichen Farben der Schillerfalter. Ein weiteres kennzeichnendes Merkmal vieler Schmetterlingsarten ist

der Saugrüssel. Die erwachsenen Tiere nehmen in der Regel keinerlei feste Nahrung zu sich, sondern ernähren sich von Nektar, den sie mit dem Rüssel aufsaugen. In Ruhestellung ist der Rüssel spiralförmig aufgerollt, zur Nahrungsaufnahme wird er durch verschiedene Muskeln und die Erhöhung des Blutinnendrucks ausgestreckt. Urtümliche Schmetterlingsarten besitzen noch richtige Kauwerkzeuge und ernähren sich von Blütenstaub.

Das große Fühlerpaar ist Träger des Geruchssinnes, mit dem nicht nur Nahrungsquellen aufgespürt, sondern während der Paarungszeit auch die Geschlechtspartner erkannt werden.
Durch besondere Drüsen, deren Ausgänge auf den Flügeln, am Körper oder an den Beinen sitzen, sondern Schmetterlinge Duftstoffe ab, die den Tieren helfen, Artgenossen zu finden und Männchen und Weibchen zu unterscheiden. Die kleinen, kugeligen Eier

werden einzeln, in Gruppen oder in großen Gelegen abgesetzt. Ihre Zahl schwankt – je nach Art – zwischen fünfzig und mehreren Tausend, die Größe zwischen zwei Zehntel und drei Millimetern. Zwischen dem Ei und dem fertigen Falter liegen mehrere Entwicklungsschritte, die sogenannte Metamorphose. Wie diese Metamorphose abläuft und was dabei geschieht, gehört zu den großen Wundern in der Natur.

453

Während die Libellen
bei unseren heidnischen
Vorfahren noch als Lieb-
lingstiere Friggas, der
Göttin der Liebe und
Schönheit, der Ehe und
des häuslichen Herdes,
galten, wurden sie unter
dem Einfluß des Chri-
stentums zu „Teufelsbol-
zen", „Satansnadeln" und
„Augenstechern", sogar
die Fähigkeit zu Gift-
bissen wurde ihnen nach-
gesagt.

Bis heute reagieren viele
Menschen ängstlich auf
die teilweise großen, lebhaft und schnell umher-
schwirrenden Insekten.
Dabei kann man sie,
wenn sie sich in unmit-
telbarer Nähe eines Men-
schen niederlassen, unge-
stört in ihrer ganzen
schillernden Schönheit
betrachten und den
schlanken Körper, die
großen Augen und die
unendlich zarten Flügel
bewundern.

LIBELLE

Besonders interessant ist die Fortpflanzungsbiologie der Libellenarten. Das Flußjungfernweibchen streicht in wellenförmigem Flug tief über die Wasseroberfläche und läßt bei jeder Berührung mit dem Naß ein Ei fallen. Das Prachtlibellenweibchen schiebt sich rückwärts am Halm einer im Wasser stehenden Pflanze abwärts und legt dabei ihre Eier unter die Pflanzenhaut.

Quelljungfern legen ihre Eier in den weichen Grund von Quellsümpfen im Gebirge. Nach einigen Wochen oder erst im darauffolgenden Jahr entschlüpft dem Ei die „Vorlarve", aus der sich innerhalb kürzester Zeit die eigentliche, räuberisch lebende Libellenlarve entwickelt. Dieses Larvenstadium, das ein oder zwei Jahre dauern kann, umfaßt den längsten Teil eines Libellenlebens.

In einer Art „Puppenruhe" vollzieht sich die Umwandlung von der Larve zum fertigen Insekt. Ist diese Veränderung abgeschlossen, verläßt die Larve das Wasser und steigt an einem Pflanzenhalm an Licht, Luft und Sonne. Die Oberseite des Brustabschnitts platzt auf, und die fertige Libelle beginnt, sich aus dem Larvenpanzer zu befreien. Die im Panzer noch zusammengefalteten Flügel fangen an, sich mit Blut zu füllen und dehnen sich aus, ebenso der Hinterleib. Meist geschieht das Schlüpfen in den Morgenstunden. In der Sonnenwärme des neuen Tages starten die gerade zum zweiten Mal geborenen Libellen zu ihren schwirrenden Flügen über dem Wasser.

Zur Hautflüglerfamilie
der Faltenwespen
gehören mehrere sozial
lebende Arten wie die
meist als Plagegeister an-
gesehenen schwarzgelben
Wespen und die größere
Hornisse. Als Stechwes-
pen tragen die Weibchen
einen kräftigen Wehrsta-
chel, mit dem sie einer-
seits Beutetiere lähmen,
andererseits aber auch
schmerzhafte Stiche ver-
setzen können. Vor lauter
Ärger über die Wespen
wird oft vergessen, daß es
ungewöhnlich interessan-
te Tiere sind.
Die Geburtsstunde eines
Wespen- oder Hornissen-
volkes beginnt im
Herbst, mit dem Unter-
gang des „Sommer-
volkes". Junge, befruch-
tete Weibchen, die späte-
ren Königinnen, suchen
Überwinterungsplätze
unter der Rinde von Bäu-
men, während alle Arbei-
terinnen und die Männ-
chen sterben. Mit Beginn
des Frühlings sucht die
Königin einen geschütz-
ten Platz für die Eiablage.
Aus altem, weichem
Holz, das sie zerkaut und
mit Speichel vermischt,

HORNISSE

baut sie ein kleines Wabennest mit etwa 40 Zellen und legt die Eier hinein, aus denen nach 30 bis 40 Tagen die ersten Arbeiterinnen schlüpfen. Diese helfen sofort bei der Fütterung des weiteren Nachwuchses.

In einem Wespenvolk herrscht strenge Arbeitsteilung. Die Königin legt nur Eier, ein Teil der Arbeiterinnen ist für die Bauarbeiten zuständig, andere verteidigen das Nest, wieder andere holen Nahrung herbei, die sie den „Ammen" übergeben, die für die Fütterung der Larven zuständig sind. Alle Wespen lieben süße Kost, vor allem den Saft reifer Früchte. Die Larven werden mit vorgekauter Insektennahrung gefüttert. Bei einigen Arten machen sich hungrige Larven dadurch bemerkbar, daß sie mit den Kiefern kratzende Geräusche an den Zellwänden erzeugen. Sobald die Larven gefüttert werden, sondern sie einen Tropfen einer wasserklaren Flüssigkeit ab, der von den Ammen sofort aufgenommen wird.

Im Sommer ist das Nest in der Regel so groß geworden, daß der ganze Hofstaat umzieht und eine geräumigere Behausung errichtet. Im September und Oktober schlüpfen aus den Eiern Weibchen und Männchen. Nach der Paarung sterben die Männchen, mit Einsetzen der kalten Witterung auch die Arbeiterinnen, und die künftigen Königinnen suchen sich wieder einen Ort zum Überwintern.

flügeln sowie einen Rüssel und stechend-saugende Mundwerkzeuge. Wegen der unterschiedlichen Lebensräume unterteilt man Land- und Wasserwanzen. Wanzen leben entweder von Pflanzensäften, räuberisch von Insekten oder einige wenige als Blutsauger an Menschen und Tieren. Einige der „Pflanzenköstler" sind in Land- und Forstwirtschaft sehr unbeliebt, da sie nicht nur große Schä-

WANZE

Mit etwa 25 000 bekannten Arten ist die Ordnung der Wanzen in fast allen Teilen der Welt vertreten. Sie umfaßt eine außergewöhnlich vielgestaltige Gruppe von Insekten von 1,5 bis 3,5 mm Größe, meist bräunlich oder grünlich, oft aber auch auffallend und leuchtend gefärbt, wie die knallroten Feuerwanzen. Fast alle haben einen abgeplatteten Körper mit ungleich geformten Vorder- und Hinter-

den anrichten, sondern auch Krankheiten übertragen können. Berüchtigt sind die als Bettwanzen bekannten „Stubengenossen" in menschlichen Wohnungen, deren Bisse immer erst zu jucken beginnen, wenn die Plagegeister sich schon längst wieder in ihr Versteck zurückgezogen haben.

läusen, Milben und Insekteneiern ernähren. Bei vielen Wanzenarten tragen die Larven zwei bis drei, die ausgewachsenen Tiere ein Paar Drüsen auf dem Rücken beziehungsweise auf der Unterseite. Diese sondern ein Gift ab, das bei vielen Arten nicht nur sehr unangenehm riecht, sondern

phose mit ausgeprägtem Ruhestadium. Vielmehr verwandeln sich die aus dem Ei schlüpfenden, flügellosen Larven im Laufe ihrer Entwicklung in fünf aufeinanderfolgenden Phasen. Dabei werden sie bei jeder Häutung dem erwachsenen Tier immer ähnlicher. Je nach Art und klimatischen Ver-

Neben diesen „unangenehmen" Arten gibt es ausgesprochen nützliche Wanzen, die sich hauptsächlich von Blatt-

auf andere Insekten eine tödliche Wirkung hat. Die Jugendentwicklung verläuft nicht über eine vollkommene Metamor-

hältnissen kann das Larvenstadium im gleichen Jahr abgeschlossen werden oder sich länger hinziehen.

GOTTESANBETERIN

Gottesanbeterinnen gibt es hauptsächlich in den tropischen Gebieten Asiens, Afrikas, Südamerikas und Australiens. Eine Art, Mantis religiosa, kommt allerdings auch in geringer Zahl im südwestlichen und südlichen Deutschland vor.

Ihren Namen haben diese sogenannten Fangschrecken vom vorderen Beinpaar, das mit einiger Fantasie an „betende Hände" erinnert. Das Beinpaar ist aber nichts anderes als eine überaus effiziente Fangmaschine, die innerhalb eines Sekundenbruchteils vorschnellt, ein Beutetier festhält und zum Mund zurückführt.

Fangschreckenweibchen legen fingerbeeren- bis nußgroße Eikapseln, in denen sich einige Dutzend bis etwa zweihundert Eier befinden.

Je nach Außentemperatur schlüpfen die Larven nach zwei bis sechs Wochen und müssen ihre erste Haut sprengen, um so die Fangarme zu befreien. Nun können sie, selbst nur wenige Millimeter groß, bereits auf Beutefang gehen.

Die meisten Arten sind hervorragend getarnt und verharren zudem minuten- und stundenlang im Ast- und Blättergewirr eines Strauches. Nähert sich ihnen ein anderes Insekt oder eine Spinne, packen sie blitzschnell zu und beginnen gleich, ihre Beute zu verzehren. Hin und wieder handelt es sich dabei auch um einen Artgenossen und in der Paarungszeit passiert es ab und zu, daß ein unvorsichtiges Männchen von seiner Partnerin aufgefressen wird.

Die jungen Gottesanbeterinnen häuten sich von Zeit zu Zeit und haben wenige Wochen nach ihrer Geburt ihre endgültige Größe – je nach Art 2 bis über 15 cm – erreicht.

Bei der einheimischen Mantis religiosa legt das Weibchen im Herbst fünf bis zehn Eipakete an geschützten Orten ab und stirbt dann. Die Jungen kommen im nächsten Frühling, wenn als Nahrungsgrundlage genügend Blattläuse vorhanden sind, zur Welt – und der Kreislauf beginnt von neuem.

MAIKÄFER

Nicht weniger bekannt als der Marienkäfer ist der Maikäfer, der sich ebenfalls in Schokoladenausfertigung großer Beliebtheit erfreut. Beliebt sind die schwerfällig brummenden, 20 bis 25 mm großen, braunen Käfer bei vielen Kindern, während Land- und Forstwirte ihnen mit mehr oder weniger gemischten Gefühlen, wenn nicht sogar mit großer Abneigung begegnen.

In Mitteleuropa kommen zwei Maikäferarten vor. Die häufigste Art ist der Feldmaikäfer, der im Gebirge die 1000-Meter-Grenze nicht überschreitet.

Der Waldmaikäfer lebt bevorzugt in sandigen Wald- und Heidegebieten. Die Arten lassen sich an der Form des Hinterleibsschildes unterscheiden, das sich bei ersterem allmählich verschmälert und beim Waldmaikäfer bereits an der Basis schmal ist.

Vor allem im Mai und Juni findet man Maikäfer auf Buchen und anderen Laubbäumen, wo sie die frischen Blätter verzehren. Alle drei bis vier Jahre gibt es lokal begrenzte „Flugjahre", in denen die Maikäfer wesentlich häufiger auftreten als sonst. Wegen der angeblich großen Schäden, die die braunen Krabbeltiere anrichteten, wurden sie jahrzehntelang energisch bekämpft mit dem Erfolg, daß sie teilweise selten geworden sind.

Die Weibchen legen ihre bis zu 25 Eier in Klumpen in lockere Böden und sterben dann meistens. Die Larven, Engerlinge genannt, schlüpfen nach etwa eineinhalb Monaten.

Die Freßlust der Engerlinge ist schier unerschöpflich. Sie fressen unterirdisch alles, was ihnen vor die Freßwerkzeuge kommt: Wurzelfasern und Humusstoffe, Wurzeln, selbst unterirdische Triebe und sogar Knollen. Bei Massenauftreten können tatsächlich an Wiesen, Äckern und in Wäldern schwere Schäden entstehen.

Das Larvenstadium, die Entwicklungszeit vom Ei bis zum fertigen Käfer, kann drei bis fünf Jahre dauern, während das Käferleben selbst nur noch einen Bruchteil dieser Zeit ausmacht, da Maikäfer im Jahr des Schlüpfens sterben, wenn sie ihre Aufgabe, die Fortpflanzung und Erhaltung der Art, erledigt haben.

MARIENKÄFER

milie kommen bei uns vor. Einige wenige Arten leben von Pflanzen, weitaus die meisten aber sind räuberische Gesellen, die zumindest uns Menschen großen Nutzen bringen. Der Siebenpunkt ist eine unserer größten Arten. Auf Gräsern, Kräutern und Blumen, in Büschen und Sträuchern ist er unterwegs auf der Suche nach Blattläusen und anderen kleinen Insekten. Besonders häufig ist er, oft in Gesellschaft mit dem nicht weniger bekannten Fünfpunkt, dort anzutreffen, wo Pflanzen von Blattläusen befallen sind.

Beim Zweipunkt ist die Zuordnung zu seiner Art sehr schwierig, da er nicht nur unterschiedliche Farben, sondern auch mehr als zwei Punkte haben kann. Diese Art überwintert besonders gerne in Häusern und erscheint bei den ersten wärmenden Sonnenstrahlen an den Fenstern, um hinaus zu gelangen.

Nach der Paarung legen die Weibchen zwischen 100 und 150 Eier. Die geschlüpften Larven sind außerordentlich gefräßig und verzehren alles, was sie überwältigen können: Blatt- und andere Läuse, Käferlarven – manchmal machen sie sogar vor den eigenen Artgenossen

Als Glückskäfer, Herrgottskäfer, Sonnenkälbchen – und als Schokoladenkäfer kennt ihn bereits jedes Kind, den kleinen, hübschen, roten, gelben oder orangen Marienkäfer mit den schwarzen Punkten. Etwa 100 der insgesamt 4 000 Arten der Marienkäferfa-

nicht halt. Bis zum Ende ihres Larvenstadiums, bei uns etwa im Juni, frißt eine Marienkäferlarve 350 bis 400 Blattläuse, dann ist sie ausgewachsen und verpuppt sich.

Nach fünf bis zehn Tagen schlüpft der Käfer, der sich wiederum über Blattläuse und andere Schadinsekten hermacht, bis er sich einen Platz zum Überwintern sucht. Die Freßlust der nützlichen Käfer hat dazu geführt, daß sie in verschiedene Länder importiert wurden, in denen Blattläuse und andere Schädlinge große Schäden anrichteten. Dadurch konnte der Einsatz von Tonnen hochgiftiger Insektenvertilgungsmittel verhindert werden.

AMEISE

Bei mehr als 10 000 bisher bekannten Ameisenarten ist es fast unmöglich, von „den" Ameisen zu sprechen. Zu unterschiedlich sind die Lebensräume sowie die Ernährungs- und Lebensweisen.

Die ältesten fossilen Ameisen kennt man aus der Kreidezeit; sie sind etwa 100 Millionen Jahre alt. Wahrscheinlich entwickelten sie sich in den Tropen und bilden innerhalb der Teilordnung der Stechwespen, Ordnung Hautflügler, eine eigene Überfamilie und Familie. Heute leben Ameisen auf allen Kontinenten und in allen Lebensräumen, vom Polarkreis bis in die Wüsten, vom Hochgebirge bis in die feuchtheißen Urwälder. Alle Ameisen leben gesellig, in sogenannten Ameisenstaaten, die – je nach Art – aus einem Dutzend bis zu Millionen von Mitgliedern bestehen können. Die Arbeits- und Aufgabenteilung innerhalb dieser Staaten ist so hoch organisiert, daß ein einzelnes Tier nicht überlebensfähig ist, sondern nur in der Gemeinschaft existieren kann.

Am Beginn einer Staatengründung steht der Hochzeitsflug der geflügelten Männchen und Weibchen. Nach der Paarung haben die männlichen Ameisen ihre Lebensaufgabe erfüllt und sterben. Die begatteten Weibchen werfen ihre Flügel ab und bereiten sich für die Gründung eines neuen Ameisenvolkes vor. Manche der künftigen Königinnen kehren in den eigenen Bau zurück und gründen eine „Zweigstelle", andere graben sich eine kleine Höhle und legen die ersten Eier.

Je nach Klimazone leben sie bis zu einem Jahr lang von den eigenen Körpervorräten, verzehren Eier und ernähren damit auch die heranwachsenden Puppen. Aus allen Puppen schlüpfen ungeflügelte, unfruchtbare Weibchen, die ersten Arbeiterinnen. Nun wird die Erdhöhle geöffnet, die Arbeiterinnen schaffen Nahrung herbei, und die Königin kann sich ausschließlich ihrer großen Aufgabe, der Eiablage, widmen.

Die Arbeiterinnen erledigen alle Aufgaben im neu entstandenen Staat: Sie sorgen für Nahrung, betreuen und füttern die Larven, einige mit besonders großen Zangen wirken als „Soldaten", andere beseitigen die Abfälle. Unsere Rote Waldameise lebt in großen, verzweigten Bauen, oft riesigen Ameisenhügeln und ist für den Menschen als Insektenvertilgerin sehr nützlich. Andere, wie die tropischen Blattschneiderameisen, züchten auf dem in den Bau gebrachten Pflanzenmaterial Pilzkulturen, die der Ernährung dienen.

RENN- UND WINKERKRABBEN

Die Krebstiere sind über nahezu die ganze Erdkugel verbreitet und bewohnen in etwa 35 000 Arten sowohl die Ozeane, die Küstengebiete und Süßwasserseen, -teiche und -flüsse. Zu diesem biologisch überaus erfolgreichen Tier-Unterstamm zählen einerseits so bekannte Arten wie Langusten, Hummer und Garnelen, die sich bei den Menschen großen kulinarischen Zuspruchs erfreuen, und andererseits die Krabben, die ein wichtiger Bestandteil der chinesischen und südostasiatischen Küche sind.

Die kleineren Krabbenarten, etwa die weit verbreiteten Sandkrabben (Bild, Jungtier), bevölkern oft in sehr großer Zahl die tropischen Strände Afrikas und Asiens. Charakteristisch sind bei ihnen die Stielaugen, die aus bis zu 30 000 Einzelaugen bestehen und eine Rundumsicht von 360° erlauben! Schon die kleinsten Sand- oder Geisterkrabben graben sich im weichen Sand ein bis zwei Meter lange Wohnröhren, die sie tagtäglich ausbessern, neu bohren und reinigen müssen, denn sie befinden sich im Gezeitengürtel und werden während der Flut zugeschüttet. Nach einigen Wochen oder Monaten — je nach Nahrungsangebot und Witterung — wird den Jungtieren der Panzer zu eng, und sie schlüpfen aus der eigenen Haut! Das neue, größere Kleid ist anfangs noch sehr weich und verletzlich; die Krabben bleiben deshalb ein, zwei Tage lang in ihrer Höhle oder kommen nur nachts an die Oberfläche. Sie wachsen ihr ganzes Leben lang, mit zunehmendem Alter jedoch langsamer. Da sie zahllose Feinde haben – hauptsächlich Seevögel und Reiher –, sind sie vorsichtig, ja scheu und flitzen bei der geringsten Bewegung in ihrem Sichtfeld in die Wohnröhre. Dann dauert es einige Zeit, bis sie mit großer Vorsicht wieder am Eingang erscheinen und die Umgebung beobachten. Ist die Luft rein, entfernen sie sich einige Schritte von ihrem Bau, filtern das Meerwasser durch den Mund und ernähren sich von pflanzlichen und tierischen Organismen.

SKORPION

Wie fast alle Spinnentiere sind die etwa 600 Angehörigen der Ordnung der Skorpione den meisten Menschen nicht nur unheimlich, sondern zum Teil sogar ausgesprochen widerwärtig.

Das hängt einerseits sicherlich mit der nachtaktiven, heimlichen und darum unheimlichen Lebensweise, andererseits mit dem Giftstachel zusammen, mit dem Skorpione ihre Beute lähmen und sich auch gegen Feinde verteidigen können. Zwar wird die Gefährlichkeit der meisten Skorpione maßlos übertrieben, denn ein Stich mit dem Giftstachel ist nicht schlimmer als ein Bienenstich, aber es gibt doch einige wenige Arten, deren Gift auch für Menschen tödlich sein kann.

Skorpione leben in heißen, trockenen Gebieten. Sie verbringen die Tagesstunden unter Steinen oder Baumrinde, einige Arten graben Erdlöcher. In diesen Verstecken können sie sogar lange Hitze- und Trockenperioden überstehen, indem sie die Atmung herabsetzen und so den Feuchtigkeitsverlust weitgehend reduzieren.

Kleinere Beutetiere werden mit den Scheren ergriffen und zu den Kieferklauen geführt. Nur Beute, die sich vehement wehrt, wird mit dem Giftstachel am Schwanz gelähmt oder getötet.

Außerordentlich interessant ist das Fortpflanzungsverhalten der Skorpione. Zur Paarungszeit führen Männchen und Weibchen regelrechte „Balztänze" auf, wobei sie sich gegenseitig an den Scheren halten und sich hin und her schieben. Durch zwei, drei Stiche mit dem Giftstachel macht das Männchen das Weibchen, das gegen das arteigene Gift immun ist, gefügig. Einige Wochen nach der Paarung sind die Jungskorpione in den Eiern im mütterlichen Körper so weit entwickelt, daß sie sofort nach der Eiablage ausschlüpfen. Unmittelbar nach dem Sprengen der Eischale klettern die bis zu 20 weißen Jungskorpione auf den Rücken des Muttertieres. Dieses bleibt noch einige Tage in seinem Versteck, es geht nicht einmal auf Beutefang. Sobald die Kleinen etwas älter sind, reiten sie auf Mutters Rücken mit zu den nächtlichen Beutezügen und nehmen an ihren Mahlzeiten teil. Erst nach der ersten, manchmal auch nach der zweiten Häutung verlassen die Jungen die Mutter.

JAGD- UND WEBSPINNEN

Woher die Angst vieler Menschen vor den Spinnen eigentlich kommt, wird sich wohl nie so ganz erklären lassen. Fest steht, daß es Menschen gibt, die beim Anblick so eines krabbelnden Achtbeiners fast in Ohnmacht fallen, ebenso, daß von den bekannten 30 000 Spinnenarten nur ein verschwindend kleiner Bruchteil Giftmengen und -arten besitzt, die dem Menschen gefährlich werden können. Weitaus die meisten Spezies können nicht einmal die menschliche Haut durchbeißen.

Alle Spinnen sind Räuber, die meist von Insekten leben, nur die größten Arten, wie die Vogelspinne, erbeuten auch kleine Echsen und andere kleine Wirbeltiere. Zwar können alle Spinnen spinnen und sich auch Wohnnetze anlegen, aber nicht alle erbeuten ihre Nahrung mit Fangnetzen. Letztere spinnen ihre oft sehr kunstvollen Gebilde teilweise mit klebrigen Fangfäden, aus denen sich die Beutetiere nicht mehr befreien können. Andere Spinnen sind richtige Jäger, die ihrer Beute nachstellen oder, verborgen in

Blumen oder anderen Verstecken, auflauern. Die Beute wird mit den Klauen gepackt und durch das Gift getötet oder bewegungsunfähig gemacht. Einige „fesseln" ein gefangenes Insekt mit den feinen, aber unglaublich elastischen und zähen Spinnfäden und hängen es als Vorrat irgendwo auf. Andere Arten verzehren ihre Beute gleich. Da Spinnen sehr enge Mundöffnungen haben, wird das Insekt durch Speichel und andere Verdauungssäfte außerhalb des Körpers vorverdaut und dann aufgesogen.

Die Paarungsrituale sind sehr kompliziert und genau festgelegt. Da die meisten Spinnenmännchen kleiner sind als die Weibchen, müssen sie dieses überlisten, um nicht auf-

gefressen zu werden. Manche Männchen bringen ihrer Spinnendame gleich ein Hochzeitsgeschenk in Form einer appetitlich verpackten Fliege oder ähnliches mit, um sie zu beschäftigen.

Viele Spinnenweibchen spinnen ihren Kindern als Wiege einen Kokon, der irgendwo aufgehängt oder befestigt wird. Sie kümmern sich aber nicht mehr um den Nachwuchs. Sollte ihnen ein Kind ins Netz oder vor die Fänge geraten, wird es als Beute verspeist. Andere Weibchen treiben richtiggehende Brutfürsorge. Unsere einheimische Wolfsspinne trägt den Eikokon unter dem Leib mit sich herum. Später werden die geschlüpften Jungen auf Mutters Rücken spazieren geführt.

ALPHABETISCHES REGISTER

SYSTEMATISCHES REGISTER

BILDNACHWEIS

Angermayer, Toni: S. 22, 30/31, 100 (links), 105, 107 (rechts), 122/123, 147, 198/199, 225, 251, 342

Danegger, Manfred: S. 111 (links), 170, 275 (2 x), 233, 238, 257, 336/337, 358/359, 372/373, 394/395

Danegger, Susanne: S. 171

Denzau, Gertrud & Helmut: S. 66, 80/81, 81 (rechts), 128 (links), 168/169, 190/191, 192/193, 194, 195, 266/267, 235, 259, 384, 451, 458 (oben)

Derksen, Api E.: S. 138/139, 139 (rechts unten)

Dolder, Ursula: S. 293, 300/301, 306/307, 324, 330/331

Dolder, Willi: Rückseite (unten) u. S. 7, 8/9, 14, 20, 21, 32, 32/33, 33, 34 (2 x), 35, 36/37, 38/39, 40, 41, 42, 43, 44/45, 45 (rechts), 46 (links), 46/47, 48, 49, 50/51, 67, 69, 70/71, 71 (2 x), 78/79, 84/85, 86/87, 88/89, 102, 103 (2 x), 112 (links oben), 118, 118/119, 119, 124/125, 128/129, 130/131, 131, 132, 140, 144, 145 (2 x), 148/149, 149, 156/157, 158/159, 174/175, 175, 176/177, 178/179, 180/181, 182/183, 183, 184, 185, 186/187, 188, 189, 200/201, 201, 202, 203, 204, 205, 206, 207, 208/209, 212, 213, 214, 215, 216/217, 218/219, 220, 221, 222, 223, 224, 226/227, 228, 230/231, 232, 234, 242/243, 246/247, 248/249, 252/253, 254, 256, 258, 260/261, 262, 263, 268, 270, 271, 276, 278/279, 280, 280/281, 286, 287, 290, 298, 299, 312 (2 x), 320, 321, 326, 328, 328/329, 331 (rechts), 332, 333, 335, 338, 338/339, 341, 343, 346/347, 354/355, 355, 362, 364/365, 368, 374, 375, 376/377, 390, 390/391, 396/397, 397, 408 (2 x), 409, 419 (rechts), 420, 420/421, 422, 423, 426, 427, 428, 428/429, 430, 432, 446, 446/447, 448, 449 (2 x), 450/451, 452, 453, 460 (2 x), 461, 469

Dossenbach, Hans: S. 10, 11, 82/83, 155 (oben), 264/265, 369, 372 (links), 380, 433, 441, 470 (2 x)

Bildagentur „Herz für Tiere": S. 74 (Dr. Frieder Sauer), 136 (Lanceau/Cogis), 240/241 (Karin Skogstad)

Klages, Jürg: Titelbild u. S. 100/101, 141

Labhardt, Felix: S. 134 (oben), 442/443, 454, 454/455, 472/473

Pfletschinger, Hans/Angermayer: S. 424, 438, 442 (unten), 456/457, 462, 463, 464/465

Pölking, Fritz/Angermayer: S. 106/107

Quedens, Georg: S. 282/283, 345, 348/349

Reinhard, Hans: S. 17, 25, 60/61, 62, 64/65, 72, 75, 98/99, 110, 111 (rechts), 112/113, 135, 146, 150, 150/151, 152, 153, 154, 162/163, 163, 197 (rechts), 210/211, 236/237, 255, 269, 272/273, 291, 314/315, 316, 317, 318, 318/319, 322, 323, 327, 340, 356/357, 358 (links), 387, 388, 414, 416, 424/425, 445 (rechts)

Rogl, Manfred: S. 63, 76/77, 134 (unten), 160, 167, 274, 308 (links), 353, 382/383, 385, 389, 398, 399, 402/403, 404/405, 406/407, 438/439

Bildagentur Silvestris: S. 13, 16, 26, 27 (oben), 28, 29, 58/59, 59 (rechts), 92/93, 94/95, 96, 97, 104, 108/109, 112 (links unten), 115, 116, 117, 126/127, 127, 142, 143, 164/165, 166, 172, 284/285, 360/361, 377 (rechts), 381, 400, 401, 410, 412, 418/419, 434, 434/435, 436, 437, 444/445, 458 (unten), 465 (rechts), 466

Bildagentur Sutter: Rückseite (oben) u. S. 6/7, 52/53, 90, 108 (links), 114, 120/121, 137, 139 (rechts oben), 161, 196/197, 283, 288, 334, 416/417, 431

Wernicke, Klaus: S. 292, 344

Wisniewski, Winfried: S. 296/297, 350/351

Ziesler, Günther: S. 24, 27 (unten), 56/57, 155 (unten), 173, 294, 295, 302/303, 305, 308/309, 310/311, 313, 315 (rechts), 325, 352, 366/367, 370/371, 378, 392, 392/393, 413, 440, 459, 472 (links)

Ziesler, Günther/Angermayer: S. 18/19, 54/55, 244, 245, 277